AF199475

Matthias Bosse

Die Verwendung von TurboCAD® in technischen Berufen

Matthias Bosse

Die Verwendung von TurboCAD® in technischen Berufen

Zur Erstellung von technischen Zeichnungen und Konstruktionen für
Zeichner, Techniker und Ingenieure

2. überarbeitete Auflage
(geeignet für deutsche Softwareversionen bis einschließlich 2018)

FSC
www.fsc.org
MIX
Papier aus ver-
antwortungsvollen
Quellen
Paper from
responsible sources
FSC® C105338

Matthias Bosse hat eine Ausbildung zum Technischen Zeichner im Bereich Heizungs-, Klima- und Sanitärtechnik absolviert, sowie ein Bachelor- und Masterstudium an der Technischen Hochschule Köln (ehemalig Fachhochschule) im Studiengang Verfahrens- und Versorgungstechnik abgeschlossen. Während der Ausbildung und im darauffolgenden beruflichen Werdegang hat er Erfahrungen mit verschiedener CAD-Software gesammelt (u.a. SolidWorks®, AutoCAD®, MagiCAD®, MicroStation®) und die jeweiligen Arbeits- weisen und Programmaufmachungen kennengelernt. Als Maschinen- bauingenieur im Bereich Schiffbau in Hamburg kam er mit der Software TurboCAD® in Kontakt. Durch Schulungen, die Betreuung der CAD-Anwender im Unternehmen als Key-User und die tägliche, intensive Nutzung wurde schnell Expertenwissen aufgebaut. Aktuell arbeitet er als selbstständiger Konstruktionsingenieur unter dem Namen CryoCAD Consulting & Engineering (www.cryocad.com). Neben Konstruktionsdienstleistungen bietet er ebenfalls TurboCAD®- Schulungen im Bereich 2D und 3D an.

Bibliografische Information der Deutschen Nationalbibliothek: Die Deutsche Nationalbibliothek verzeichnet diese Publikation in der Deutschen Nationalbibliografie, detaillierte bibliografische Daten sind im Internet über http://dnb.dnb.de abrufbar.

Herstellung und Verlag: BoD – Books on Demand, Norderstedt

VORWORT

Ein Wort vom Autor:

Bei der Auswahl der aufgeführten TurboCAD®-Werkzeuge habe ich mich an der eigenen Arbeitsweise orientiert. Oft gibt es verschiedene Wege, um die gleichen Ergebnisse zu erzielen. Dies zeigt sich besonders in den Aufgaben des „Erste-Schritte"-Kapitels. Habe ich mich zum Beispiel dazu entschieden, einige Features aufgrund von schlechten Erfahrungen damit nicht zu nutzen, arbeiten andere Nutzer verstärkt damit.

Fragen, Anregungen, Hinweise sowie Verbesserungsvorschläge werden gerne angenommen und können per E-Mail an **info@cryocad.com** gerichtet werden. Wie bei allen CAD-Programmen lernt man nie aus und entdeckt immer wieder neue Möglichkeiten, um an das erwünschte Ergebnis zu gelangen. Das vorliegende Buch versteht sich nicht als Ersatz zur offiziellen Software-Hilfe, welche sich im Programm unter „Hilfe" online und offline einsehen lässt.

Danksagung:

Mein Dank gilt Bob Mayer, Präsident und CEO von IMSI/Design, Hans Jörg Bayer vom TurboCAD® Trainingscenter, Gerd Körnig und Rita Buschmann von der GK Planungssoftware GmbH, Sivoney Rodríguez Núñez, Josh Horsman, Darryl Impey, Anton Boehnke und Wolfgang Sagroll.

1 INHALTSVERZEICHNIS

EINLEITUNG

Dieses Buch richtet sich an Unternehmen, Selbstständige und Privatleute auf der Suche nach einer kostengünstigen CAD-Software, welche die grundlegenden und notwendigen Werkzeuge zum rechnergestützten Konstruieren in 2D und 3D mitbringt, ohne in den 5-stelligen Eurobetrag für eine Einzelplatzlizenz zu gehen. Ebenfalls sollen Nutzer, welche bereits mit TurboCAD® arbeiten, wichtige Tipps im Umgang mit der Software erhalten, um bisherige Arbeitsweisen zu verbessern und noch unbekannte Features kennenzulernen.

Das Buch enthält eine ausführliche Programmbeschreibung und zeigt die ersten Schritte im Umgang mit TurboCAD®. Zudem enthält es Tipps und Tricks für das zwei- sowie dreidimensionale Zeichnen, welche speziell das Arbeiten in technischen Berufen effizienter gestalten sollen, um so Nerven, Zeit und unter dem Strich bares Geld zu sparen.

Es werden Möglichkeiten und Grenzen von TuboCAD® aufgezeigt, sodass sich der Leser entscheiden kann, ob die mitgelieferten Werkzeuge den eigenen Anforderungen gerecht werden.

Die Lizenzkosten einer aktuellen Vollversion von TurboCAD® Pro Platinum, dem High End Produkt aus der TurboCAD®-Reihe, liegen bei knapp unter 1.000 Euro. Die 2D-Version ist schon unter hundert Euro zu haben. Der hohe Preissprung zu etablierten CAD-Größen wie SolidWorks® oder AutoCAD® rechtfertigt sich nicht immer für ein Unternehmen mit eigener Konstruktion, da auch TurboCAD® viele nützliche Werkzeuge zur Erstellung von technischen Zeichnungen mitbringt und für grundlegende Anforderungen der Zeichnungserstellung meist Lösungen bietet.

Ist TurboCAD® im Unternehmen implementiert, bietet es die Nutzung von zentral gespeicherten Standardvorlagen und Symbolbibliotheken, sodass Konstruktionsstandards einfach entwickelt und eingehalten werden können. Es unterstützt den Import von allen gängigen CAD-Austauschformaten und erweist sich so als Allroundschnittstelle zum Konvertieren von Zeichnungen.

Es bietet eine vielseitige Layerstruktur und ermöglicht verlaufsbasiertes Modellieren. Schnitt- und Detailansichten können aus 3D-Modellen abgeleitet und Stücklisten generiert werden. Durch externe Blockreferenzen können große Bauteilzeichnungen aufgeteilt und von mehreren Nutzern bearbeitet werden.

Eine klare Zielgruppe spricht die US-amerikanische Firma IMSI Design mit ihrer Software TurboCAD® nicht an, wenn auch eine Tendenz zur Architektur und dem Möbelbau erkennbar ist. Wo sich große Namen wie SolidWorks®, Catia®, NX® oder AutoCAD® in bestimmten Branchen etabliert haben, bleibt TurboCAD®, wohl auch wegen der im Vergleich geringeren Verbreitung, aber ohne klare Nutzerzielgruppe und versucht sich flexibel und breit aufzustellen. Zwar enthält das Programm viele eigene Architekturfeatures, bietet zugleich aber auch Normteilbibliotheken, eine Art Bohrungsassistenten, Blechbiegewerkzeuge und Befehle zum Einfügen von Symbolen für Schweißnähte, Oberflächenrauheiten und Form- und Lagetoleranzen.

Durch die jahrelange Weiterentwicklung der Software, das ständige Erweitern der Werkzeugpalette und die jährlich erscheinenden Programmupdates, verfügt TurboCAD® mittlerweile über eine beachtliche Anzahl von Befehlen, Werkzeugen und Möglichkeiten, um auch anspruchsvolle Teile zu modellieren und dank eines Feature-Baumes in die Aufbauhistorie zu sehen, einzugreifen und einzelne Arbeitsschritte gezielt zu verändern.

Viele in den letzten Jahren hinzugefügte Werkzeuge schließen immer mehr die Lücke zwischen TurboCAD® und anderen etablierten High End-CAD-Programmen.

Allerdings führt dieser Dschungel aus Werkzeugen, welche standardmäßig nicht intuitiv angeordnet und benannt sind, dazu, dass der Einstieg in das Programm deutlich erschwert wird. Zum anderen wird ein Selbststudium durch die sehr oberflächlichen und nicht branchenspezifischen Online-Tutorials nicht ausreichend unterstützt. Die fast 2500 Seiten starke Programmhilfe erklärt die Software zwar bis ins kleinste Detail, nimmt den Nutzer aber nicht beim Kennenlernen des Programmes und dem Programmeinstieg an die Hand. Daher ist eine Programmschulung oft unabdingbar, um die Software professionell zu nutzen. Das vorliegende Buch adressiert ebenfalls dieses Problem und führt den Nutzer in einem „Schritt für Schritt"-Tutorial durch die Kerngebiete 2D-Zeichnen, 3D-Konstruktion und Zeichnungsableitung anhand eines praxisorientierten Beispiels. Aufbauend auf diesem Grundverständnis vom Aufbau und der Funktionsweise von TurboCAD®, kann der Nutzer im weiteren Verlauf des Buches sein Wissen vertiefen und ist anschließend in der Lage, die Software professionell anzuwenden.

Für die Verwendung in technischen Berufen lässt sich das Programm mit ein paar Handgriffen so umgestalten, dass ein schneller Zugriff auf die notwendigen Befehle zur Erstellung von CAD-Teilen, Zeichnungsableitungen oder Stücklisten möglich ist. Welche Werkzeuge sich dafür speziell anbieten und wie das Programm auf die eigenen Bedürfnisse zugeschnitten werden kann, wird in diesem Buch gezeigt.

WHAT'S NEW

IMSI Design hat die neue 2018er Version von TurboCAD® herausgebracht. Nach wie vor ist diese in vier verschiedenen Programmvarianten erhältlich (2D, 2D/3D, Pro Platinum und LTE). Dieses Kapitel gibt eine Übersicht über die Neuerungen gegenüber der Version 2017.

Die größte Veränderung ist der erneute Wechsel der Render-Engine. Wurde vor einigen Versionen der standardmäßig vorhandene LightWorks-Renderer durch RedSDK ersetzt, wird der Spieß in der 2018er Version wieder umgedreht. Nun ist LightWorks in TurboCAD® enthalten und RedSDK als optionales Plug-In erhältlich.

Ein neuer Benutzeroberflächenstil wurde hinzugefügt. Der sogenannte „Menüband"-Stil gibt TurboCAD® einen frischen und modernen Look und ordnet alle Befehle, Menüs und Paletten übersichtlich an. Beim Starten von TurboCAD® erscheint nun zunächst ein Fenster, in dem ein Oberflächenstil ausgewählt werden kann.

Tastatur-Shortcuts können nun aus einer Tastenreihenfolge bestehen. Einzelne oder mehrere Objekte können unabhängig von der Layer-Sichtbarkeit temporär ein- und ausgeblendet werden. Ein neuer Fangmodus erlaubt das Fangen der Mitte zwischen zwei Punkten. PDF-Dateien welche Vektor-Grafiken erhalten können nun importiert und einfacher konvertiert werden, sodass eine Bearbeitung in TurboCAD® möglich ist. 3D-Koordinaten können nun von dem „Messen"-Tool herausgegeben werden.

In der neuen TurboCAD® Version wurden außerdem einige bestehende Features angepasst. Die Layer für Hilfslinien und Zwangsbedingungen können nun gelöscht werden. Dies war in den vorherigen Versionen nicht möglich. Schraffur-Tools können nun über kleine Lücken im somit nicht geschlossenen Profil hinwegsehen und die Schraffur nach Angabe einer Toleranz dennoch hinzufügen. Die Dateikompatibilität wurde wie immer angepasst, sodass z.B. DWG oder DXF Dateien aus der aktuellen AutoCAD Version eingelesen werden können. Ab 2018 werden auch Rhino 5 Formate unterstützt.

Eine ausführliche Liste aller Neuerungen wird auf der Website gezeigt. Viele der neuen Features, werden in kurzen Video-Sequenzen innerhalb der online Hilfe gezeigt.

TurboCAD® wird in verschiedenen Versionen sowohl für PC als auch für MAC® angeboten. Nachfolgend werden diese Versionen für PC mit der Ausnahme von TurboCAD®-LTE gegenübergestellt. Alle in diesem Buch vorgestellten Befehle, Werkzeuge und Arbeitsweisen beziehen sich auf die „Pro Platinum"-Version. Viele der gezeigten Befehle sind jedoch auch schon in günstigeren Softwarepaketen wie der „2D"- oder „2D/3D"-Version enthalten.

TurboCAD® 2D

Das günstigste 2D-Paket ermöglicht einfaches Zeichnen, Ändern und Bemaßen von Grundrissen, technischer Darstellungen, Karten und Fluss-diagrammen in 2D unter Verwendung von zahlreichen Zeichen-Werkzeugen. Kompatibel mit über 20 branchenüblichen Dateiformaten, wie DWG, DXF oder PDF ist der Datenaustausch mit den gängigsten CAD-Programmen möglich.

TurboCAD® 2D/3D

Die 2D/3D-Variante stellt einen Hybrid aus 2D und 3D-CAD-System dar. Ausgestattet mit allen 2D-Werkzeugen der 2D-Variante wird die Werkzeugpalette jedoch um einige 3D-Features erweitert und ermöglicht so das konzeptionelle Modellieren von einfachen 3D-Geometrien.

TurboCAD® Pro Platinum

Das Flaggschiff „Pro Platinum" bietet die volle Palette professioneller CAD-Werkzeuge für integriertes Design, Bearbeitung, Präsentation und Dokumentation. Architektur- und Konstruktionswerkzeuge sorgen für Flexibilität und Kontrolle.

In der folgenden Tabelle werden die wichtigsten Features aufgelistet und die Gemeinsamkeiten und Unterschiede der drei Programmversionen dargestellt. Weitere Produktmerkmale und Entscheidungshilfen, welche Version für die eigenen Anforderungen in Frage käme, finden sich auf der Vertriebsseite www.turbocad.de oder der Herstellerseite www.turbocad.com.

Tabelle 1 TurboCAD® Versionen im direkten Vergleich

	Pro Platinum	2D/3D	2D
BENUTZERFREUNDLICHKEIT & BEDIENEROBERFLÄCHE			
32-Bit- und 64-Bit-Versionen	✓	✓	✓
Design Director für die Verwaltung von Objekteigenschaften	✓	✓	
Durch Layer definierte Zeichenreihenfolge	✓	✓	✓
Einfaches Bearbeiten mit Ziehpunkten	✓	✓	✓
Konzeptionelle Auswahl	✓	✓	
Voll anpassbare Bedieneroberfläche und Anwenderpräferenzen	✓	✓	✓
ePaket	✓	✓	
Explorer Palette für vollständige Kontrolle über Programm- und Zeichenorganisation und Standards	✓	✓	
Layerfilter	✓	✓	
Layerverwaltung	✓	✓	✓
Abfragewerkzeuge	✓	✓	✓
Objektfangpriorisierung	✓	✓	✓
RedSDK-Modul für bessere Zeichengeschwindigkeit in den Ansichten Drahtmodell, verdeckte Linien und konzeptionelles Rendern	✓		
Anzeigen von 3D-Modellen	✓	✓	
ENTWURF UND BEARBEITUNG IN 2D			
Geometrische und bemaßungsbezogene 2D-Zwangsbedingungen (Constraints)	✓		
Zeichnen, Bearbeiten und Ändern in 2D	✓	✓	✓
Erweiterte Zeichenwerkzeuge (Zahnrad, Oberflächentoleranz, Text entlang Kurve)	✓		
Pfeilwerkzeuge	✓		
Auto-Werkzeuge (für Bemaßung, Größenanpassung, Positionierung, Drehung und Bewegung)	✓	✓	✓
Bézier- & schräge Kurven	✓		
	Pro Platinum	**2D/3D**	**2D**
Zeichnungsvergleich	✓		

Versionen im Vergleich

	Pro Platinum	2D/3D	2D
Entwurfspalette - Erstellen von assoziativen Querschnitten & Schnittansichten	✓		
Einfaches Bearbeiten mit Ziehpunkten	✓	✓	✓
Schraffurmusterersteller	✓		
Layereigenschaften-Manager	✓	✓	✓
PDF-Underlaywerkzeug	✓		
Säuberungswerkzeug	✓		
Werkzeuge für intelligente und schnelle Bemaßungen	✓	✓	✓
ZEICHNEN, MODELLIEREN UND BEARBEITEN IN 3D			
Baugruppenwerkzeuge	✓	✓	
Boolesche 3D-Operationen Vereinigung, Differenz, Schnittmenge	✓	✓	
Assoziative Matrizen und Musterwerkzeuge	✓		
3D-Spirale	✓	✓	
3D-Muster aus zusammengesetzten Profilen	✓		
3D-Polylinien	✓	✓	
3D-Splinekurve	✓	✓	
3D-Oberflächenobjekte Quader, Gedrehter Quader, Kegel, Zylinder, Polygonales Prisma, Kugel, Halbkugel, Torus, Keil	✓	✓	
Extrusion (einfach)	✓	✓	
Teile-/Verlaufsstruktur	✓		
Extrusion entlang Führungskurve	✓	✓	
Rotation	✓	✓	
Blech- und Flächenabwicklungswerkzeuge	✓		
Abwickeln von Oberflächen	✓		
Spiegelkopie-Werkzeug für 3D-Objekte	✓	✓	
Entlang Pfad biegen	✓		
Kante prägen	✓		
3D-Schneiden durch Facette	✓		
Nutwerkzeuge	✓	✓	
DATENBANK UND PROGRAMMIERUNG, INHALT			
Blöcke, Block-Editor und XREF-Unterstützung	✓	✓	✓
	Pro Platinum	2D/3D	2D
Interne Datenbank und benutzer-definierbare Daten, Möglichkeit zur externen Datenbankanbindung	✓		
Editor für Parametrieteile zur Erstellung und Verwaltung von 2D- und 3D-Teilen	✓		
Symbole, Teilebibliothek	✓	✓	✓
INTEROPERABILITÄT			

Export von 3D-PDF (inklusive U3D und PRC)	✓		
Unterstützung von 3D-Druckern über STL-Import und -Export	✓	✓	
Dateiformate Öffnen und Importieren	41	21	15
Export von Koordinatendaten	✓		
Dateiformate Speichern unter, Exportieren und Veröffentlichen	34	23	16
Netzwerklizenz-Unterstützung	✓	✓	

1 ERSTE-SCHRITTE

Das Kapitel „Erste-Schritte" beinhaltet Übungsaufgaben, deren Durchführung zum Ziel hat, den Nutzer einen schnellen jedoch fundierten und praxisorientierten Einstieg in die TurboCAD®-Software zu ermöglichen. Dabei werden die CAD-Kernbereiche 2D-Zeichnen, 3D-Konstruktion und Zeichnungsableitung abgedeckt. Der Nutzer wird dabei Schritt für Schritt durch die Aufgaben geführt und lernt sowohl den Aufbau der Standard-benutzeroberfläche als auch den Umgang mit grundlegenden Zeichen- und Änderungsbefehlen kennen. Das Kapitel „Erste-Schritte" ist als eigenständiges und in sich abgeschlossenes Kapitel zu verstehen. Zusätzlich werden kapitelübergreifende Verweise gegeben, welche bei Bedarf weiterführende Erklärungen bieten. Die Aufgaben richten sich an CAD-Anfänger und erfahrende Programmumsteiger zugleich.

Die Übungsaufgaben können mit den TurboCAD®-Versionen „2D/3D" sowie „Pro Platinum" durchgeführt werden. Da lediglich grundlegende Befehle genutzt werden, können auch ältere Programmversionen genutzt werden. Die Übungsaufgaben wurden mit der Version TurboCAD® Pro Platinum 2018 erstellt und gehen von einer unveränderten Benutzeroberfläche und Programmeinstellung nach der Neuinstallation aus.

Auf der Herstellerseite von TurboCAD® kann bei Bedarf eine 30-Tage-Demo der verschiedenen Programmversionen heruntergeladen werden. Diese bieten den vollen Werkzeugumfang und eignen sich daher gut, um die Software kennenzulernen.

Bei der Programminstallation sind die Standardpfade zu empfehlen. Je nach vorhandener Hardware können grafische Darstellungen und Programm-handling variieren. Die Systemanforderungen des Herstellers sollten berücksichtigt werden, um einen einwandfreien Betrieb zu gewährleisten.

Für alle Versionen, in denen der RedSDK-Renderer enthalten oder installiert ist: Sollten erhebliche Grafikprobleme auftreten, kann zunächst unter „Optionen/ Programme einrichten/ Natives Zeichnen" die Option „GDI" gewählt werden. Ein Neustart ist meist erforderlich, um die Änderung wirksam zu machen. Bestehen die Grafikprobleme weiterhin, sollte der TurboCAD®-Service kontaktiert werden.

Nach den Programmstart von TurboCAD® 2018 öffnet sich zunächst das Menü „TurboCAD-Arbeitsbereichstil. In diesem Menü, welches neu in der 2018er Version ist, kann ein Arbeitsbereichsstil gewählt werden (mehr in Kapitel 2.1). Für die nachfolgenden Übungen wurde der Stil „Standardstil" gewählt.

 In den Übungsaufgaben wird ein metrisches Einheitensystem genutzt, welches in den deutschsprachigen TurboCAD®-Versionen standardmäßig voreingestellt ist. Sollte eine englischsprachige Version vorliegen, kann das Einheitensystem unter „Optionen/ Zeichnung einrichten/ Bereichs-einheiten" bzw. unter „Options/ Drawing Setup/ Space Units" geändert werden.

Fragen und Anregungen können direkt an den Autor per Mail an **info@cryocad.com** gerichtet werden.

1.1 KENNENLERNEN DER BENUTZEROBERFLÄCHE

Im ersten Teil dieser Aufgabe lernen Sie die Benutzeroberfläche von TurboCAD® kennen.

→ Starten Sie Ihre TurboCAD® 2D/3D oder Pro Platinum Version.

→ Wählen Sie „Standardstil" in dem „TurboCAD-Arbeitsbereichstil"-Menü,

→ Wählen Sie im angezeigten Menü „Neue TurboCAD 2018- Zeichnung" die Option „Keine Vorlage verwenden" aus.

Sollte Ihre Grafikkarte nicht unterstützt werden, erscheint eine entsprechende Meldung. Diese ist mit „OK" zu bestätigen. Die Übung kann trotzdem durchgeführt werden. Soll TurboCAD® im 3D-Bereich genutzt werden, sollte eine passende Grafikkarte nachgerüstet werden, um das volle Potenzial der CAD-Software nutzen zu können.

Es wird nun eine neue Zeichnung geöffnet. Machen Sie sich zunächst kurz mit der Benutzeroberfläche vertraut. Am oberen Bildschirmrand befinden sich die TurboCAD®-Standardmenüs (Datei, Bearbeiten, Ansicht etc.). Innerhalb dieser Menüs befinden sich alle TurboCAD®-Befehle und Funktionen.

Sollte ein im Verlauf dieser Übung behandelter Befehl nicht auf der Standardbenutzeroberfläche vorhanden sein, kann dieser unter „Extras/ Anpassen/ Befehle" der Benutzeroberfläche hinzugefügt werden (mehr dazu in Kapitel 2.1).

Unterhalb der Standardmenüs befindet sich eine Symbolleiste mit den Windows®-Standardbefehlen wie „Neu", „Öffnen" oder „Speichern".

Danach folgt eine Symbolleiste, welche Objekteigenschaften wie Layer, Farbe oder Linienstärke steuert (nachfolgend Eigenschaftensymbolleiste genannt).

In der Mitte des Bildschirms befindet sich der noch leere Modellbereich, in dem später gezeichnet wird. Dieser wird rechts und links von weiteren Symbolleisten und Aufklapppaletten umgegeben. An der unteren linken Ecke des Modellbereiches befinden sich die Reiter „Modell" und „Papier1". Der Modellbereich dient zum Erstellen von 2D- und 3D-Objekten und der Papierbereich stellt das spätere Zeichenblatt für den Ausdruck dar.

Die am unteren Bildschirmrand angebrachten Kontroll- und Statusleisten dienen zur Eingabe von Werten beim Ausführen von verschiedensten Zeichen- und Änderungswerkzeugen. Die Statusleiste ganz unten am Bildschirm fordert Sie zu bestimmten Aktionen auf und gibt, weiter rechts im Bildschirm, Auskunft über die aktuellen Koordinaten des Mauszeigers. Weitere Informationen über die Aufmachung der Benutzeroberfläche bietet die Abbildung 2-2 auf Seite 77.

Nun werden Sie ein Zeichenwerkzeug anwenden. Wird eine neue Zeichnung geöffnet, ist der Befehl „Linie" aktiviert. Dieser befindet sich in der linken Symbolleiste. Dass ein Befehl aktiviert ist, zeigt sich durch die orangene Umrahmung des Befehlssymbols. Jedes Symbol in den Symbolleisten entspricht einem Befehl. Führen Sie die den Mauszeiger über ein Symbol und lassen Sie ihn dort kurzzeitig verharren, wird automatisch der Name des Befehls angezeigt. Dies hilft beim Erkennen und Wiederfinden von Befehlen, da die Grafiken nicht immer klar zu deuten sind. Da der Zeichenbefehl „Linie" bereits aktiviert ist, fordert die Statusleiste Sie am unteren Bildschirmrand bereits auf, den ersten Punkt (Startpunkt) der Linie zu setzen.

→ Klicken[1] Sie auf eine beliebige Stelle im Zeichen– bzw. Modellbereich. Damit setzen Sie den Anfangspunkt der Linie. Wenn Sie nun den Mauszeiger bewegen, stellen Sie fest, dass daran der Endpunkt der Linie klebt.

→ Bewegen Sie den Mauszeiger und behalten Sie die Informationen in der Kontrollleiste („Länge" und „Winkel") sowie die Mauszeigerkoordinaten in der Statusleiste im Blick.

→ Klicken Sie nun wieder auf eine beliebige Stelle im Modellbereich.

Damit wurde die Linie gezeichnet. Der Linienbefehl bleibt anschließend aktiviert. Es könnten weitere Linien gezeichnet werden.

---

[1] Linke Maustaste. Der Einsatz der rechten Maustaste oder dem Mausrad wird explizit erwähnt.

Mit dem Mausrad kann der Zoomfaktor eingestellt werden.

➜ Aktivieren Sie nun das „Auswählen"-Werkzeug in der linken Symbolleiste.

Mit dem „Auswählen"-Werkzeug können einzelne oder mehrere Objekte ausgewählt werden, um sie beispielsweise zu verschieben oder Informationen abzufragen. Durch das Aktivieren des „Auswählen"-Werkzeuges werden etwaig aktivierte Zeichen- oder Änderungsbefehle automatisch beendet.

➜ Klicken Sie auf die soeben erstellte Linie. Beim erstmaligen Anwenden des „Auswählen"-Werkzeuges öffnet sich ggf. am rechten Bildschirmrand die Auswahlinformationspalette (Ein Menü mit dem Namen „Auswahl"). Ist dies der Fall, schließen Sie die Palette. Diese wird erst zu einem späteren Zeitpunkt verwendet.

Die Linie (nachfolgend beispielhaft gezeigt) wechselt nun auf die Farbe Magenta und wird mit einem Auswahlrahmen (Grenzrahmen genannt) umgeben, welcher die äußeren Grenzen der Linie erfasst.

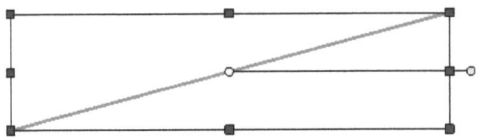

➜ Vergewissern Sie sich, dass die Schaltfläche „Zwischen 2D/3D wechseln" 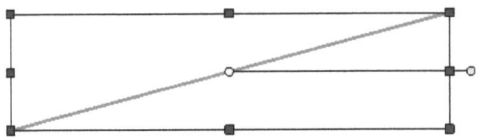, welche sich in der Kontrollleiste befindet, aktiviert ist. Somit ist der 2D-Modus aktiviert.

TurboCAD® verfügt über einen 2D- und 3D-Modus. Für den weiteren Verlauf dieser Übungsaufgabe wird zunächst der 2D-Modus genutzt. Mehr Informationen zu dem Thema bietet das Kapitel 5.3.

Nutzen Sie nun das Mausrad, um sich mit der Zoom-Funktion vertraut zu machen. Durch Drehen des Mausrads können Sie den Zoomfaktor ändern und so beispielsweise in ein Bauteil hineinzoomen. Beachten Sie dabei, dass die Position des Mauszeigers beim Zoomen steuert, wohin gezoomt wird. Mit den Pfeiltasten der Tastatur oder über die Schiebeleisten am Rand des Modellbereiches, können Sie außerdem die Ansicht verschieben.

Sollten Sie beim Zoomen das Gezeichnete aus dem Blickfeld verlieren, benutzen Sie den Befehl „Grenzen anzeigen" . Dieser befindet sich in der oberen Symbolleiste. Der Befehl vergrößert oder verkleinert den Zoomfaktor soweit, dass alle in der Zeichnung enthaltenen Objekte innerhalb des Bildschirms gezeigt werden.

Nun werden Sie die soeben erstellte Linie verschieben und drehen.

→ Führen Sie den Mauszeiger auf den gelben Punkt (Bezugspunkt) in der Mitte des Grenzrahmens.

Der Mauszeiger wechselt zu einem Vierpfeilesymbol.

→ Klicken Sie einmal auf den Bezugspunkt.

Die Linie hängt jetzt an Ihrem Mauszeiger und lässt sich an einer beliebigen Position, mit einem weiteren Klick, absetzen.

→ Führen Sie den Mauszeiger nun über den grünen Punkt (Drehpunkt).

Das Mauszeigersymbol zeigt zwei kreisförmige Pfeile.

→ Klicken Sie einmal auf den Drehpunkt und bewegen Sie den Mauszeiger.

Die gezeichnete Linie lässt sich so um den Bezugspunkt drehen. Der Drehwinkel wird dabei in der Kontrollleiste angezeigt.

→ Klicken Sie erneut in den Modellbereich, um die Linie wieder abzusetzen.
→ Drücken Sie nun die „Entf"-Taste.

Dadurch wird die Linie gelöscht.

Sie haben somit einen ersten Eindruck über den Aufbau der Benutzer-oberfläche und die Verwendung von Zeichenbefehlen in TurboCAD® erhalten.

Es folgt die erste Aufgabe „Kranhaken 2D".

1.2 KRANHAKEN 2D

In dieser Aufgabe erstellen Sie eine 2D-Zeichnung eines Kranhakens, wie nachfolgend dargestellt.

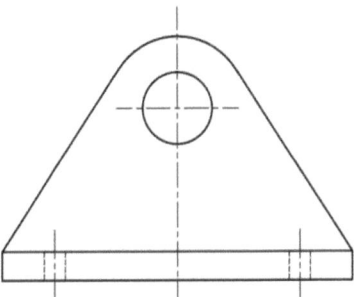

Dabei werden die folgenden Themen behandelt:

- Einfache Linienwerkzeuge („Linie", „Parallellinie", „Kreis", „Tangential zu Bogen oder Kurve", „Winkelhalbierende")
- Fangoptionen („Scheitelpunkt", „Mittelpunkt (Linie)", „Mittelpunkt (Bogen)", „Quadrantenpunkt")
- Layerstruktur (Anlegen, Bearbeiten und Verwenden von Layern)
- Verschieben von Objekten
- Änderungswerkzeuge („Kopieren: Spiegeln", „Objekt Stutzen", „Versatz", Eingabe in die Kontrollleiste, Auswahlinformationspalette)

1. Bevor Sie mit dem Zeichnen beginnen, werden zunächst Layer angelegt, welche Linieneigenschaften wie Farbe oder Dicke steuern. Mit einer Layerstruktur können Zeichnungen in mehreren Ebenen aufgebaut werden. Diese Ebenen enthalten beispielsweise die Kontur von Objekten, Schraffuren oder Bemaßungen. Jeder Layer kann dann einzeln ein- oder ausgeblendet werden, ohne die darauf befindlichen Zeichnungsobjekte zu löschen. Mehr Informationen zum Thema „Layer" erhalten Sie in Kapitel 2.8.

➜ Öffnen Sie über den Befehl „Layer" 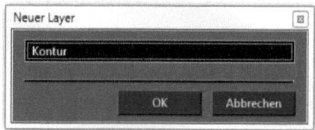 in der oberen Eigenschaftensymbolleiste das „Layer"-Menü.

➜ Fügen Sie zu dem vorhandenen Layer mit dem Befehl „Neuer Layer" nacheinander drei weitere Layer hinzu. Nennen Sie diese „Kontur", „Verdeckt" und „Mittellinie".

Übernehmen Sie die Einstellungen für Linienstil und Stiftbreite, wie in der nachfolgenden Abbildung gezeigt.

➜ Klicken Sie dazu in die entsprechenden Felder und wählen Sie aus den gegeben Linienstilen bzw. Stiftbreiten aus.

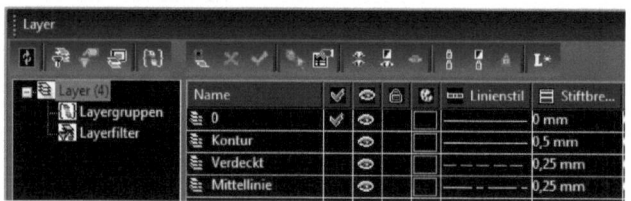

➜ Schließen Sie das Menü.

2. Sie beginnen nun zunächst mit dem Zeichnen der Grundplatte des Kranhakens, welche aus vier Einzellinien erstellt wird.

➜ Aktivieren Sie erneut den Zeichenbefehl „Linie".

➜ Danach wechseln Sie in der Eigenschaftensymbolleiste, wie nachfolgend gezeigt, den Layer auf „Kontur" sowie die nächsten drei Felder „Farbe", „Linienart" und „Stiftbreite" auf den Wert „Durch Layer". Im Farbenmenü erfolgt die Auswahl „Durch Layer" durch das folgende Symbol: ⬗ .

Die genannten Objekteigenschaften werden nun über den eingestellten Layer gesteuert. Wechselt man den Layer eines Objektes, übernimmt dieses automatisch die Eigenschaften, die im Layer-Menü hinterlegt wurden. Weitere Informationen zu den Objekteigenschaften und der Layerstruktur bieten die Kapitel 2.8 und 2.9.

3. Der „Linien"-Befehl müsste immer noch aktiviert sein (durch den

orangenen Symbolrahmen signalisiert ⬛).

→ Ist dies nicht der Fall, aktivieren Sie ihn jetzt.

Anstatt den Anfangspunkt der ersten Linie wie zuvor in Kapitel 1.1 gezeigt beliebig zu setzen, wird dieser nun auf den Zeichnungsursprung, also den Punkt mit den Koordinaten X=0, Y=0, gesetzt. Mit der „TAB"-Taste kann in die Eingabefelder der Kontroll- und Statusleiste gewechselt werden. Diese Technik ist oftmals einfacher, als mit dem Mauszeiger die Eingabefelder zu markieren.

→ Drücken Sie dreimal hintereinander die „TAB"-Taste.

Dabei sehen Sie, wie die Eingabefelder von links nach rechts nacheinander ausgewählt werden. Haben Sie die „TAB"-Taste zu oft gedrückt, drücken Sie so oft weiter, bis Sie wieder das gewünschte Eingabefeld erreichen.

→ Bleibt die Auswahl im X-Koordinatenfeld am rechten unteren Bildschirmrand stehen (erkennbar durch den blau hinterlegten Text), geben Sie den Wert „0" ein.

→ Drücken Sie erneut die „TAB"-Taste.

→ Geben Sie in dem nun angewählten Y-Koordinatenfeld ebenfalls den Wert „0" ein.

→ Drücken Sie die „ENTER"-Taste.

Damit wurde der Startpunkt der Linie in den Koordinaten X=0, Y=0 gesetzt.

Bewegen Sie den Mauszeiger über den Modellbereich, hängt der Endpunkt erneut am Mauszeiger. Statt den Endpunkt durch einen Mausklick zu setzen, kann die Linie durch ihre Länge und Winkel oder, wie zu zuvor beim Startpunkt, durch die Eingabe der Endpunktkoordinaten definiert werden.

➜ Springen Sie erneut mit der „TAB"-Taste in das Kontrollleistenfeld „Länge" und geben Sie dort den Wert „100" ein.

Einheiten müssen nicht mit angegeben werden. Standardmäßig ist Millimeter eingestellt.

➜ Drücken Sie nicht die „ENTER"-Taste, sondern springen Sie mit der „TAB"-Taste in das nächste Feld „Winkel".

➜ Geben Sie dort den Wert „0" ein.

➜ Bestätigen Sie den Linienbefehl mit „ENTER".

Die Linie wurde nun erstellt.

4. Klicken Sie auf den Befehl „Grenzen anzeigen". Die 100 mm lange horizontale Linie wird nun mittig im Bildschirm angezeigt.

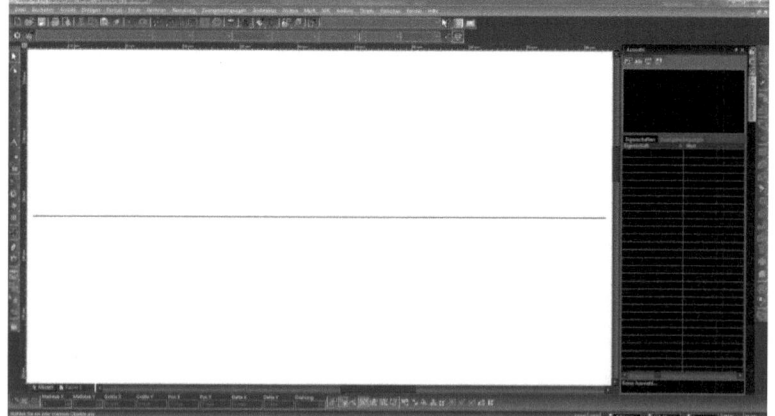

5. Im nächsten Schritt wird eine zweite, zu der vorhandenen Linie parallele Linie erstellt. Dazu wird der Befehl „Parallellinie" genutzt.

➜ Klicken Sie erneut auf den Befehl „Linie" am linken Bildschirmrand und halten Sie die Maustaste diesmal gedrückt.

Es öffnet sich ein Aufklappmenü, welches andere Linienbefehle enthält. Aufklappmenüs sind durch ein kleines weißes Dreieck am unteren rechten Rand des Symbols zu erkennen.

➜ Wählen Sie nun den Befehl „Parallellinie" aus der zweiten Reihe aus.

Es wird immer der letztverwendete Befehl des Aufklappmenüs angezeigt.

Ist der Befehl „Parallellinie" aktiviert, muss zunächst die Linie durch Anklicken ausgewählt werden, zu welcher eine Parallellinie erstellt werden soll.

➜ Klicken Sie die Linie an.

Jetzt muss der Versatz zwischen den beiden Linien angegeben werden.

➜ Springen Sie erneut mit der „TAB"-Taste in das Feld „Versatz" und geben Sie dort den Wert „8" ein.

➜ Bestätigen Sie die Eingabe mit „ENTER".

Es wurde eine neue Linie parallel und mit einem Abstand von 8 mm zur ersten erstellt. Diese liegt oberhalb der ersten Linie. Gibt man im Feld „Versatz" einen positiven Wert ein, springt die Parallellinie zu einer horizontalen Basislinie nach oben, bei einer vertikalen nach rechts. Bei einem negativen Wert nach unten bzw. links.

6. Nutzen Sie das Mausrad, um sich mit der Zoom-Funktion vertraut zu machen. Durch Drehen des Mausrads können Sie den Zoomfaktor ändern und so beispielsweise in ein Bauteil hineinzoomen. Beachten Sie dabei, dass die Position des Mauszeigers beim Zoomen steuert, wohin gezoomt wird. Mit den Pfeiltasten der Tastatur können Sie außerdem die Ansicht verschieben. Auch mit den horizontalen und vertikalen Schiebeleisten am Rand des Modellbereiches, lässt sich die Ansicht verschieben. Sollten Sie beim Zoomen das Gezeichnete aus dem Blickfeld verlieren, benutzen Sie erneut den Befehl „Grenzen anzeigen" .

Beim Gedrückthalten des Mausrades und gleichzeitigem Bewegen der Maus kann es vorkommen, dass die Zeichnungsansicht dreidimensional verdreht wird. Linien werden dann schräg angezeigt. Mit dem Befehl „PlanModell" in der oberen Symbolleiste können Sie wieder in die plane 2D-Ansicht zurückwechseln. Auch der „PlanModell"-Befehlt stellt den Zoomfaktor so ein, dass alle Zeichnungsobjekte auf dem Bildschirm dargestellt werden.

➔ Stellen Sie durch Zoomen und Bewegen die Ansicht wie folgend dargestellt ein.

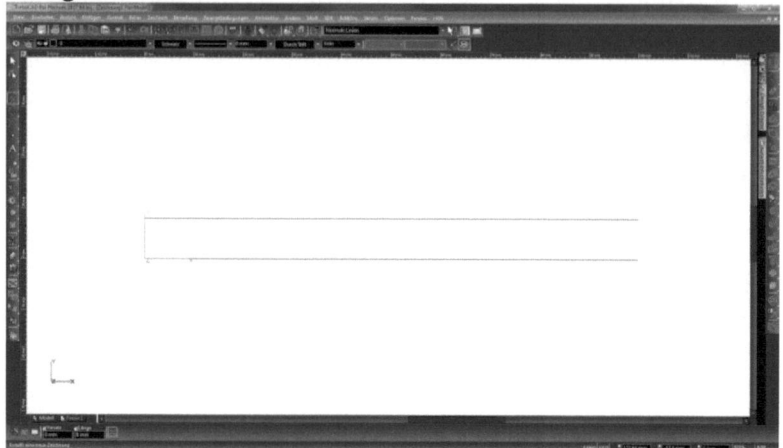

7. Im nächsten Schritt werden Sie die beiden offenen Enden mit jeweils einer Einzellinie unter Verwendung der Fangoptionen schließen. Fangoptionen erlauben ein exaktes Fangen von bestimmten Objektpunkten wie z.B. End- oder Mittelpunkten von Linien. Um diese zu nutzen, müssen zunächst einige Einstellungen vorgenommen werden.

➔ Öffnen Sie das Menü „Extras/ Anpassen".

➔ Wechseln Sie in den Reiter „Symbolleisten".

Dort werden voreingestellte und benutzerdefinierte Symbolleisten verwaltet.

➔ Aktivieren Sie die Symbolleiste „Fangmodi".

➔ Schließen Sie das „Anpassen"-Menü.

Es wurde nun eine Symbolleiste hinzugefügt, welche die wichtigsten Fangoptionen beinhaltet. Diese können hier einzeln ein- und ausgeschaltet werden.

➔ Stellen Sie die Fangoptionen gemäß der nachfolgenden Abbildung ein. Die Fangoptionen „Scheitelpunkt", „Mittelpunkt", „Mittelpunkt (Bogen)", „Schnittpunkt" und „Magnetischen Punkt anzeigen" müssen aktiviert sein.

Symbolleisten können durch Klicken auf die Punktereihe am linken Rand der Leiste mit gedrückter Maustaste verschoben werden und am Bildschirmrand angeheftet werden.

➔ Klicken Sie mit der <u>rechten</u> Maustaste auf die Schaltfläche „FANG" im rechten Bereich der Statusleiste.

Es öffnet sich das Menü „Zeichenhilfen". Dieses enthält u.a. weitere Einstellungsmöglichkeiten der Fangoptionen. Auf der rechten Seite sehen Sie die Spalte „Priorität". Hier kann angegeben werden, welche Fangoptionen bevorzugt angeboten werden sollen.

➔ Stellen Sie für <u>alle</u> Fangoptionen den Wert „1" ein.

Dadurch werden alle Fangoptionen zunächst angeboten und der Nutzer kann dann entscheiden, welche er wählen möchte.

➔ Entfernen Sie falls gesetzt in der Zeile „Raster" die Häkchen.

Nähere Informationen zum Rasterfang erhalten Sie in Kapitel 4.8.

➔ Schließen Sie das Menü mit „OK".
➔ Vergewissern Sie sich, dass die Schaltfläche „FANG" aktiviert ist.

Diese kann durch Klicken ein- und ausgeschaltet werden. Ist sie ausgeschaltet (ausgegraut dargestellt), sind keine Fangoptionen verfügbar.

➔ Wählen Sie erneut den Befehl „Linie" aus dem Aufklappmenü in der linken Symbolleiste aus.
➔ Führen Sie den Mauszeiger langsam über die vier Endpunkte der bereits gezeichneten Linien.

Sie erkennen ein kleines magentafarbenes Rauten-Symbol am Linienende. Dies signalisiert, dass hier eine Fangoption zur Verfügung steht. Außerdem wird neben dem Mauszeiger ein Symbol eingeblendet,

welches dem Befehlssymbol der Fangoption „Scheitelpunkt" ähnelt. Das gezeigte Symbol neben dem Mauszeiger gibt immer Auskunft darüber, welche Fangoption angeboten wird. Sind diese beiden Indikatoren (Raute und Symbol) am Mauszeiger sichtbar, kann durch einfaches Klicken ein neuer Linienstartpunkt exakt auf das Ende der bestehenden Linie gesetzt werden.

➔ Klicken Sie auf das obere rechte Linienende.

➔ Führen Sie den Mauszeiger über den darunterliegenden rechten Endpunkt der unteren Linie.

➔ Klicken Sie diesen an, sobald die Fangoption „Scheitelpunkt" angeboten wird.

Vergewissern Sie sich durch Heranzoomen, ob beide Punkte exakt gefangen wurden und keine Lücken zwischen der vertikalen und den horizontalen Linien vorhanden sind. Fangoptionen können ebenfalls bei aktiviertem Zeichenbefehl durch Rechtsklick im Menüpunkt „Fang" ausgewählt und genutzt werden. Wird eine Fangoption auf diese Weise ausgewählt, wird ausschließlich diese angeboten. Andere Fangoptionen werden ignoriert.

➔ Zeichnen Sie eine zweite vertikale Linie mit der gleichen Vorgehensweise.

Sie haben nun ein Rechteck mit den Maßen 100 x 8 mm aus vier Einzellinien erstellt.

8. Sie werden nun die Kranöse und die obere Rundung des Kranhakens zeichnen.

➔ Aktivieren Sie den Befehl „Mittelpunkt und Radius" in der linken Symbolleiste.

➔ Stellen Sie sicher, dass die Eigenschaftensymbolleiste, wie folgt zu sehen, eingestellt ist.

➔ Mit dem aktivierten „Mittelpunkt und Radius"-Befehl führen Sie den Mauszeiger nun über die Mitte der oberen horizontalen Linie.

Dort sollte sich nun die Fangoption „Mittelpunkt (Linie)" anbieten. Wenn nicht, kontrollieren Sie die Symbolleiste „Fangmodi", welche Sie in Schritt 7 hinzugefügt und eingestellt haben.

➔ Setzen Sie den Mittelpunkt des Kreises.

➔ Geben Sie in das Feld „Durchmesser" den Wert „20" ein.

➔ Bestätigen Sie den Befehl mit der „ENTER"-Taste.

➔ Setzen Sie einen zweiten Kreis mit dem Durchmesser von 40 mm auf die gleiche Position.

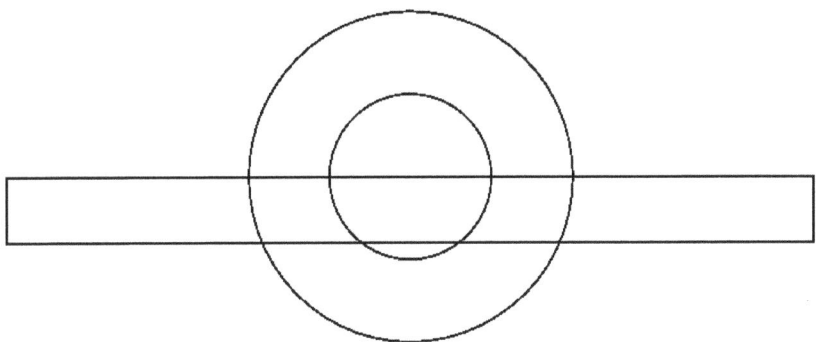

9. Die beiden Kreise werden jetzt verschoben. Dazu müssen diese zunächst ausgewählt werden.

→ Wechseln Sie auf das „Auswählen"-Werkzeug 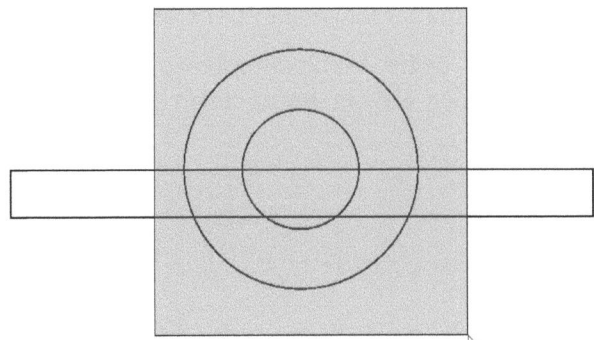.

Mehrere Objekte können entweder durch einen Auswahlrahmen markiert oder einzeln durch gedrückt halten der Umschalttaste+Klicken nacheinander zur aktuellen Auswahl hinzugefügt werden. Wird ein Auswahlrahmen von <u>links nach rechts</u> aufgezogen, werden nur die Objekte angewählt, die sich <u>komplett innerhalb</u> des lila schattierten Rahmens befinden. Zieht man den Rahmen von <u>rechts nach links</u> auf, werden alle Objekte markiert, welche vom nun grün schattierten Rahmen lediglich <u>berührt werden</u>.

→ Wählen Sie die zwei Kreise aus.
→ Sind die zwei Kreise markiert, werden sie in der Farbe Magenta dargestellt.
→ Geben Sie in das Kontrollleistenfeld „Delta Y" den Wert „40" ein.

→ Bestätigen Sie mit „ENTER".

Die Kreise werden nun in Y-Richtung um 40 mm verschoben. Nutzen Sie gegebenenfalls erneut den Befehl „Grenzen anzeigen", um die gesamte Zeichnung bildschirmfüllend darzustellen.

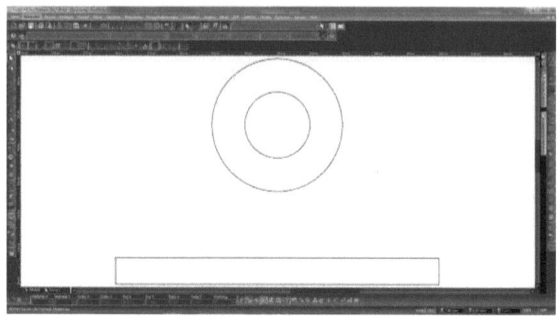

10. Nutzen Sie nun den Befehl „Tangente von Bogen oder Kurve weg", um eine Linie zu zeichnen, welche das Rechteck mit dem äußeren Kreis verbindet. Der Befehl befindet sich im gleichen Aufklappmenü wie die zuvor verwendeten Linienbefehle.

→ Aktivieren Sie „Tangente von Bogen oder Kurve weg".
→ Klicken Sie den äußeren Kreis an.

Wenn Sie den Mauszeiger frei über den Modellbereich bewegen, sehen Sie, dass die Linie immer tangential vom Kreis abgeht.

→ Erstellen Sie beide Verbindungslinien zwischen Kreis und den Endpunkten der oberen horizontalen Linie gemäß nachfolgender Zeichnung.

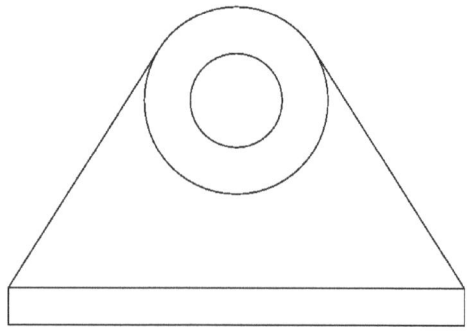

11. Der untere Teil des äußeren Kreises muss nun getrimmt werden.

→ Aktivieren Sie den Befehl „Objekt stutzen" 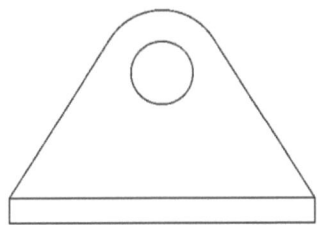.

Dieser befindet sich innerhalb des zweiten Aufklappmenüs in der rechten Symbolleiste.

→ Wählen Sie zuerst die zwei diagonalen Linien nacheinander mit gedrückter Umschalttaste aus.

Diese werden in Magenta dargestellt.

→ Lassen Sie die Umschalttaste los und klicken Sie auf das innenliegende Kreissegment des äußeren Kreises.

Dieses wird an den diagonalen Außenlinien gestutzt.

Die sichtbaren Kanten der 2D-Ansicht des Kranhakens sind nun gezeichnet.

12. In den nächsten Schritten werden die Bohrungen in der Grundplatte durch verdeckte Linien dargestellt und die gesamte Zeichnung mit Symmetrieachsen versehen.

→ Zoomen Sie auf den linken Bereich des Kranhakens.

→ Erstellen Sie mit dem Befehl „Parallellinie" 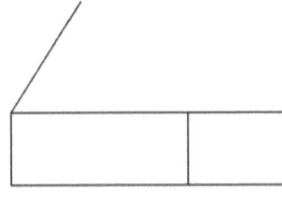 eine Linie im Abstand von 20 mm zur linken vertikalen Linie.

Diese wird die Mittellinie der Bohrung darstellen.

13. Mit dem Befehl „Versatz"  werden nun ausgehend von der Bohrungsmittellinie zwei dazu parallele Linien mit jeweils einem Abstand von 3 mm erstellt. Der „Versatz"-Befehl ähnelt in diesem Anwendungsfall in seiner Funktionsweise dem Befehl „Parallellinie", jedoch kann er auch bei gebogenen oder zusammengesetzten[1] Profilen verwendet werden.

➜ Aktivieren Sie den Befehl „Versatz" im ersten Aufklappmenü der rechten Symbolleiste.

➜ Klicken Sie die in Schritt 12 erstellte Mittellinie an.

➜ Geben Sie einen Versatzabstand von 3 mm bei einer Kopie-Anzahl von 2 und einem Z-Versatz von 0 mm ein.

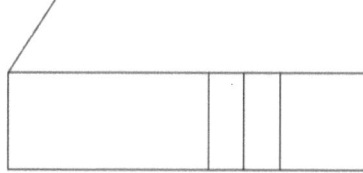

Die Position des nächsten Klicks in den Modellbereich entscheidet darüber, ob die Versatzlinie links oder rechts von der Mittellinie erstellt wird.

➜ Klicken Sie links neben die Mittellinie.

➜ Führen Sie den Befehl erneut aus.

➜ Klicken Sie rechts neben die Mittellinie.

Sie haben nun die Bohrungskanten gezeichnet.

14. Die drei Linien, welche eine Bohrung in der Grundplatte darstellen sollen, liegen auf dem „Kontur"-Layer, da sie durch den Befehl „Parallellinie" bzw. „Versatz" von den äußeren Konturlinien abgeleitet wurden.

➜ Markieren Sie die Mittellinie mit dem „Auswählen"-Werkzeug

---

[1]eine offene oder geschlossene Kette von Linienobjekten

➔ Wählen Sie in der Eigenschaftensymbolleiste den Layer „Mittellinie" aus.

➔ Markieren Sie jetzt nur die beiden äußeren Linien der Bohrung.

➔ Wählen Sie in der Eigenschaftensymbolleiste den Layer „Verdeckt" aus.

15. Die Mittellinie der Bohrung wird nun in ihrer Größe verändert, damit sie über die beiden horizontalen Linien hinausragt.

➔ Markieren Sie die Mittelline.

Die Kontrollleiste sollte nun die folgenden Werte zeigen:

➔ Ändern Sie den Wert im Feld „Größe Y" auf 15 mm.

Dadurch wird die Linie ausgehend vom gelben Bezugspunkt, welcher auf dem Mittelpunkt dieser sitzt, gleichmäßig in beide Richtungen von 8 auf 15 mm verlängert.

16. Sie werden feststellen, dass die in Schritt 1 definierten Linienmuster nicht einwandfrei zu erkennen sind. Die Linien werden ggf. noch als durchgezogene Linie dargestellt, obwohl im „Layer"-Menü andere Linienmuster gewählt wurden.

Das liegt daran, dass der Strichmaßstab, der die Längen und Abstände der Linienmuster steuert, zu groß für die gezeichneten Linien ist.

➔ Markieren Sie alle drei Linien.

Nutzen Sie dazu einen Auswahlrahmen, wie in Schritt 9 beschrieben.

➔ Klicken Sie auf die Schaltfläche „Eigenschaften" in der Kontrollleiste.

Es öffnen sich nun die Objekteigenschaften. Eingaben beziehen sich automatisch auf alle drei markierten Linien zugleich.

➔ Navigieren Sie zum Menü „Stift".

➔ Geben Sie, wie nachfolgend dargestellt, einen Strichmaßstab von 0,5 ein

➔ Setzen Sie ein Häkchen bei „Ausrichtung".

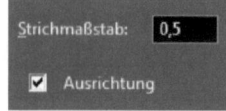

➔ Bestätigen Sie mit „OK".

Nun sollten die verschiedenen Strichmuster gut erkennbar sein. Drücken Sie ggf. die „F5"-Taste zum Aktualisieren der Zeichnung.

17. Im nächsten Schritt wird die nun entstandene Bohrung auch auf die andere Seite des Bauteils gespiegelt.

➔ Führen Sie den Befehl „Grenzen anzeigen" 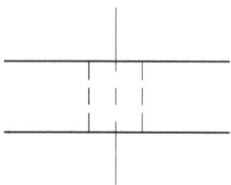 aus, um die gesamte Zeichnung bildschirmfüllend darzustellen.

➔ Markieren Sie erneut die drei Linien zur Darstellung der Bohrung.

➔ Aktivieren Sie den Befehl „Kopieren: Spiegeln" im ersten Aufklappmenü der rechten Symbolleiste.

Es muss eine Spiegelachse definiert werden, um welche die ausgewählten Objekte gespiegelt werden sollen. Die Spiegelachse wird durch einen Anfangs- und Endpunkt definiert. Alternativ kann auch ein Anfangspunkt gesetzt und die Richtung der Achse über den Winkel in der Kontrollleiste definiert werden.

➔ Wählen Sie für die Spiegelachse den Kreismittelpunkt mit der Fangoption: „Mittelpunkt (Bogen)" als erste Referenz.

➔ Definieren Sie die Spiegelachse entweder durch einen zweiten Punkt (Mittelpunkt einer der horizontalen Linien) oder durch Eingabe der Winkel 90° oder 270°.

Ihr Bauteil sollte nun zwei Bohrungen zeigen:

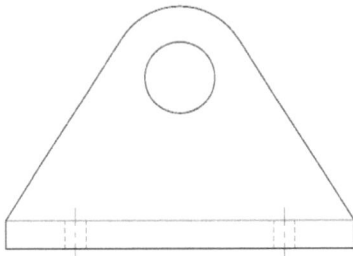

18. In diesem Schritt werden die restlichen Symmetrieachsen hinzugefügt.
    → Deaktivieren Sie die Fangoptionen durch Aktivieren des Befehls „Kein
    Fang" .

Diese könnten bei der nun folgenden Auswahl von Linien irritieren.

→ Aktivieren Sie den Linienbefehl „Winkelhalbierende" .
→ Folgen Sie den Anweisungen in der Statusleiste und wählen Sie
    nacheinander die beiden diagonalen Außenkanten des Kranhakens
    aus.
→ Verkleinern Sie den Zoomfaktor durch Drehen des Mausrads oder
    Verwendung des Befehls „Ansicht verkleinern" in der oberen
    Symbolleiste, bis Sie den oberen der drei blauen Knotenpunkte
    sehen.

Dieser stellt den projizierten Schnittpunkt der zwei diagonalen Linien dar.
Von diesem ausgehend, kann nun eine Winkelhalbierende erstellt
werden.

➜ Klicken Sie einmal in den Modellbereich

Die Länge der Winkelhalbierenden kann durch manuelles Absetzen oder durch Eingabe der Länge in die Kontrollleiste bestimmt werden. Mit der Position des Mauszeigers bestimmen Sie außerdem die Richtung. Diese sollte in diesem Beispiel vom projizierten Schnittpunkt ausgehend nach unten zeigen.

➜ Führen Sie die Maus auf eine Position, sodass die Winkelhalbierende in der Vorschau nach unten zeigt.

➜ Springen Sie mit der „TAB"-Taste in das Feld „Länge"

➜ Geben Sie einen Wert von „100" ein.

➜ Bestätigen Sie mit ENTER.

19. Die letzte Symmetrieachse, horizontal durch die Kranöse, wird nun hinzugefügt.

➜ Aktivieren Sie wieder die Fangoptionen, indem Sie den Befehl „Kein Fang" ausschalten.

➜ Mit dem Befehl „Linie" und der Fangoption „Quadrantenpunkt" ziehen Sie nun eine horizontale Linie, welche den rechten und linken Quadrantenpunkt des Kreises verbindet.

➜ Wählen Sie diese Linie aus.

➜ Ändern Sie die „Größe X" in der Kontrollleiste auf 30 mm.

20. Mit dem Werkzeug „Format übertragen" , das sich in der oberen Symbolleiste befindet, können Formatierungseinstellungen von einem Objekt auf ein anderes übertragen werden.

➜ Wählen Sie das Werkzeug „Format übertragen" aus.

➜ Klicken Sie die Mittellinie einer Bohrung an.

➜ Klicken Sie nacheinander die neu erstellten Symmetrieachsen an.

➜ Drücken Sie die „ESC"-Taste.

➜ Führen Sie den Befehl „Grenzen anzeigen" aus.

21. Damit ist Aufgabe „Kranhaken 2D" beendet. Aus dieser 2D-Ansicht könnte theoretisch bereits eine Zeichnungsableitung erstellt werden. Die in Kapitel 1.4 folgenden Arbeitsschritte zur Erstellung einer Zeichnungsableitung ließen sich bereits anwenden.

    → Speichern Sie die Zeichnung auf Ihrem Desktop oder einem Ordner Ihrer Wahl („Datei/ Speichern unter...").

    → Bestätigen Sie das Menü „Datei-Info" mit „OK".

Die Zeichnung wird zur Bearbeitung der folgenden Aufgabe „Kranhaken 3D" benötigt.

1.3 KRANHAKEN 3D

In diesem Teil des „Erste-Schritte"-Kapitels erstellen Sie mit Hilfe der 2D-Zeichnung aus der vorhergegangen Aufgabe ein 3D-Modell des Kranhakens.

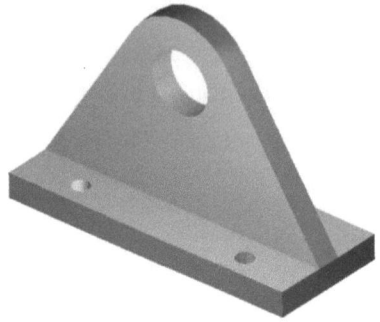

Dabei werden die folgenden Themen behandelt:

- 3D-Modus
- Erstellen eines 3D-Körpers durch Extrusion
- Standardansichten und Rendermodi
- Bohrungswerkzeug
- Auswahlliste
- Teilestruktur
- Arbeitsebene

1. Die zuvor erstellte 2D-Zeichnung wird in dieser Aufgabe genutzt, um durch Extrusion ein 3D-Modell des Kranhakens zu erstellen.
   → Öffnen Sie die Zeichnung aus der Aufgabe „Kranhaken 2D".

   → Aktivieren Sie das „Auswählen"-Werkzeug .

   → Wechseln Sie mit dem Befehl „Zwischen 2D/3D wechseln" in den 3D-Modus. Der Befehl befindet sich in der Kontrollleiste.

   Wird das Befehlssymbol nicht von einem orangenen Rahmen umgeben, ist der 3D-Modus aktiv. Es sollten nun neben den X- und Y-Koordinaten auch Z-Koordinaten in der Kontrollleiste aufgeführt werden.

2. Um eine bessere Orientierung im 3D-Raum zu erhalten, werden Sie nun ein Koordinatensystem einblenden. Außerdem zeigt dieser Aufgabenteil die Verwendung der Auswahlliste. Diese ist gerade im 3D besonders wichtig, da sie die Auswahl von Objekten vereinfacht.
   → Öffnen Sie das Menü „Optionen/ Programm einrichten/ Einstellungen".
   → Setzen Sie Häkchen bei „Modellkoordinatensystem anzeigen" und „Auswahlliste anzeigen, wenn sich während der Auswahl mehrere Objekte in der Öffnung befinden".
   → Bestätigen Sie mit „OK".

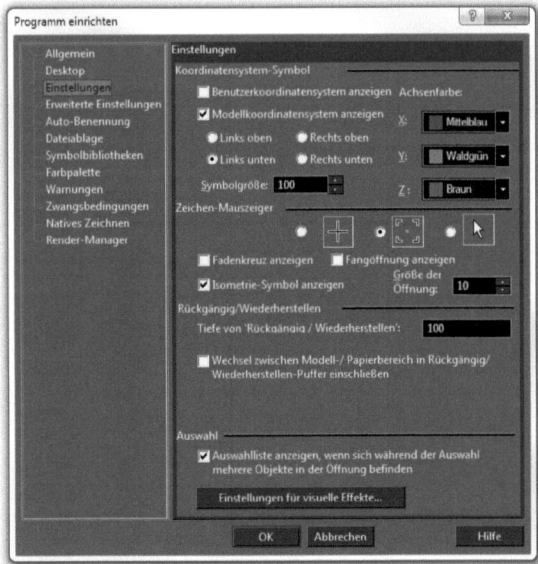

Sie sehen jetzt in der unteren linken Ecke des Modellbereiches ein Koordinatensystem. Dieses Koordinatensystem ist so ausgerichtet, dass die X-Achse nach rechts, die Y-Achse nach oben und die Z-Achse auf Sie zeigt.

Man spricht dabei von der Plan-Ansicht. Diese Ansicht lässt sich mit dem Befehl „PlanModell" aktivieren. Die Standardansichten befinden sich in der oberen Symbolleiste in einem Aufklappmenü, welches sich hinter dem „PlanModell"-Befehl verbirgt. Klicken Sie sich durch die voreingestellten Standardansichten („Links", „Vorne" usw.). Spätestens in der Ansicht „Isometrie_SO" werden Sie feststellen, dass die erstellte 2D-Zeichnung des Kranhakens nicht optimal ausgerichtet ist, um mit der 3D-Modellierung zu beginnen. Der Namenszusatz „SO" steht hierbei für die Himmelsrichtung Südost. Der Kranhaken steht nicht aufrecht, sondern liegt seitlich. Die Z-Achse sollte in einem 3D-Modell immer die Höhe darstellen, um die Standardansichten von TurboCAD® nutzen zu können.

➔ Wechseln Sie in die Ansicht „Isometrie_SO" .

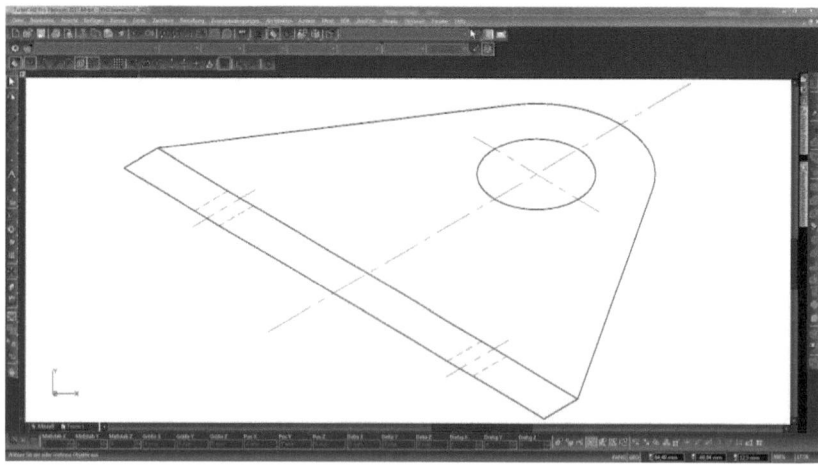

→ Klicken Sie mit der rechten Maustaste auf eine beliebige Stelle im Modellbereich und öffnen Sie das Menü „Eigenschaften des 3D-Auswahlwerkzeugs".

→ Versichern Sie sich, dass unter „3D-Auswahlwerkzeug/ Konfiguration/ Konzeptionelle Auswahl verwenden" kein Haken gesetzt ist.

Mehr Informationen zum konzeptionellen Auswahlwerkzeug erhalten Sie in Kapitel 5.9.

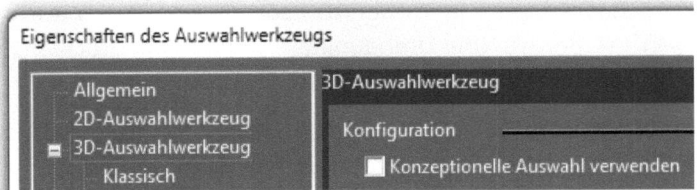

3. Sie werden die 2D-Zeichnung, welche Ihnen in den nächsten Schritten zur Erstellung des 3D-Modelles dient, nun um 90° drehen und somit den Kranhaken aufrichten.

→ Markieren Sie die gesamte Zeichnung durch einen Auswahlrahmen der alle Zeichnungsobjekte erfasst oder verwenden Sie die Tastenkombination „STRG+A".[1]

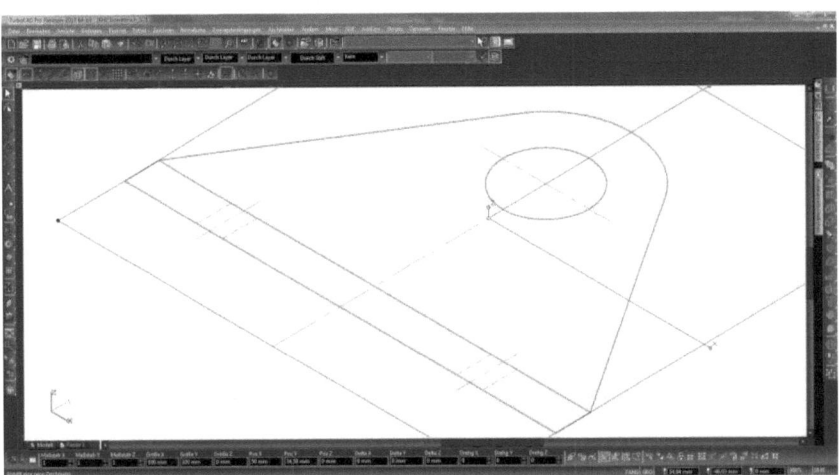

In der Mitte des Auswahlrahmens, welcher nun die gesamte Zeichnung umfasst, sehen Sie ein zweites Koordinatensystem. Im Ursprung wird ein

---

[1] Die Tastenkombination „STRG+A" wählt alle Zeichnungsobjekte aus, die sich im Modellbereich befinden.

gelber Bezugspunkt angezeigt, auf welchen sich die Positionskoordinaten in der Kontrollleiste beziehen. Weiterhin werden an den Enden der drei Achsen grüne Drehpunkte dargestellt, an denen das Modell um den Bezugspunkt gedreht werden kann. Um den Kranhaken aufzurichten, also um 90° um die Unterkante der Grundplatte zu drehen, müssen Sie zunächst den Bezugspunkt bzw. die Drehachse verschieben. Diese Technik, den Bezugspunkt zu verschieben, um Objekte neu auszurichten, ist für das Arbeiten in TurboCAD® sowohl im 2D- als auch 3D-Bereich essenziell. Bezugs- und Drehpunkte können mit gedrückter „STRG"-Taste ausgewählt und verschoben werden.

→ Drücken Sie die „STRG"-Taste und halten Sie diese gedrückt.
→ Führen Sie den Mauszeiger über den Bezugspunkt.

Der Mauszeiger hat nun die Form einer Hand.

→ Klicken Sie auf den Bezugspunkt („STRG"-Taste immer noch gedrückt).
→ Lassen Sie die „STRG"-Taste los.

Der Bezugspunkt samt Koordinatensystem haftet jetzt am Mauszeiger und lässt sich beliebig platzieren.

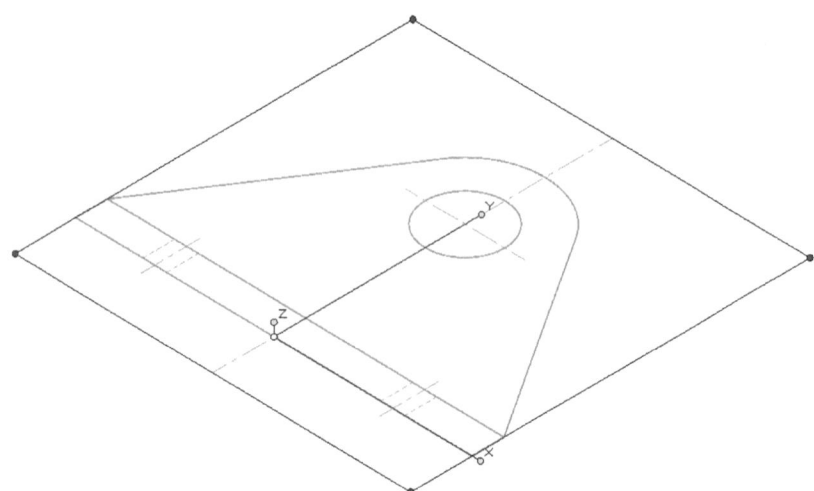

Nachdem der Bezugspunkt abgesetzt wird, erscheint ggf. eine System-benachrichtigung.

→ Setzen Sie den gelben Bezugspunkt wie oben dargestellt, mittig auf die Unterkante des Kranhakens. Sie können explizit die

„Schnittpunkt"-Fangoption auswählen, während Sie das Koordinaten-system am Mauszeiger haften haben, indem Sie auf die rechte Maustaste klicken und im Pop-Up-Menü unter „Fang" die entsprechende Fangoption auswählen.

→ Setzen Sie bei „Diese Meldung nicht mehr anzeigen" ein Häkchen und bestätigen Sie die Meldung durch Drücken auf „Fortsetzen".

4. Sie haben den Bezugspunkt nun versetzt und können mit dem Drehen des Kranhakens beginnen.

→ Klicken Sie auf den Y-Drehpunkt und bewegen Sie den Mauszeiger. Sie sehen, dass sich das gesamte Modell um die X-Achse dreht. Dabei ist zu beachten, dass mit mehr Abstand zwischen Mauszeiger und Bezugspunkt die Drehung flüssiger und kontrollierter durchgeführt werden kann.

→ Geben Sie nun in das Kontrollleistenfeld „Drehg X" den Wert „90" ein. Dazu können Sie die „TAB"-Taste oder die Maus benutzen.

→ Bestätigen Sie die Eingabe mit „ENTER".

Sie haben die Zeichnung 90° um die X-Achse gedreht und damit den Kranhaken für die Erstellung des 3D-Modells ausgerichtet.

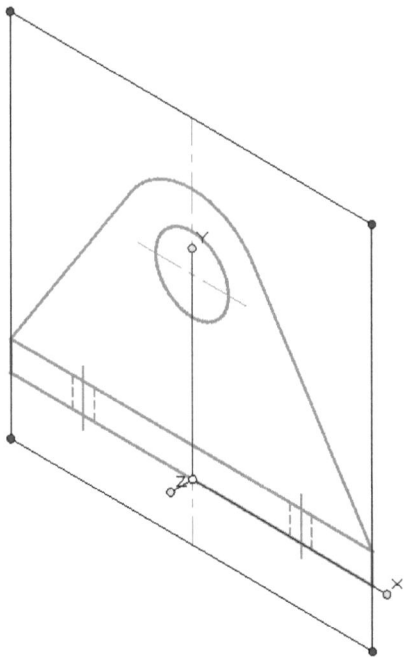

➜ Drücken Sie die „ESC"-Taste um die Auswahl aufzuheben.

➜ Drücken Sie den Befehl „Isometrie_SO" .

5. Erstellen Sie, wie bereits in Übungsaufgabe „Kranhaken 2D" in Schritt 1 gezeigt, einen weiteren Layer mit dem Namen „3D-Objekt".

➜ Öffnen Sie hierfür das „Layer"-Menü über den Befehl „Layer" in der Eigenschaftensymbolleiste

➜ Klicken Sie auf die Schaltfläche „Neuer Layer"

➜ Geben Sie den Namen „3D-Objekt" ein und bestätigen Sie mit „OK".

➜ Stellen Sie wie nachfolgend gezeigt, für diesen Layer die Standardfarbe „Grau" ein. Linienstil und Stiftbreite bleiben unverändert.

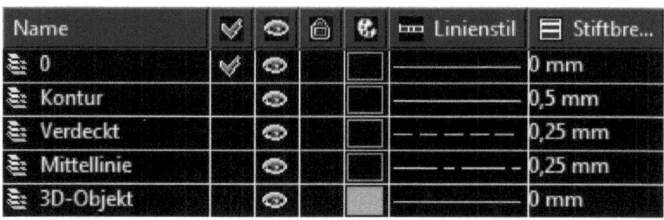

Name	✔	👁	🔒	🎨	▭ Linienstil	🗐 Stiftbre...
0	✔	👁			————————	0 mm
Kontur		👁			————————	0,5 mm
Verdeckt		👁			— — — — —	0,25 mm
Mittellinie		👁			—— – —— –	0,25 mm
3D-Objekt		👁			————————	0 mm

➜ Schließen Sie das Menü.

6. Im nächsten Schritt wird anhand der 2D-Zeichnung durch eine Extrusion ein 3D-Körper erstellt.

➜ Wählen Sie aus der linken Symbolleiste den Befehl „Normale Extrusion" .

➜ Stellen Sie in der Eigenschaftensymbolleiste den neuen Layer „3D-Objekt" ein sowie alle weiteren Parameter auf die Option „Durch Layer". Im Farbenmenü erfolgt die Auswahl „Durch Layer" durch das folgende Symbol: .

Der Befehl „Normale Extrusion" enthält in der Kontrollleiste zum einen das Feld „Höhe", das angibt, wie weit das 2D-Profil ausgetragen wird, und zum anderen drei Befehlsoptionen, die sich rechts neben dem Eingabefeld befinden.

➔ Aktivieren Sie die Optionen „Zusammengesetztes Profil verwenden" und „Zweiseitige Extrusion" wie nachfolgend dargestellt.

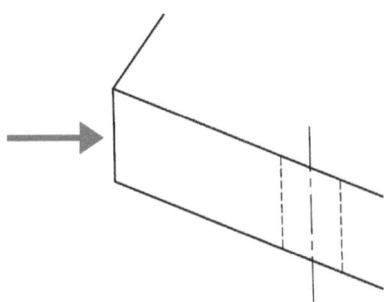

Nun muss ein Profil zur Erstellung der Extrusion angewählt werden.

➔ Deaktivieren Sie die Fangoptionen durch das Aktivieren des Befehls „Kein Fang" .

Diese könnten Sie bei der Auswahl des 2D-Profils behindern, da sie dazu neigen, andere Objekte in der Nähe zu fangen.

➔ Wählen Sie zunächst eine der kurzen Seitenkanten der Grundplatte an.

Dabei wird nicht nur diese Linie, sondern auch die Unterkante sowie die gegenüberliegende Kante automatisch mit in die Auswahl aufgenommen. Ist die Befehlsoption „Zusammengesetztes Profil verwenden" aktiviert, werden zusammenhängende Linienobjekte automatisch erkannt und angewählt.

➔ Mit dem nächsten Klick fügen Sie noch die zur Unterkante parallele Linie der Auswahl hinzu. Die Auswahl sollte nun die Linien beinhalten, wie im unten gezeigten Screenshot zu sehen ist.

Bewegen Sie nun die Maus im Zeichenbereich, erkennen Sie, dass das ausgewählte 2D-Profil in beide Seiten ausgetragen wird. Wie weit diese Austragung reichen soll, können Sie durch den nächsten Mausklick oder durch die Eingabe einer Höhe definieren.

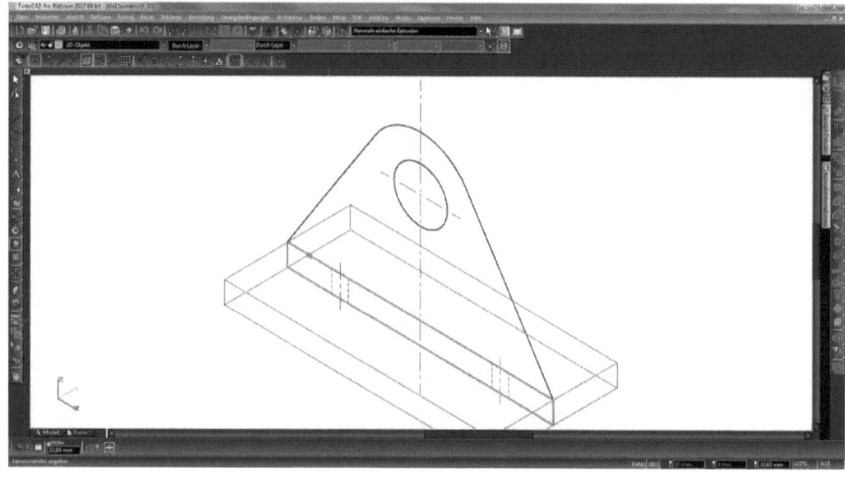

➔ Geben Sie in das Feld „Höhe" den Wert „20" ein.

➔ Bestätigen Sie den Befehl mit „ENTER".

Das ausgewählte 2D-Profil wurde nun in beide Seiten um jeweils 20 mm ausgetragen.

➔ Klicken Sie erneut auf die Ansicht „Isometrie_SO" .

7. Als nächstes wird der obere Teil des Bauteils mit dem Loch für den Kranhaken ausgetragen und im Folgeschritt die beiden erstellten 3D-Körper verschmolzen.

➔ Aktivieren Sie erneut den Befehl „Normale Extrusion" . Dieser müsste noch die gleichen Befehlsoptionen vorweisen wie bei der letzten Anwendung. Wenn nicht, stellen Sie erneut die zuvor genannten Optionen ein (Layer auf „3D-Objekt", „Zusammengesetztes Profil verwenden" und „Zweiseitige Extrusion").

➔ Klicken Sie eine der schrägen Seitenkanten an.

Erneut erfolgt eine automatische Auswahl weiterer Linien.

➔ Um ein geschlossenes Profil[1] für die Extrusion zu erstellen, wählen Sie mit dem nächsten Klick die horizontale Kante an, welche die schrägen Außenkanten verbindet.

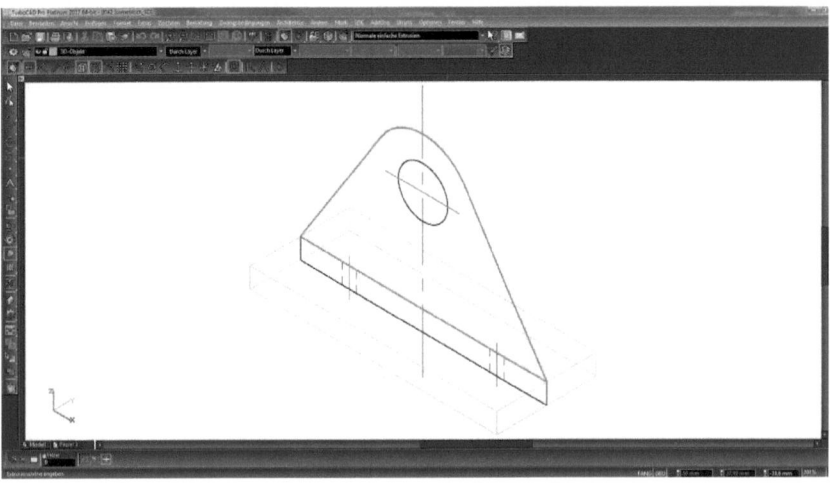

Dieses Profil könnte bereits zu einem Volumenkörper ausgetragen werden. Allerdings bietet TurboCAD® auch die Möglichkeit, weitere Profile, welche sich innerhalb eines geschlossenen Profils befinden, von der Extrusion auszuschließen. Diese Option können Sie nun nutzen, um die Öse abzubilden. Diese müsste sonst in einem späteren Schritt von dem Modell entfernt/ abgezogen werden.

➔ Drücken Sie die Umschalttaste und führen Sie den Mauszeiger über den Kreis.

Neben dem Mauszeiger erscheint ein „±"-Zeichen.

➔ Klicken Sie den Kreis an.

Dieser wird zur bestehenden Auswahl hinzugefügt. Schon in der Vorschau erkennen Sie, dass dort wo sich der Kreis befindet, ein Loch in der 3D-Austragung erstellt wird.

➔ Geben Sie in dem Kontrollleistenfeld „Höhe" den Wert „4" ein.
➔ Bestätigen Sie mit „ENTER".

---

[1] Wird ein nicht geschlossenes Profil extrudiert, entstehen Oberflächen.

➔ Wechseln Sie in den Rendermodus „Linien verdecken" .

Dieser befindet sich in einem Aufklappmenü rechts neben der Eigenschaftensymbolleiste. Ist dieser Rendermodus ausgewählt, werden verdeckte Kanten, also Kanten, die beim Betrachten des 3D-Modells eigentlich nicht sichtbar wären, gestrichelt dargestellt. Je nach vorhandener Hardware kann dabei die grafische Darstellung von den in dieser Aufgabe gezeigten Abbildungen abweichen. Erscheint das gewählte Grau zu hell, kann wie in Schritt 5 beschrieben eine dunklere Layerfarbe ausgewählt werden.

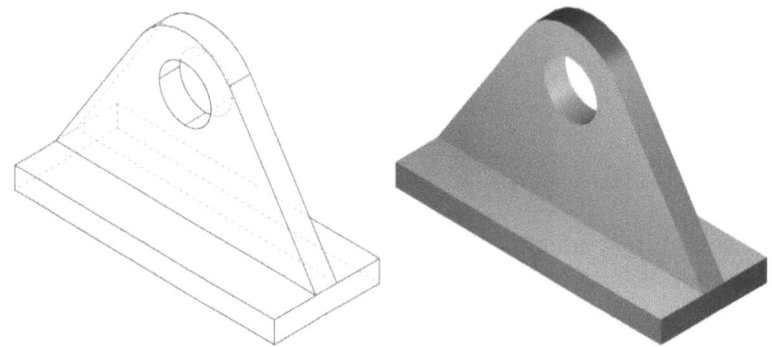

➔ Wechseln Sie nun auf den Modus „Grob rendern" . Da in der Zeichnung noch keine Lichtquellen vorhanden sind, werden Sie zunächst gefragt, ob Standardlichtquellen festgelegt werden sollen.
➔ Bestätigen Sie mit „JA".

Der Rendermodus „Grob rendern" ermöglicht eine realistische Betrachtung von 3D-Objekten, da Flächen ausgefüllt und schattiert dargestellt werden. Die Rendermodi „Fein rendern" und „Erweitertes rendern" finden beim aktiven Arbeiten keine Anwendung, da sie für die Erstellung von fotorealistischen Renderings gedacht sind. Die Erstellung von Renderings zur Visualisierung von 3D-Modellen wird in Kapitel 5.13 behandelt.

➔ Halten Sie das Mausrad gedrückt und bewegen Sie den Mauszeiger.

→ Halten Sie nun die Umschalttaste gedrückt und bewegen Sie den Mauszeiger über den Modellbereich bei zusätzlich gedrücktem Mausrad.

So schwenken Sie dynamisch um das 3D-Objekt. Schauen Sie sich in Ruhe den Kranhaken von allen Seiten an. Haben Sie eine 3D-Maus, können Sie diese ebenfalls dafür nutzen.

→ Klicken Sie auf die Standardansicht „Isometrie_SO" .

→ Behalten Sie den Rendermodus „Grob rendern" für den nächsten Bearbeitungsschritt bei.

8. Der Kontrollleiste können interessante Werte über das markierte Objekt oder die markierten Objekte entnommen werden.

→ Klicken Sie die Grundplatte des Kranhakens mit dem „Auswählen"-Werkzeug an.

Diese wird nun von einer Auswahlbox umgeben, welche an allen Ecken blaue Punkte aufweist. In der räumlichen Mitte dieser Box, welche die exakte Größe des markierten 3D-Objektes hat, befindet sich der Bezugspunkt. Außerdem wird das 2D-Profil in blau dargestellt, welches zur Extrusion also zur Erstellung des 3D-Körpers verwendet wurde.

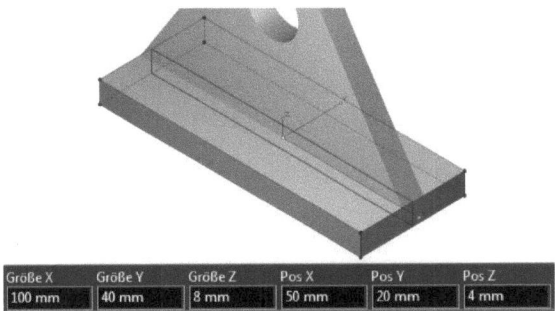

Größe X	Größe Y	Größe Z	Pos X	Pos Y	Pos Z
100 mm	40 mm	8 mm	50 mm	20 mm	4 mm

Da der Auswahlrahmen in diesem Fall der exakten Größe der Grundplatte entspricht, kann deren Größe über die in der Kontrollleiste ausgegebenen Werte abgelesen werden. Diese beträgt 100x40x8 mm.

→ Fügen Sie den oberen Teil des Kranhakens zur Auswahl hinzu indem Sie diesen bei gedrückter Umschalttaste anklicken.

➜ Schauen Sie sich die Auswahlbox sowie die Werte in der Kontrollleiste an.

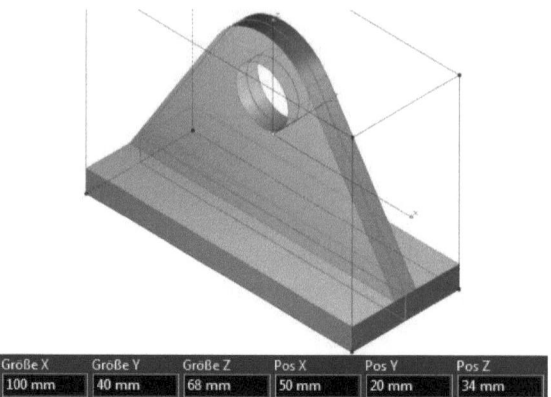

Die Gesamtmaße des Kranhakens betragen 100x40x68 mm.

9. Weitere Informationen über das erstellte Bauteil lassen sich der Auswahlinformationspalette entnehmen.

➜ Behalten Sie die Objektauswahl bei.

➜ Sollte sich am rechten Bildschirmrand kein geöffnetes Menü mit dem Namen „Auswahl" befinden, öffnen Sie dieses unter „Extras/ Paletten/ Auswahlinformationen...".

Die Auswahlinformationspalette erscheint nun am rechten Bildschirmrand. Paletten klappen nach einer bestimmten Zeit wieder automatisch zu, werden Sie nicht genutzt.

➜ Drücken Sie in der geöffneten Palette in der oberen rechten Ecke auf das kleine Anstecknadel-Symbol.

Steht die Nadel vertikal, ist die Palette fest am Bildschirmrand angebracht und bleibt geöffnet.

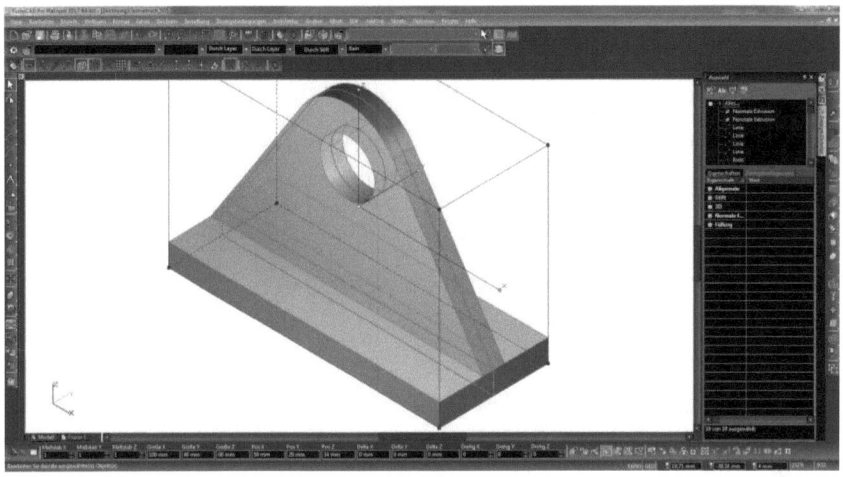

Im oberen Fenster dieses Menüs werden alle angewählten Objekte aufgeführt. Schauen Sie sich dieses Fenster an. Sie führt die zwei Extrusionen auf.

10. Sie haben nun bereits ein ansehnliches 3D-Modell des Kranhakens erstellt.

→ Speichern Sie die Datei über den Befehl „Speichern" 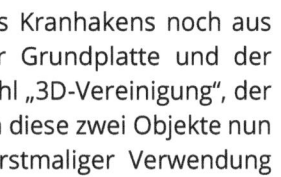.

11. Zu diesem Zeitpunkt besteht das 3D-Modell des Kranhakens noch aus zwei getrennten Volumenkörpern, nämlich der Grundplatte und der aufrechten Platte mit der Kranöse. Mit dem Befehl „3D-Vereinigung", der sich in der rechten Symbolleiste befindet, können diese zwei Objekte nun zu einem Körper verschmolzen werden. Bei erstmaliger Verwendung dieses Befehls werden Sie gefragt, ob die Bearbeitungshistorie (Teilestruktur) deaktiviert werden soll. Diese ist für das verlaufsbasierte Modellieren zwingend notwendig <u>und muss demnach aktiviert werden</u>.

→ Aktivieren Sie nun den Befehl „3D-Vereinigung" .
→ Klicken Sie nacheinander die 3D-Körper an. Hierbei spielt die Reihenfolge keine Rolle.
→ Drücken Sie in dem oben bereits angesprochenen Systemhinweis auf die Schaltfläche „Nein".

Die zwei Körper wurden nun einem Körper verschmolzen. Ist die 3D-Vereinigung durchgeführt, ändert sich an der grafischen Darstellung des Kranhakens nichts.

➔ Wählen Sie den nun verschmolzenen 3D-Körper aus und werfen Sie erneut einen Blick in die Auswahlpalette.

Dort befindet sich jetzt eine „Teilestruktur".

➔ Erweitern Sie diese über die Pluszeichen.

Die Teilestruktur zeigt den chronologischen Verlauf der Bearbeitungsschritte eines Teiles. Zu einem späteren Zeitpunkt sind hier Änderungen an den Geometrien möglich. In der nachfolgenden Übungsaufgabe „Kranhaken Zeichnungsableitung" wird diese Technik beispielhaft angewandt.

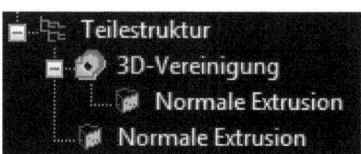

➔ Lassen Sie die Auswahlinformationspalette geöffnet.

In manchen Fällen wird in der Auswahlpalette keine Teilestruktur, sondern ein „ACIS-Volumenkörper" aufgeführt. Dies signalisiert, dass keine Bearbeitungshistorie erstellt wurde (Mehr Informationen zur Teilestruktur erhalten Sie in Kapitel 5.7.).

Ist dies der Fall, führen Sie die folgenden Schritte aus:

➔ Machen Sie die 3D-Vereinigung rückgängig .

➔ Öffnen Sie das Menü „Optionen/ Zeichnung einrichten/ ACIS" und setzen Sie bei „Bearbeitungshistorie erstellen (Teilestruktur)" ein Häkchen.

➔ Schließen Sie das Menü mit „OK".

➔ Führen Sie erneut, wie zuvor beschrieben, die „3D-Vereinigung" durch.

12. Die Grundplatte wird nun mit vier Bohrungen versehen. Dazu verwenden Sie im weiteren Verlauf dieser Aufgabe den Befehl „Loch". Dieser kann zur

Erstellung von einfachen Löchern, verschiedenen Bohrungstypen (z.B. Senkbohrung oder Gewindeloch) aber auch zur Erstellung von Erhebungen wie Führungsstiften genutzt werden. Das „Loch"-Werkzeug benötigt einen 2D-Punkt für die genaue Position der Bohrung sowie eine ebene Fläche auf die der Bohrer senkrecht trifft. Um den 2D-Punkt auf die Oberseite der Grundplatte zu setzen, müssen Sie zunächst die Arbeitsebene versetzen. Die Arbeitsebene liegt standardmäßig auf der XY-Ebene des Modellkoordinatensystems, welches Sie in Schritt 2 dieser Aufgabe eingeblendet haben.

➔ Aktivieren Sie den Befehl „Arbeitsebene Ein/Aus" .

Durch diesen Befehl kann die aktuelle Arbeitsebene sichtbar gemacht werden. Diese wird durch einen gestrichelten roten Rahmen dargestellt. Dieser Rahmen stellt allerdings keine Begrenzung der Arbeitsebene dar. Diese erstreckt sich unendlich weit.

➔ Deaktivieren Sie den Befehl „Arbeitsebene Ein/Aus"

2D-Objekte können <u>nur</u> auf der Arbeitsebene gezeichnet werden. Anstatt die 2D-Punkte auf der aktuellen Arbeitsebene zu platzieren und dann in Z-Richtung zu verschieben, versetzen Sie in dieser Übung die Arbeitsebene auf die Oberseite der Grundplatte und setzen die 2D-Punkte direkt darauf.

➔ Wechseln Sie in den Rendermodus „Linien verdecken" .
➔ Klicken Sie mit der rechten Maustaste auf das gezeigte Tassensymbol.

Es öffnet sich das Menü „Kameraeigenschaften".

➔ Versichern Sie sich, dass im Menübereich „Linien verdecken" bei der Option „Nicht renderfähige Objekte" ein Häkchen gesetzt ist.

Mit dieser Einstellung werden nicht nur 3D- sondern auch 2D-Objekte im Rendermodus „Linien verdecken" angezeigt.

➔ Schließen Sie das Menü mit „OK".

➔ Aktivieren Sie, falls aktuell nicht eingestellt, die Ansicht „Isometrie_SO" .

➔ Beenden Sie die Auswahl mit der „ESC"-Taste.

Das Modell sollte in etwa wie nachfolgend gezeigt aussehen:

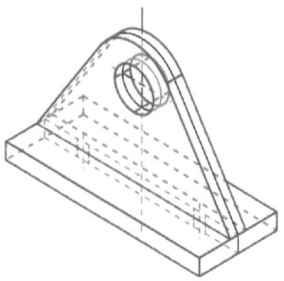

➔ Wählen Sie den Befehl „Durch Facette" aus der oberen Symbolleiste.

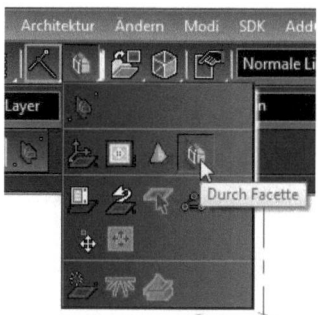

Mit diesem Befehl können Sie die Arbeitsebene auf eine bestimmte Fläche eines 3D-Körpers legen. Führen Sie den Mauszeiger über eine Fläche des Modells, wird diese farblich hervorgehoben. Das signalisiert, dass hier die Arbeitsebene „abgelegt" werden kann.

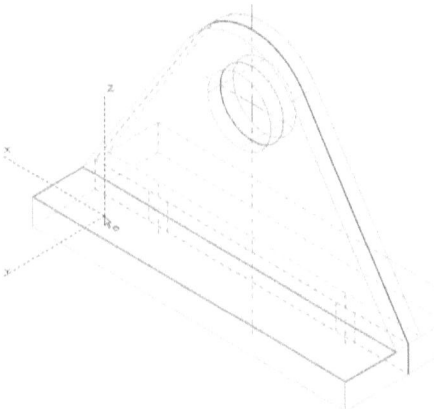

➔ Wählen Sie die gezeigte Fläche aus und klicken Sie diese an.

Die Arbeitsebene liegt nun deckungsgleich mit der gewählten Fläche. Dies können Sie durch das Ein- und Ausblenden der Arbeitsebene mit dem

Befehl „Arbeitsebene Ein/Aus" ▧ kontrollieren.

13. Im nächsten Schritt werden Sie sogenannte 2D-Punkte, welche zur Erstellung der Bohrungen mit dem „Loch"-Befehl benötigt werden, auf die soeben gewählte Arbeitsebene legen.

➔ Aktivieren Sie den Befehl „Kreisförmig" ▣ in dem folgend gezeigten Aufklappmenü.

➔ Setzen Sie wie folgt dargestellt einen 2D-Punkt unter Verwendung von den Fangoptionen exakt auf die Ecke der Grundplatte.

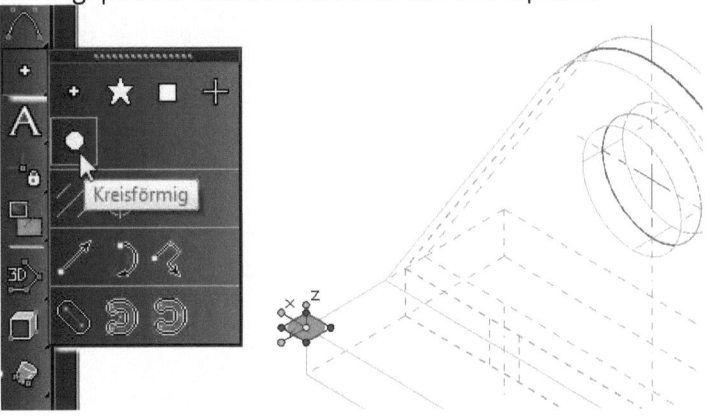

→ Führen Sie den Befehl „Ebene durch Modell festlegen" ![icon] aus. Dieser befindet sich im gleichen Aufklappmenü in der oberen Symbolleiste wie der zuvor genutzt Befehl „Durch Facette" ![icon].

Dadurch wird die Arbeitsebene wieder auf die Standardeinstellung zurückgesetzt.

14. In diesem Schritt verschieben Sie den hinzugefügten 2D-Punkt gemäß der unteren Abbildung um 7,5 mm von der Längskante und 20 mm von der kurzen Kante nach innen.

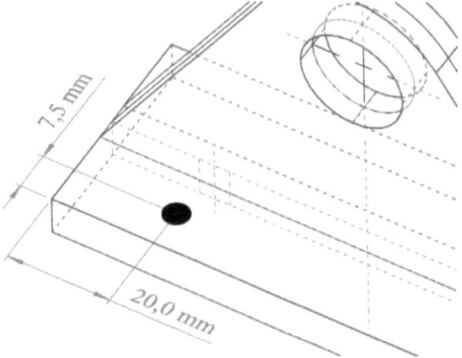

→ Wählen Sie den Punkt aus und verschieben Sie ihn durch die Eingabe von Werten in den Kontrollleistenfeldern „Delta X" und „Delta Y" um 20 mm in X-Richtung und 7,5 mm in Y-Richtung.

Beachten Sie dabei, dass sich die Eingaben in der Kontrollleiste auf das auf dem 2D-Punkt liegenden Koordinatensystem beziehen. Sollte dieses anders als gezeigt ausgerichtet sein, passen Sie die Eingabewerte entsprechend an. Durch das Setzen eines negativen Wertes, können Sie die Richtung bei Bedarf umkehren.

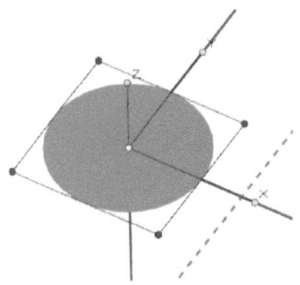

15. Der gesetzte 2D-Punkt wird nun durch den Befehl „Kopieren: Spiegeln" vervielfältigt. Nutzen Sie dazu die nachfolgend dargestellten Spiegelachsen. Bei der Verwendung von Muster- und Spiegelwerkzeugen im 3D-Raum muss besonders auf die Auswahl der korrekten Fangpunkte geachtet werden. Hier ist die Auswahl einer bestimmten Fangoption über die Rechtsklick-Menüauswahl zu bevorzugen, da sonst ggf. andere Fangpunkte die Auswahl behindern. Mit gedrückter Umschalttaste können Sie weitere Objekte zu einer Auswahl hinzufügen.

→ Wählen Sie mit dem „Auswählen"-Werkzeug den vorhandenen 2D-Punkt aus.

→ Aktivieren Sie den Befehl „Kopieren: Spiegeln" in der rechten Symbolleiste.

→ Definieren Sie zunächst durch zwei Klicks die folgend gezeigte linke Spiegelachse. Die Spiegelachsen <u>müssen</u> mittig liegen, damit die 2D-Punkte exakt gespiegelt und auf die korrekten Positionen gesetzt werden.

→ Markieren Sie nun beide 2D-Punkte mit gedrückter Umschalttaste.

→ Spiegeln Sie diese abschließend um die rechts gezeigte Spiegelachse.

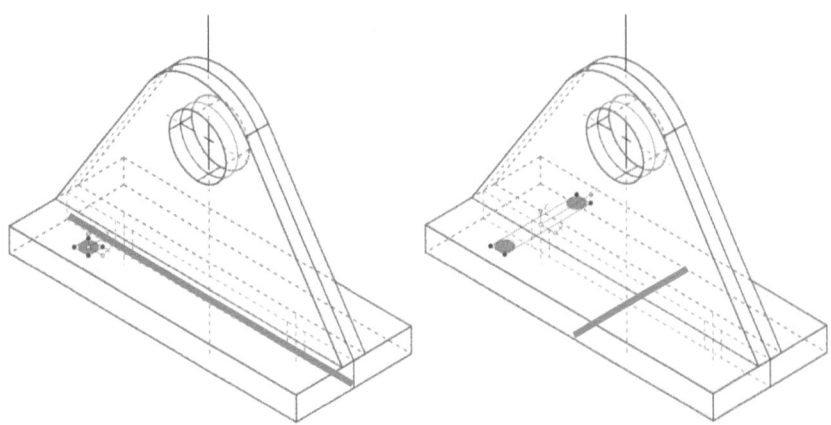

16. Sind die vier Punkte gesetzt, können die Bohrungen erstellt werden.

→ Deaktivieren Sie zunächst die Fangoptionen durch das Aktivieren des Befehls „Kein Fang" . Diese werden nicht benötigt.

➔ Führen Sie den „Loch"-Befehl  aus.

Ist der Befehl aktiviert, muss zunächst die Bohrfläche ausgewählt werden.

➔ Wählen Sie die Oberseite der Grundplatte aus. Diese wird dabei farblich hervorgehoben.

➔ Wählen Sie danach alle vier 2D-Punkte mit gedrückter Umschalttaste nacheinander aus.

➔ Mit den vier Punkten in der Auswahl stellen Sie nun gemäß der nachfolgenden Abbildung die Bohrungseigenschaften in der Auswahlinformationspalette ein.

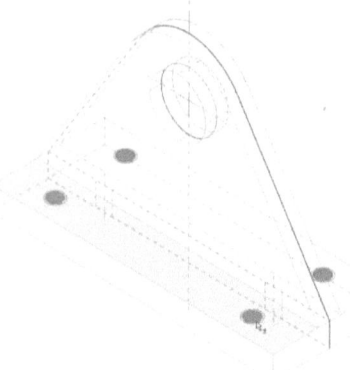

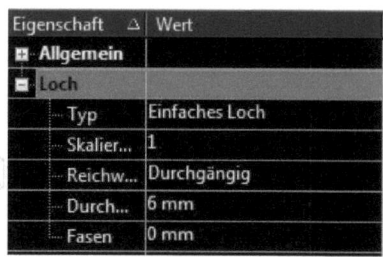

➔ Drücken Sie in der Kontrollleiste auf den Befehl „Beenden" . Die Bohrungen sind nun hinzugefügt.

17. Sie haben das 3D-Modell des Kranhakens erstellt.

➔ Wechseln Sie in den Rendermodus „Grob rendern".

➔ Stellen Sie ggf. in den Kameraeigenschaften die Anzeige der 2D-Objekte aus, um das 3D-Modell des Kranhakens zu betrachten.

Damit ist der Erste-Schritte-Teil „Kranhaken 3D" beendet.

→ Speichern Sie die Zeichnung. Diese wird zur Bearbeitung der folgenden Aufgabe „Kranhaken Zeichnungsableitung" benötigt.

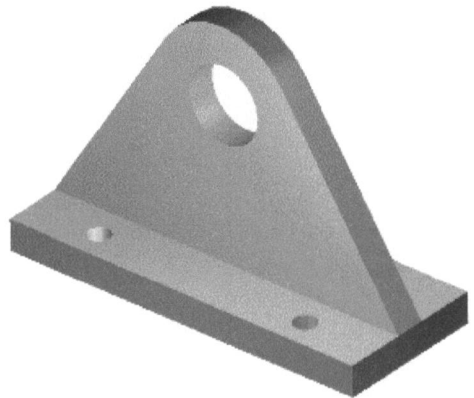

1.4 KRANHAKEN ZEICHNUNGSABLEITUNG

In diesem Übungsteil erstellen Sie eine Zeichnungsableitung des Kranhakens im Papierbereich von TurboCAD®. Sie erstellen Ansichtsfenster, welche definierte Objektansichten auf das Zeichnungsblatt bringen, die dort mit assoziativen Bemaßungen versehen werden. Sie werden zum Abschluss in die Bearbeitungshistorie des Kranhakens eingreifen und somit das 3D-Modell geringfügig verändern.

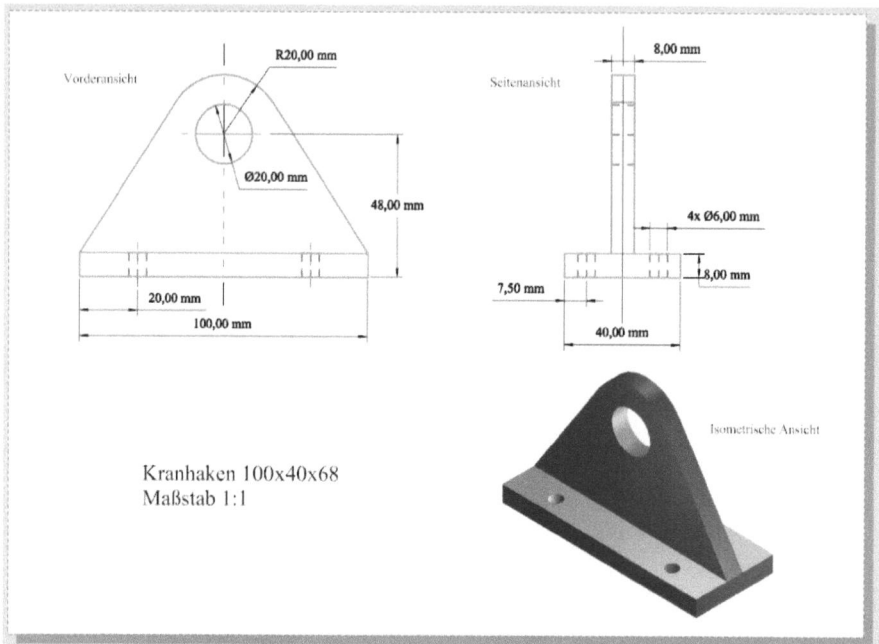

Es werden die folgenden Themen behandelt:

- Ansichtsfenster
- Bemaßung und Textfenster
- Assoziativität zwischen Zeichnungsobjekt und Bemaßung
- Bearbeitungshistorie (Teilestruktur)

1. Zunächst werden Sie von verschiedenen Ansichten des Kranhakens sogenannte Ansichtsfenster erstellen, welche das Übertragen des Modelles aus dem Modell- in den Papierbereich ermöglichen.

   → Öffnen Sie das zuvor erstellte Kranhaken-Modell aus der Übungsaufgabe „Kranhaken 3D".

   → Wechseln Sie in die Standardansicht „Vorne".

   → Aktivieren Sie in der linken Symbolleiste den Befehl „Ansicht erstellen"

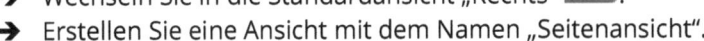

   → Ziehen Sie einen Auswahlrahmen in beliebiger Richtung um den gesamten Kranhaken.

   → Im nun geöffneten Menü „Benannte Ansicht erstellen" geben Sie den Ansichtsnamen „Vorderansicht" ein.

   → Drücken Sie auf „OK".

   → Wechseln Sie in die Standardansicht „Rechts".

   → Erstellen Sie eine Ansicht mit dem Namen „Seitenansicht".

   → Wechseln Sie in die Standardansicht „Isometrie_SO".

   → Erstellen Sie eine Ansicht mit dem Namen „Isometrische Ansicht".

2. Sie haben nun die Ansichten erstellt, welche in den Papierbereich übertragen werden sollen. Diese werden im „Ansicht"-Menü erfasst und können dort eingesehen werden.

→ Öffnen Sie nun mit dem Befehl „Benannte Ansicht" 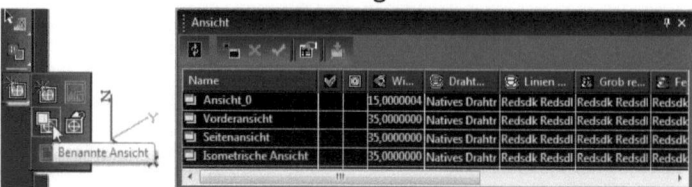 das Menüfenster „Ansicht". Dieses listet alle benannten Zeichnungsansichten auf. Es sollte nun wie folgt aussehen:

3. Sie verlassen nun den Modellbereich in dem der Kranhaken gezeichnet wurde.

→ Wechseln Sie per Klick auf den Reiter „Papier1" (in der unteren linken Ecke des Modellbereiches) in den Papierbereich.

Der Papierbereich wird genutzt, um Zeichnungsableitungen zu erstellen. Die zuvor erstellten Ansichten werden hier als Ansichtsfenster eingefügt, mit einem Maßstab versehen und anschließend bemaßt. Der weiße schattierte Bereich stellt das Zeichenblatt dar. Mehr Informationen dazu erhalten Sie in Kapitel 6.

4. In diesem Schritt werfen Sie einen Blick in die Papier- und Druckereigenschaften des Papierbereichs.

→ Klicken Sie mit der rechten Maustaste auf den Reiter „Papier1" und wählen Sie „Eigenschaften" aus.

→ Geben Sie im Feld „Name des Arbeitsbereichs" statt „Papier1" den Namen „DIN A4" ein.

→ Navigieren Sie zum nächsten Menüpunkt „Seite einrichten".

→ Stellen Sie dort einen Drucker ein, mit dem Sie die Zeichnung später ausdrucken werden.

Dabei kann es sich auch um einen installierten PDF-Drucker handeln.

→ Stellen Sie das Papierformat „DIN A4" im Querformat ein.

→ Schließen Sie das Menü mit „OK".

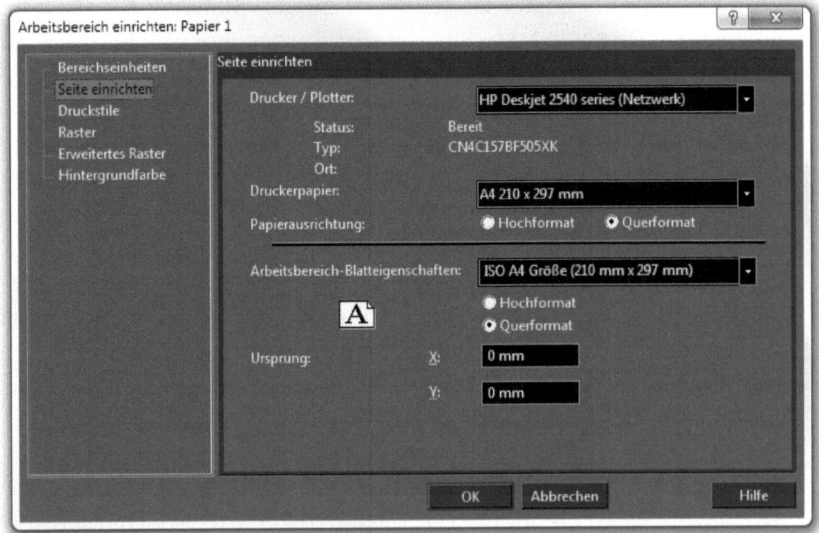

Für den Ursprung müssen wie oben gezeigt die Werte X=0 und Y=0 eingestellt sein.

5. Die zuvor erstellten Ansichten des Kranhakens werden nun im Zeichnungsblatt eingefügt.

→ Aktivieren Sie den Befehl „Ansichtsfenster einfügen"
→ Ziehen Sie einen Rahmen, der ungefähr ein Viertel des Zeichnungsblattes ausfüllt.
→ Wählen Sie die Ansicht „Vorderansicht" aus.
→ Bestätigen Sie mit „Gehe zu".
→ Drücken Sie auf „Schließen".

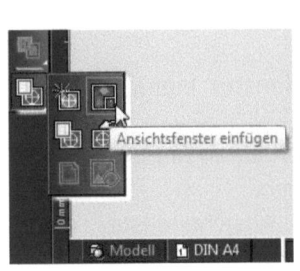
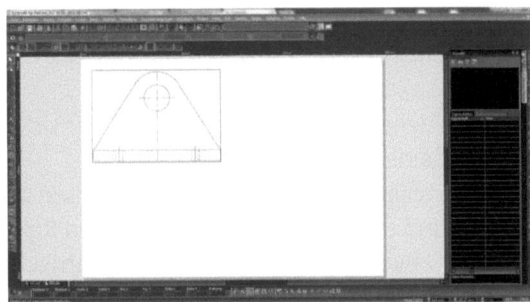

6. Wird ein Ansichtsfenster eingefügt, ist dessen Maßstab zunächst flexibel eingestellt. Dieser passt sich der Größe des Ansichtsfensters an. Sie werden den Maßstab nun auf 1:1 festsetzen. Des Weiteren werden Sie in den Eigenschaften des Ansichtsfensters den gewählten Rendermodus und den Rahmen ändern. Ansichtsfenster können über den Bezugspunkt oder durch Klicken auf das darin gezeigte Objekt verschoben werden. Nachdem ein Ansichtsfenster ausgewählt ist, kann durch Ziehen an den am Grenzrahmen befindlichen blauen Knotenpunkten die Größe des Fensters verändert werden. Falls das Zeichnungsobjekt nach dem Einstellen des festen Maßstabs nicht mehr komplett angezeigt wird, da das Ansichtsfenster zu klein aufgezogen wurde, kann die Größe somit im Nachhinein angepasst werden.

➜ Aktivieren Sie das „Auswählen"-Werkzeug.

➜ Machen Sie einen Doppelklick auf das eingefügte Ansichtsfenster.

➜ Setzen Sie im Menüpunkt „Ansichtsfenster" im Bereich „Maßstab" das Häkchen bei „Fest".

➜ Wählen Sie den Maßstab 1:1 aus der Dropdown-Liste.

➜ Entfernen Sie unter „Rahmen" das Häkchen „Sichtbarer Rahmen" und somit den aktuell vorhandenen Rahmen um das Ansichtsfenster.

➜ Aktivieren Sie in der linken Navigation den Rendermodus „Linien verdecken", indem Sie dort ein Häkchen setzen.

➜ Die im rechten Bereich gezeigte Option „Nicht renderfähige Objekte" muss aktiviert sein.

➜ Schließen Sie das Menü mit „OK".

7. Es werden nun die restlichen Ansichten freihändig auf dem Zeichnungsblatt platziert. Nutzen Sie dazu den nachfolgenden Screenshot als Vorlage und positionieren Sie die Seitenansicht oben rechts und die isometrische Ansicht unten rechts auf dem Blatt. Anschließend werden die gleichen Einstellungen aus Schritt 5 und 6 für die neuen Ansichtsfenster übernommen.

➜ Fügen Sie über den Befehl „Ansichtsfenster einfügen" die beiden Ansichten ein.

➜ Stellen Sie für die beiden Ansichten auch einen Maßstab von 1:1 ein und entfernen Sie den sichtbaren Rahmen.

➜ Aktivieren Sie für das isometrische Ansichtsfenster nicht den Rendermodus „Linien verdecken", sondern „Grob render".

➜ Speichern Sie die Datei über den Befehl „Speichern" .

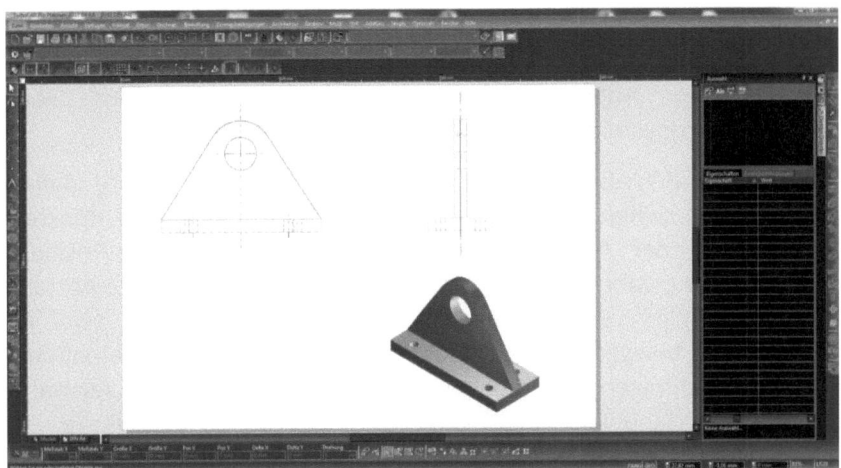

8. Zoomen Sie an die Vorderansicht heran, sodass diese bildschirmfüllend angezeigt wird. Führen Sie dazu den Mauszeiger auf das entsprechende Ansichtsfenster und drehen Sie langsam das Mausrad von sich weg.

   Alternativ können Sie den Befehl „Zoom-Fenster"  nutzen.

   ➜ Aktivieren Sie den Befehl und ziehen Sie einen engen Rahmen um das Ansichtsfenster.

   Der Inhalt dieses Rahmens wird nun bildschirmfüllend angezeigt.

9. Sie beginnen nun mit der Bemaßung. Dazu werden Sie die häufig verwendeten Bemaßungsoptionen „Orthogonal", „Intelligent", „Radius" und „Durchmesser" benutzen. Die Bemaßungsbefehle befinden sich in der linken Symbolleiste in einem Aufklappmenü.

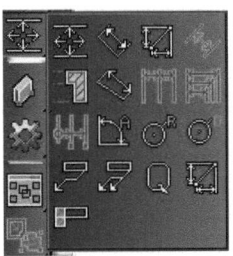

Alternativ lassen sie sich auch im Menü „Bemaßung" in der Menüleiste am oberen Bildschirmrand auswählen.

➔ Aktivieren Sie die Bemaßung „Orthogonal" 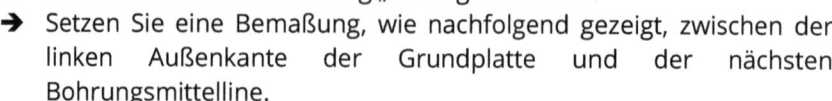.

➔ Setzen Sie eine Bemaßung, wie nachfolgend gezeigt, zwischen der linken Außenkante der Grundplatte und der nächsten Bohrungsmittelline.

Um die Bemaßung zu setzen, müssen Sie zwei Punkte definieren, zwischen denen bemaßt werden soll. Liegen diese zwei Punkte nicht vertikal oder horizontal zueinander, entscheidet die Position der Bemaßungszahl darüber, ob der vertikale oder horizontale Abstand der ausgewählten Bezugspunkte bemaßt wird. Haben Sie zwei Punkte definiert, bewegen Sie den Mauszeiger und setzen Sie die Bemaßungszahl wie nachfolgend abgebildet ab. Benutzen Sie zur Auswahl der Bemaßungspunkte innerhalb der Orthogonal-Bemaßung immer Fangoptionen, um nicht aus Versehen eine Bemaßung zu ziehen, welche augenscheinlich zwar die gewünschten Objekte berührt, in Wahrheit diese jedoch nicht punktgenau erfasst. Somit kann es zu falschen Maßangaben kommen und das Maß würde sich bei Änderung der Geometrie nicht automatisch anpassen.

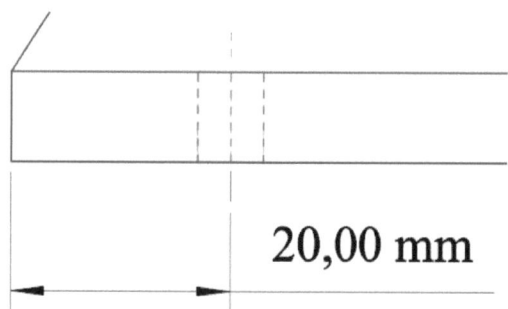

10. Sie werden nun die Länge der Grundplatte des Kranhakens bemaßen.
    ➔ Aktivieren Sie im Menü „Bemaßungen" den Bemaßungsbefehl „Intelligent" .
    ➔ Klicken Sie die Unterkante der Grundplatte an.

Es wird automatisch eine Bemaßung erstellt, welche die gesamte Länge der Linie erfasst.

➔ Setzen Sie die Bemaßung mit dem nächsten Klick wie nachfolgend dargestellt unterhalb der ersten Bemaßung ab.

Deaktivieren Sie ggf. für diesen Schritt die Fangoptionen.

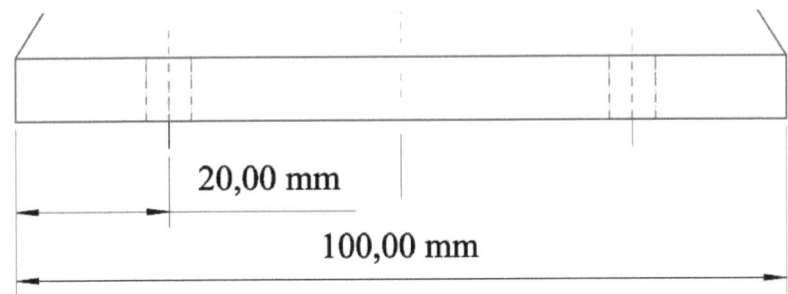

11. Nun werden die Kranöse sowie die obere Abrundung des Kranhakens bemaßt.

➔ Aktivieren Sie den Bemaßungsbefehl „Durchmesser".
➔ Klicken die den Kreis der Kranöse an.
➔ Platzieren Sie die Bemaßung wie nachfolgend dargestellt.

➔ Führen Sie die gleichen Schritte mit dem Befehl „Radius" durch und bemaßen Sie mit diesem die Abrundung des Kranhakens.

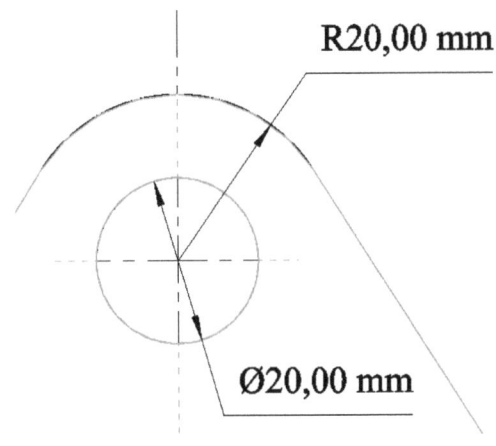

12. In diesem Schritt werden Sie in der Seitenansicht die Bohrung bemaßen.
    → Zoomen Sie auf die Seitenansicht des Kranhakens.

    → Aktivieren Sie den Befehl „Orthogonal" .

    → Bemaßen Sie die rechte Bohrung unter Verwendung von Fangoptionen.

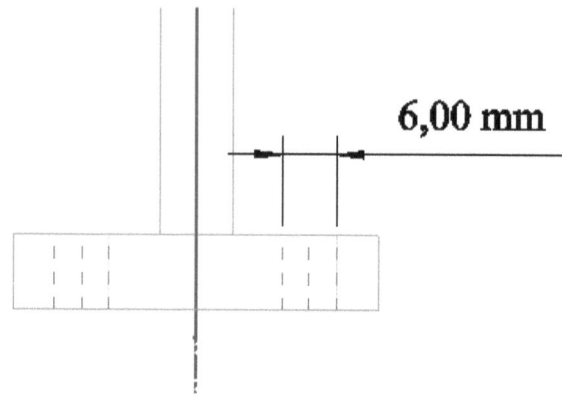

13. Dem Bohrungsmaß fehlt noch das Durchmesser-Symbol sowie weitere Angaben.
    → Wählen Sie die Bemaßung aus.

    → Öffnen Sie über den Befehl „Eigenschaften" in der Kontrollleiste die Objekteigenschaften der Bemaßung.

    Das Eingabefenster „Attribut" enthält den Wert „<6,00>". Die Klammern signalisieren, dass es sich um einen gesteuerten Wert handelt, der abhängig vom bemaßten Objekt ist.

    → Setzen Sie vor diesen Wert wie unten dargestellt die zusätzliche Angabe „4x Ø", da es sich um vier Bohrungen mit dem Durchmesser 6 mm handelt.

    Die Eingabe eines Durchmesserzeichens erfolgt über die Tastenkombination „ALT" + 0 2 1 6.

    → Schließen Sie das Menü mit „OK".

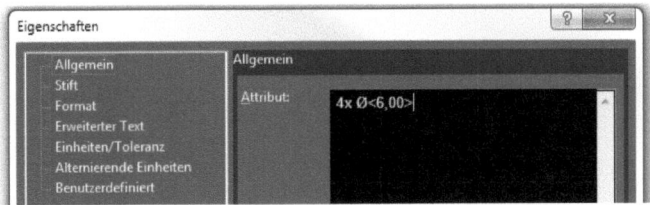

Wie in der nachfolgenden Abbildung zu sehen, wurden Durchmesser-Symbol sowie die Bohrungsanzahl ergänzt. Dabei bleibt die Maßzahl an sich assoziativ und passt sich Änderungen an. Sollte sich die Anzahl der Bohrungen ändern, muss dies manuell im oben gezeigten Eigenschaftenmenü der Bohrungsbemaßung angepasst werden.

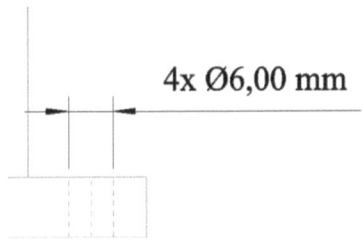

14. In diesem Schritt wird ein Textfenster im unteren linken Bereich des Zeichenblattes erstellt.

   ➔ Aktivieren Sie den Befehl „Text"  in der linken Symbolleiste.
   ➔ Klicken Sie dorthin, wo der Text platziert werden soll.
   ➔ Geben Sie „Kranhaken 100x40x68" ein und springen Sie mit der „ENTER"-Taste in die nächste Zeile.
   ➔ Dort schreiben Sie „Maßstab 1:1".
   ➔ Wählen Sie in der Eigenschaftensymbolleiste die Schriftgröße 5 mm aus.

   • Mit dem Befehl „Beenden" in der Kontrollleiste beenden Sie die Texteingabe und das Textfeld ist erstellt.

15. Fügen Sie nun alle weiteren Bemaßungen und Textfenster in das Zeichnungsblatt gemäß der nachfolgend gezeigten Vorlage ein. Über das nachträgliche Verschieben von Bemaßungen mit Hilfe des „Bearbeitungswerkzeuges" erfahren Sie in Kapitel 4.6 mehr.

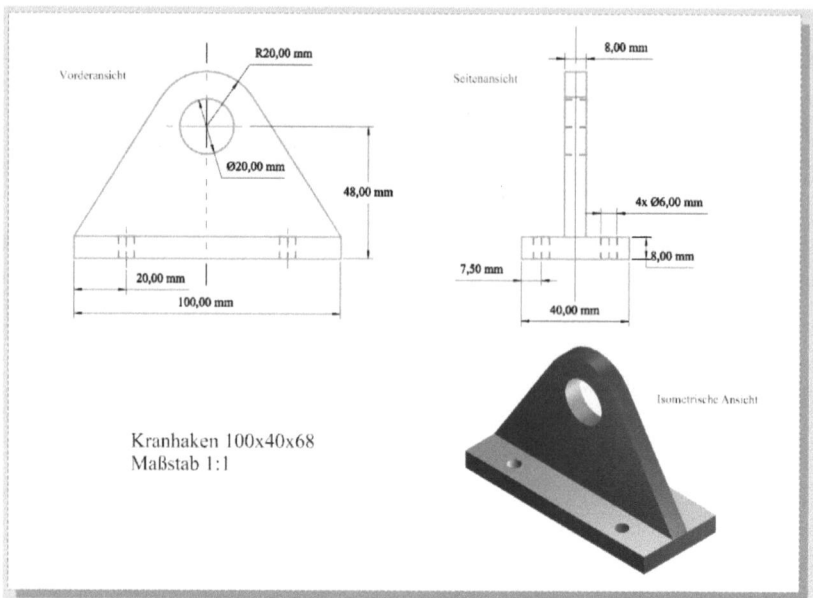

16. Sie werden die vorliegende Zeichnung nun drucken. Haben Sie weder einen richtigen Drucker zur Verfügung, noch einen PDF-Drucker installiert, können Sie diesen Schritt überspringen.

➔ Klicken Sie auf den Befehl „Drucken".

➔ Sie werden eventuell gefragt, ob die Seitenränder automatisch angepasst werden sollen. Bestätigen Sie dies mit „JA".

➔ Leiten Sie den Druckvorgang mit „OK" ein.

Das „Drucken"-Menü schließt sich.

17. Es wurde nun mit Hilfe von Ansichtsfenstern und Bemaßungsfunktionen eine Zeichnungsableitung des Kranhakens erstellt. Im weiteren Verlauf dieser Aufgabe werden Sie in die Bearbeitungshistorie des Bauteils eingreifen und kleine Änderungen machen. Abschließend werden Sie dann sehen, dass diese Änderungen am Modell, von den Ansichtsfenstern und den Bemaßungen in der Zeichnungsableitung automatisch übernommen werden.

➔ Springen Sie wieder zurück in den Modellbereich.

➔ Wechseln Sie in die Standardansicht „Isometrie_SO".

➔ Aktivieren Sie den Rendermodus „Drahtmodell".

➜ Klicken Sie auf die Kreisskizze der Kranöse.

➜ Wählen Sie in dem evtl. gezeigten Auswahlmenü die Option „Kreis".

Es handelt sich dabei um den Kreis der 2D-Zeichnung, welcher zur Erstellung der Extrusion genutzt wurde.

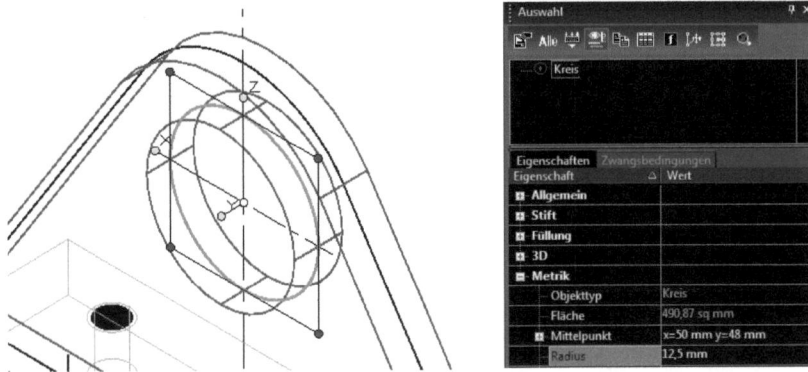

Wenn Sie den Kreis ausgewählt haben, schauen Sie in die Auswahlinformationspalette.

➜ Öffnen Sie die Rubrik „Metrik".

Hier werden geometrische Objekteigenschaften aufgeführt.

➜ Überschreiben Sie den Radius mit dem Wert „12,5".

➜ Drücken Sie die „ENTER"-Taste.

Der Kreis und das dadurch erstellte Loch haben sich nun entsprechend vergrößert.

18. Sie greifen nun in die Bearbeitungshistorie des Bauteils ein, um den Bohrungsdurchmesser zu vergrößern.

➜ Wählen Sie den 3D-Körper des Kranhakens an.

Klicken Sie dafür mit dem „Auswählen"-Werkzeug auf eine Kante des 3D-Modells. Da es sich um eine Teilestruktur handelt, wird diese in grün dargestellt. Hinterlegte 2D-Skizzen werden in blau dargestellt.

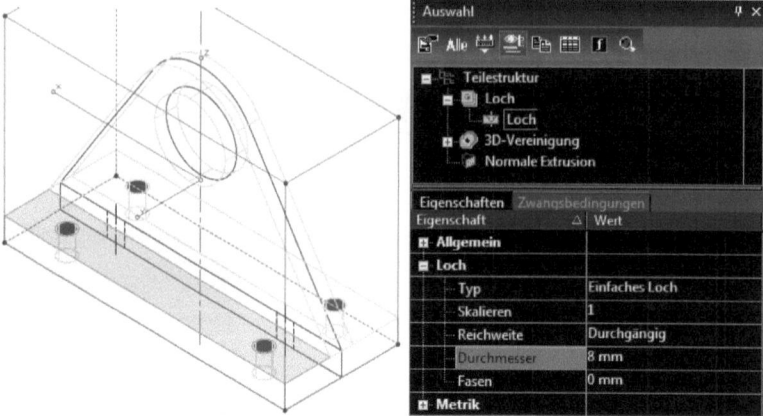

Klicken Sie zu nah an ein 2D-Objekt, öffnet sich ggf. das Auswahlmenü. Dort wählen Sie dann die Option „Teil". Dabei handelt es sich um den 3D-Körper. Wählen Sie ausversehen ein 2D-Objekt aus, beenden Sie die Auswahl mit der „ESC"-Taste. Werfen Sie erneut einen Blick in die Auswahlinformationspalette. Die Bohrungen wurden in die Bearbeitungshistorie aufgenommen.

➜ Entfalten Sie die oben aufgeführte Ordnerstruktur.

➜ Wählen Sie das blaue Symbol mit der Bezeichnung „Loch" an.

➜ Erweitern Sie anschließend die Objekteigenschaften „Loch".

➜ Ändern Sie den Lochdurchmesser auf 8 mm.

➜ Bestätigen Sie mit „ENTER".

Alle vier Löcher haben sich im Modell entsprechend vergrößert.

19. Änderungen im Modellbereich werden von den Ansichtsfenstern im Papierbereich automatisch übernommen.

➜ Wechseln Sie wieder zurück in den Papierbereich.

Dort sehen Sie, dass die Bemaßungen der Kranöse sowie der Bohrungen angepasst wurden. Damit haben Sie die letzte Aufgabe des „Erste-Schritte"-Kapitels abgeschlossen.

2 ALLGEMEINER ÜBERBLICK / PROGRAMMAUFBAU

2.1 ARBEITSOBERFLÄCHE

2.1.1 Standardmäßig eingestellte Arbeitsoberfläche

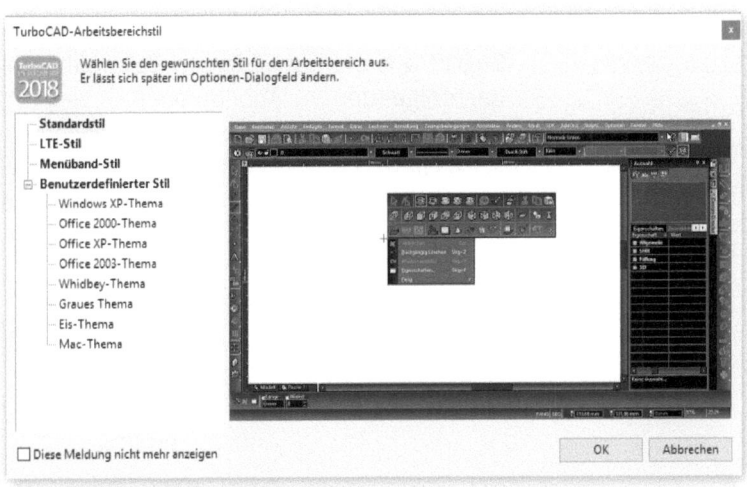

Abbildung 2-1 "TurboCAD-Arbeitsbereichstil"-Menü (ab Version 2018)

Nach dem Installieren der Software und dem erstmaligen Öffnen erscheint ab der Software-Version 2018 zunächst das gezeigte „TurboCAD-Arbeits-bereichstil"-Menü und bietet verschiedene voreingestellte Arbeitsoberflächen an. Diese unterscheiden sich in der Anordnung der Befehle und grafischen Aufmachung. Die Auswahl „Standardstil" entspricht der in älteren Software-Versionen standardmäßig eingestellten Arbeitsoberfläche. Zentrales Element ist immer der Zeichenbereich, welcher umgeben von Menüs, Symbolleisten und Paletten ist. Die Informationen der Programmoberfläche wie Anzahl, Sortierung oder Positionen der Symbolleisten sind in einer Arbeitsbereichs-vorlagendatei lokal auf dem PC gespeichert, welche sich bei Windows7® im folgenden Pfad befinden: „Dokumente/ TurboCAD 2018 x64 DE/ Config". Der Pfad kann je nach Betriebssystem und der verwendeten TurboCAD®-Version leicht variieren. Die Dateien zum Speichern der Programmoberfläche haben die Endungen „.xcfg" und „.xml".

Standardmäßig befinden sich in dem „Config"-Ordner die folgenden Dateien:

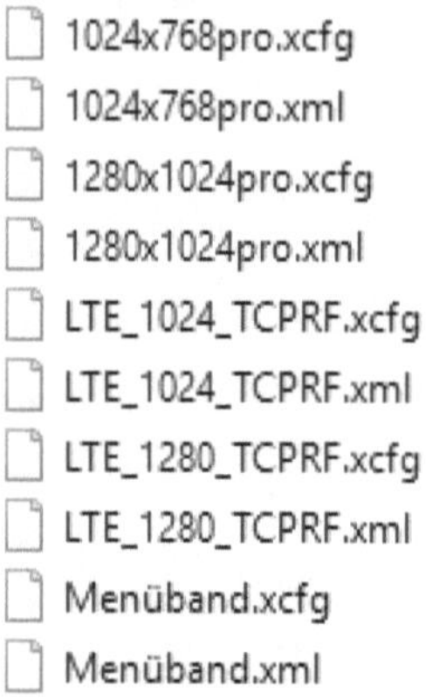

1024x768pro.xcfg

1024x768pro.xml

1280x1024pro.xcfg

1280x1024pro.xml

LTE_1024_TCPRF.xcfg

LTE_1024_TCPRF.xml

LTE_1280_TCPRF.xcfg

LTE_1280_TCPRF.xml

Menüband.xcfg

Menüband.xml

Diese Vorlagendateien sind auf verschiedene Bildschirmauflösungen optimiert. Die Benutzer-oberfläche von TurboCAD® ähnelt gängigen CAD-Anwendungen wie zum Beispiel dem weit verbreiteten AutoCAD®. Dabei sind Werkzeug-leisten, Paletten und Menüs um einen Zeichen-bereich angebracht und erlauben den schnellen Zugriff auf die notwendigen Zeichenbefehle. Die nachfolgenden Abbildungen zeigen die wichtigsten Teile der Programoberfläche nach der Installation. Die einzelnen Komponenten werden im weiteren Verlauf dieses Kapitels beschrieben.

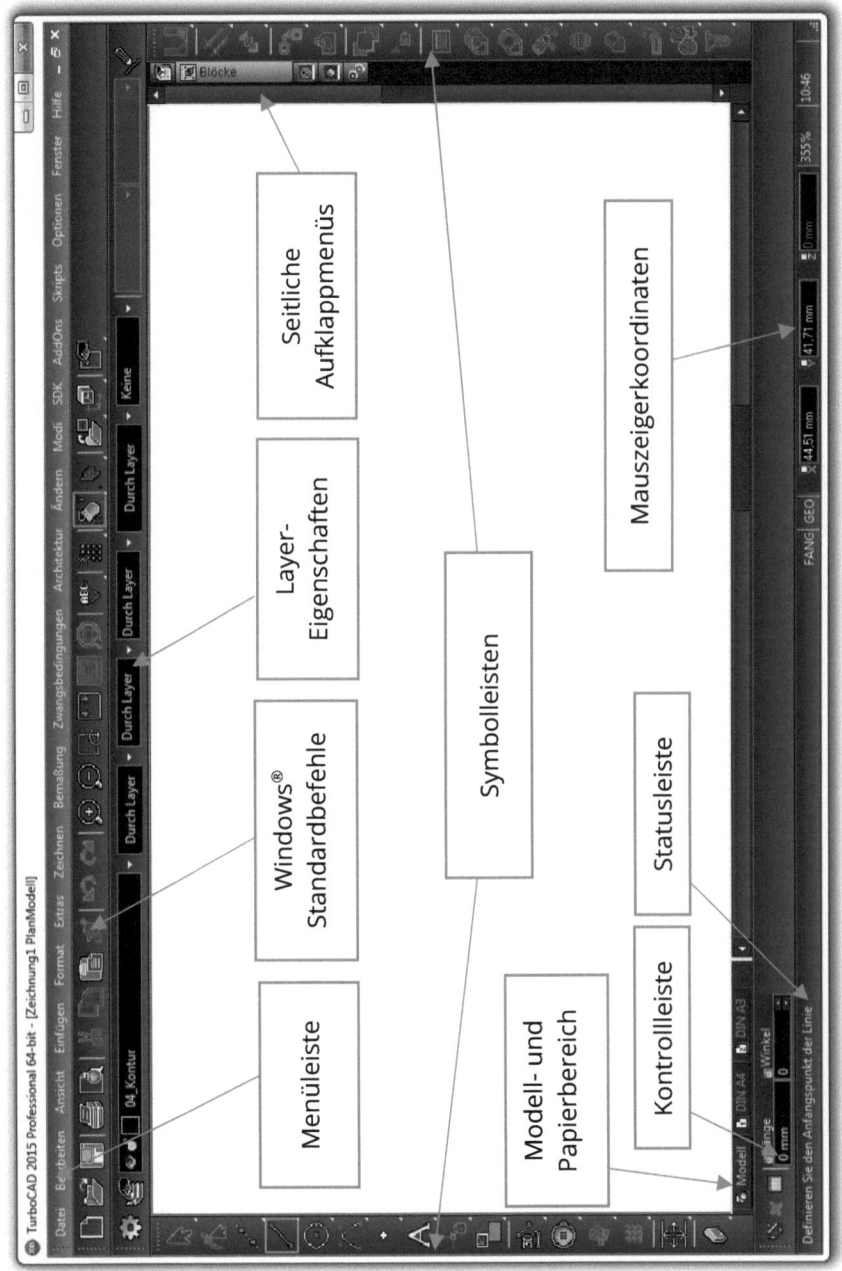

Abbildung 2-2 Arbeitsoberfläche „Standardstil"

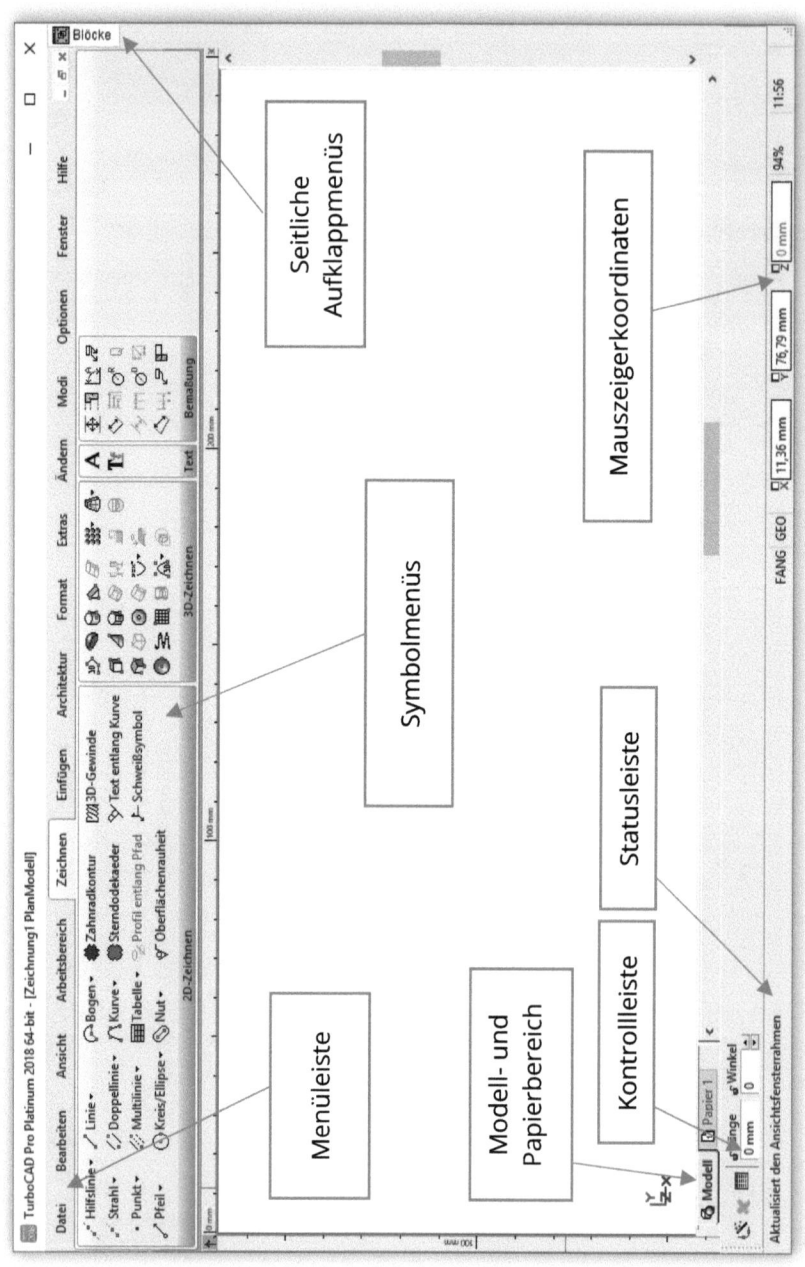

Abbildung 2-3 Arbeitsoberfläche "Menüband" (ab Version 2018)

2.1.2 Laden, Ändern und Speichern einer Arbeitsoberfläche

Der Aufbau der Arbeitsoberfläche kann vom Nutzer individuell eingestellt, Befehle zu Symbolleisten zusammengefügt und somit diese an die eigenen Bedürfnisse angepasst werden. Dies erleichtert das Wiederfinden von häufig genutzten Befehlen und optimiert so den Arbeitsfluss. Durch einen Rechtsklick auf einen freien Bereich neben einer Symbolleiste (nicht im Zeichenbereich) öffnet sich das „Anpassen"-Menüfenster. Es ist ebenfalls im Menü „Extras/ Anpassen" zu finden. Hier befinden sich im Menü „Optionen" Informationen über die Arbeitsoberfläche von TurboCAD®. Die Dropdown-Menüs unter „Laden aus:" und „Speichern unter:" enthalten die im vorherigen Kapitel aufgeführten Vorlagendateien. Alle Vorlagendateien, welche sich im zuvor gezeigten Ordnerpfad befinden, werden hier angezeigt und lassen sich beliebig laden und speichern. Die Erstellung und Verwendung einer eigenen Vorlage wird im weiteren Verlauf des Kapitels erläutert.

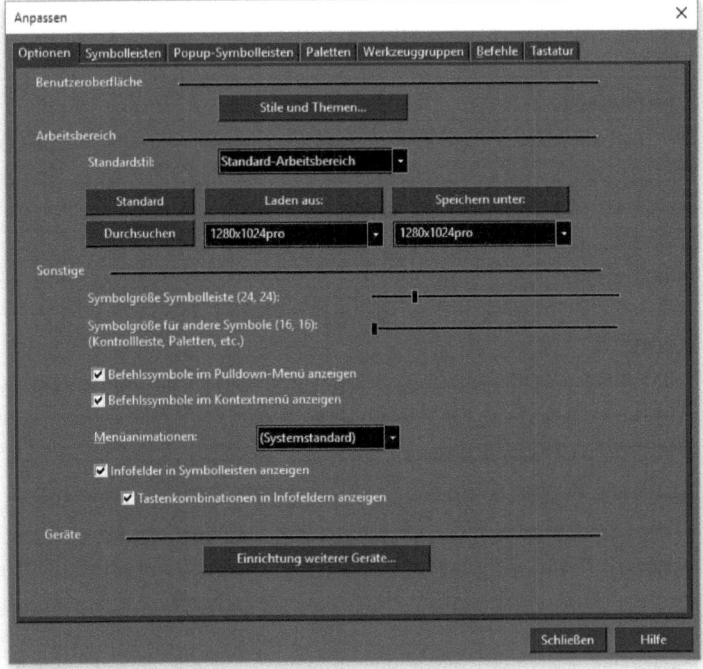

Abbildung 2-4 „Anpassen"-Menüfenster

Alle Symbolleisten in der Benutzeroberfläche weisen an der linken oder oberen Seite eine gepunktete Linie auf. Führt man die Maus über diese Linie, ändert sich der Mauszeiger in ein Vierpfeilesymbol.

Abbildung 2-5 Beispielhafte Werkzeugleiste

Durch Klicken und gedrückt halten, kann nun die Symbolleiste aus der Verankerung am Bildschirmrand gelöst und entweder irgendwo freischwebend platziert oder wieder an einer anderen Stelle verankert werden. Unter „Extras/ Anpassen/ Symbolleisten" können vorsortierte Symbolleisten hinzugefügt oder entfernt werden. Die folgende Auswahl sollte möglichst markiert sein, da diese Leisten nützliche Werkzeuge und Informationen enthalten:

- **Eigenschaften**
  Erlaubt direkten Zugriff auf Layer-, Linien- und Schraffur-Eigenschaften.
- **Kontrollleiste**
  Die Kontrollleiste dient zur Eingabe von Werten bei Änderungs-Werkzeugen, gibt Auskunft über die Größe und Position von ausgewählten Teilen und ermöglicht ebenfalls ein Verschieben oder Skalieren dieser.
- **Menüleiste**
  Enthält alle Programmmenüs von TurboCAD®.
- **Standard**
  Beinhaltet standardmäßig neben den Windows®-Befehlen „Öffnen", „Speichern" & „Drucken" auch allgemeine Befehle, wie „Zoomen" und „Auswahl rückgängig".

Um eine eigene Arbeitsoberfläche zu speichern, muss zunächst unter „Extras/ Anpassen/ Optionen/ Arbeitsbereich/ Speichern unter" der gewünschte Name für die Vorlagendatei eingegeben werden. Durch Klicken auf „Speichern unter" werden dann automatisch die zwei Arbeitsbereichsvorlagendateien mit den Endungen „.xcfg" und „.xml". angelegt. Änderungen an der Arbeitsoberfläche können dann in dieser neu angelegten Vorlagedatei gespeichert werden. In Firmen mit mehreren CAD-Arbeitsplätzen bietet sich die Gestaltung eines einheitlichen Arbeitsbereiches an. Der Zugriff von TurboCAD® auf eine im Netzwerk abgelegte Arbeitsbereichsvorlagendatei ist nicht möglich. Diese muss manuell auf jedem Arbeitsplatz in den bereits genannten Pfad abgelegt werden. Bei einer Änderung der firmeninternen Vorlage muss dies also mit allen Nutzern kommuniziert werden, sodass sofort die Vorlagendatei auf allen Rechnern aktualisiert bzw. mit der neueren Vorlagendatei überschrieben wird. Änderungen, wie z.B. das Hinzufügen oder Verschieben von Befehlsbuttons, sind nach dem Einladen der Datei möglich. Zu beachten ist, dass beim erneuten Laden („Laden aus") der eingestellten Vorlage, diese nachträglich getätigten Änderungen natürlich wieder überschrieben werden.

2.1.3   Optische Aufmachung der Arbeitsoberfläche

Die Optik der Arbeitsoberfläche ist sicherlich Geschmackssache, jedoch hat das benutzerdefinierte Thema „Office 2003-Thema" den Vorteil, dass ein markierter Befehl vollflächig orange hinterlegt wird und somit dessen Status gut sichtbar ist. Dies kann grade bei Werkzeugen, die im Arbeitsverlauf öfter an- und ausgeschaltet werden, sehr hilfreich sein. Das optische Thema der Benutzeroberfläche lässt sich im „Anpassen"-Menüfenster unter „Optionen/ Stile und Themen..." ändern. Im „Anpassen"-Menü lässt sich anhand der Schaltflächengröße außerdem die Größe der Symbole einstellen. Im Bereich „Sonstige" dieses Menüs sollten die Befehlssymbole im Pulldown-Menü und Kontextmenü aktiviert sein. Sonst werden in den Systemmenüs, wie nachfolgend beispielhaft gezeigt, keine Symbole neben den Befehlsnamen angezeigt.

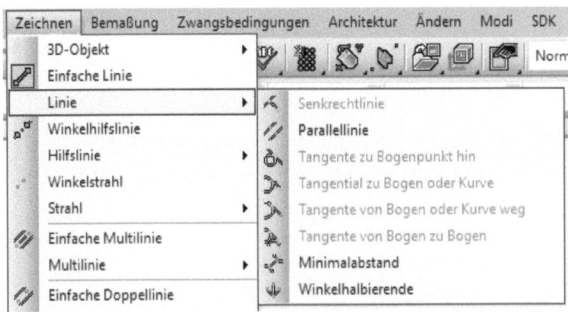

Abbildung 2-6 Kleine Befehlssymbole in Programmmenüs

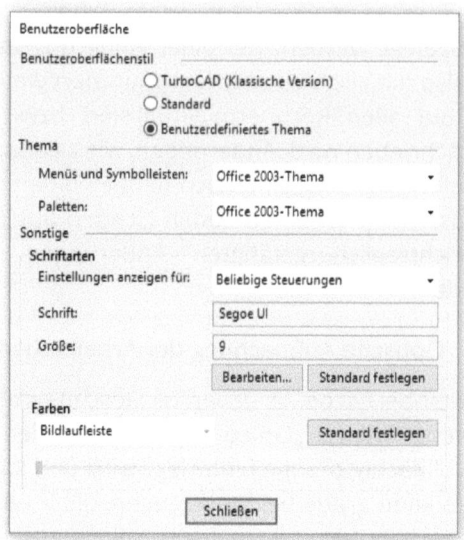

Abbildung 2-7 "Benutzeroberfläche"-Menüfenster

2.1.4   LTE Benutzeroberfläche / LTE-Stil

Die LTE-Benutzeroberfläche stellt eine AutoCAD®-ähnliche Umgebung da, welche gerade die Nutzer ansprechen soll, die den Umgang mit AutoCAD® gewöhnt sind. Die LTE Benutzeroberfläche lässt sich nach dem Programmstart in dem „TurboCAD-Arbeitsbereichstil"-Menü (neu ab Version 2018) oder unter „Extras/ Anpassen/ Optionen/ Arbeitsbereich/ Standardstil" aktivieren.

Wie man es von AutoCAD her kennt, lassen sich Werte direkt am Zeichnungsobjekt in dynamischen Eingabefeldern (Abbildung 2-8) eingeben. Außerdem steht eine Befehlszeile (Abbildung 2-9) zur Verfügung, mit der sich durch die Eingabe von so genannten Aliases, TurboCAD®-Befehle steuern lassen. Die Verwendung der dynamischen LTE-Eingabefelder und der Befehlszeile wird in der TurboCAD®-Hilfe ausführlich erläutert.

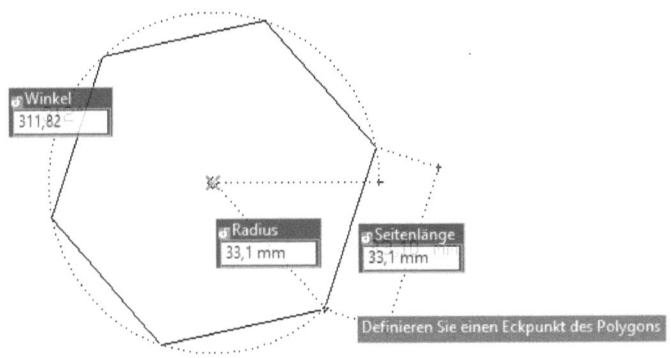

Abbildung 2-8 Dynamische LTE-Eingabe

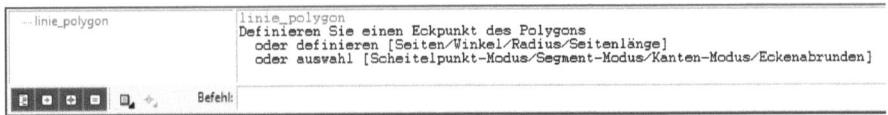

Abbildung 2-9 LTE Befehlszeile

2.2 SYMBOLLEISTEN

Die standardmäßige Anordnung der Symbolleisten nach Neuinstallation der Software ist wenig intuitiv und verlangsamt meist den Arbeitsfluss aufgrund von ständigem Suchen der Befehle. Hier wäre zumindest ein sinnhaftes Aufteilen der Befehle in Werkzeuggruppen wünschenswert. Diesem Problem schafft die Möglichkeit Abhilfe, die vorhandenen Leisten zu verschieben, zu ändern oder eigene benutzerdefinierte Leisten zu erstellen. Es lassen sich vorhandene Symbolleisten bearbeiten oder von Grund auf neu erstellen. Einzelne Befehle lassen sich nur entfernen und hinzufügen, solang das „Anpassen"-Menüfenster geöffnet ist. Durch gedrückt halten der STRG-Taste lassen sich Befehle in beide Richtungen verschieben. Der Mauszeiger ändert sich dabei in einen grauen Button mit einem kleinen Kreuz. Unter „Befehle" werden alle in TurboCAD® enthaltenen Befehle aufgeführt und können in die Arbeitsoberfläche gezogen werden. Ab der 2018er Version enthält dieses Menü eine sehr hilfreiche Suchfunktion. Oberhalb der Befehlsauflistung befindet sich dafür ein entsprechendes Eingabefeld. Mit den daneben befindlichen Pfeilsymbolen können die Suchergebnisse ausgewählt werden.

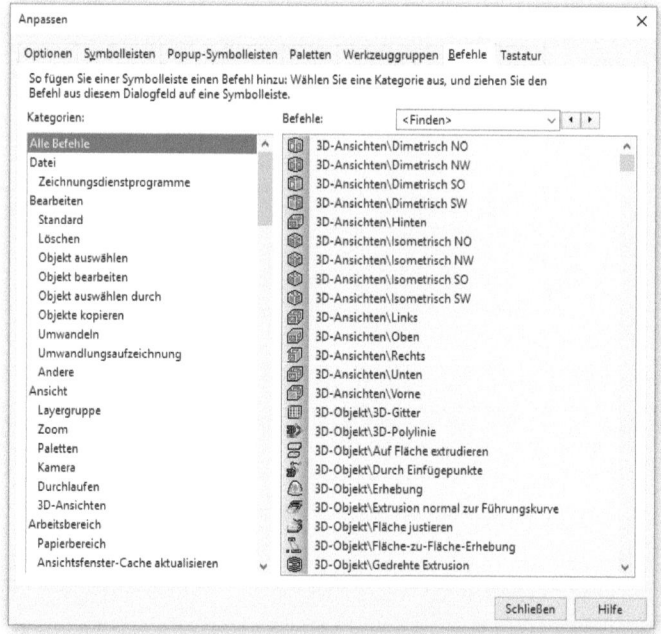

Abbildung 2-10 Übersicht aller Befehle ("Anpassen"-Menü)

Nachfolgend werden einige der voreingestellten Symbolleisten (Abbildung 2-11) gezeigt, welche sich unter „Anpassen/ Symbolleisten" aktivieren lassen. Hier werden zwar schon Befehle zu Symbolleisten zusammengefasst, jedoch führt die Verwendung dieser Leisten zwangsläufig zu einer Überladung der Bildschirmoberfläche. Es sind beispielsweise Befehle enthalten, welche im normalen Gebrauch nur sehr selten genutzt werden.

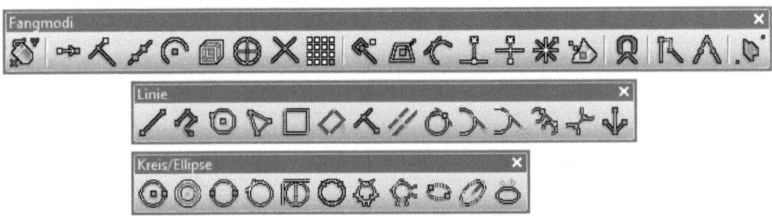

Abbildung 2-11 Standardmäßig verfügbare Symbolleisten

Um eine neue Symbolleiste zu erstellen, kann wie folgt vorgegangen werden. Zunächst wird das „Anpassen"-Menüfenster geöffnet. Unter der Rubrik „Symbolleiste" wird über den rechts angeordneten Button „Neu..." eine benutzerdefinierte Leiste hinzugefügt und nach den eigenen Wünschen benannt. Diese wird dann am Bildschirmrand an der gewünschten Position angeheftet.

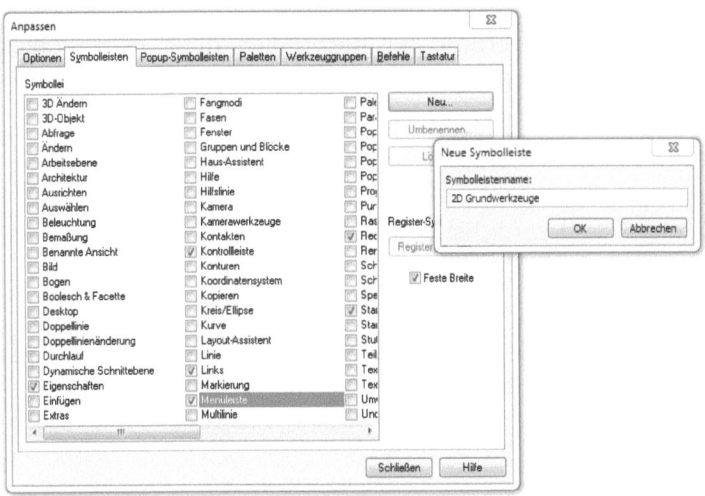

Abbildung 2-12 Ein- und Ausblenden sowie Erstellen einer neuen Symbolleiste

Befehlssymbole können nicht nur nebeneinander angeordnet, sondern auch in Aufklappmenüs zusammengefasst werden.

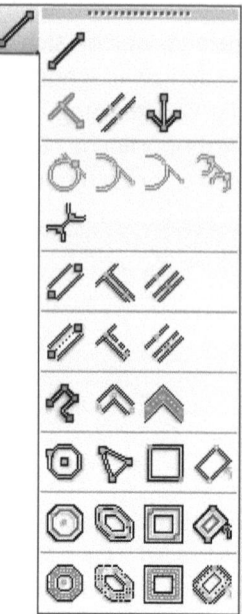

Diese Aufklappmenüs weisen sich durch ein kleines schwarzes Dreieck im unteren rechten Symbolrand aus. Klickt man auf das Symbol und hält die Maustaste gedrückt, öffnet sich das Aufklapp-Menü und es lassen sich alle darin befindlichen Befehle auswählen. Es bietet sich an, eine Anordnung der Befehle entsprechend der Häufigkeit ihrer Nutzung vorzunehmen. Sind häufig genutzte Befehle in diesem Menü oben angeordnet, erspart dies Maus-Weg zum Anwählen.

Abbildung 2-13 Beispiel eines Aufklappmenüs

2.3 POPUP-SYMBOLLEISTEN

Popup-Symbolleisten werden bei Rechtsklick über dem aufgeklappten Mausmenü angezeigt und erlauben beispielsweise den schnellen Zugriff auf oft verwendete Zeichenbefehle, Ansichten oder Rendermodi.

Welche Befehle in der Popup-Auswahl aufgeführt werden, kann unter „Extras/ Arbeitsbereich/ Anpassen" eingestellt werden. Im Menüpunkt „Popup-Symbolleisten" wird zunächst festgelegt, welche Symbolleisten im Popup-Menü angezeigt werden.

Standardmäßig sind mehrere Symbolleisten mit dem Namen „Popup" vorhanden und ausgewählt. Diese können nach eigenem Ermessen bearbeitet und mit den gewünschten Befehlen versehen werden.

2.4 Tastaturbefehle

Ab der 2018er Version können Tastaturbefehle nun auch aus mehreren Buchstabenkombinationen bestehen. Generell vereinfachen und beschleunigen Tastaturbefehle deutlich den Arbeitsfluss. Abbildung 2-14 zeigt eine beispielhafte Tastaturbelegung für den Befehl „Polylinie". Um die gezeigte Tastenkombination STRG+POL einzugeben, muss zunächst der gewünschte Befehl im linken Menü-Bereich ausgewählt werden. Dann klickt man einmal in das Feld „Neue Tastenkombination:", drückt einmalig die STRG-Taste und dann nacheinander die Buchstaben P, O und L. Mit dem Button „Zuordnen" weist man dann den Tastaturbefehl dem „Polylinie"-Befehl zu. Auch Befehlsoptionen, aufgeführt unter „Kontextmenü:" können mit Tastaturbefehlen versehen werden. Des Weiteren wurde in dem gezeigten „Tastatur"-Menü ein Suchfeld ergänzt. So lassen sich bestimmte Befehle gezielt suchen und durch mehrere Suchergebnisse navigieren.

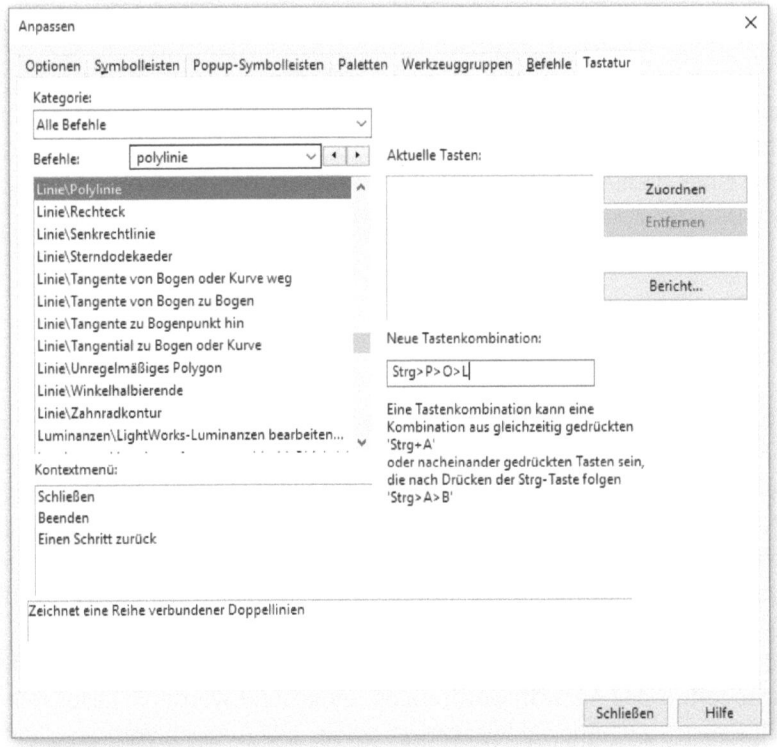

Abbildung 2-14 Tastaturbefehle ("Anpassen"-Menü)

2.5 KONTROLL- UND STATUSLEISTE

Die Kontrollleiste, welche sich standardmäßig am unteren Bildschirmrand befindet, gibt zum einen durch Angabe der Koordinaten Auskunft über die Position ausgewählter Objekte und ermöglicht zum anderen die Eingabe von Werten zur Änderung von Größe, Position oder Maßstab eines Objektes.

In der Kontrollleiste befinden sich ebenfalls Befehlsbuttons. Einige Befehle sind permanent verfügbar, andere werden bei der Verwendung eines Werkzeugs erst eingeblendet und dienen der Einstellung des aktivierten Befehls.

> Es empfiehlt sich immer einen Blick in die Befehlsoptionen zu werfen. Oftmals verstecken sich dort nützliche Optionen, welche möglicherweise weitere Bearbeitungsschritte ersparen.

Beispielhaft ist hier der „Rechteck"-Befehl zu nennen. Dieser enthält die Befehlsoption „Ecken abrunden", mit dem die Ecken des Rechteckes durch Angabe eines Radius abgerundet werden können. Dies spart die nachträgliche Abrundung der Ecken mit einem Änderungsbefehl.

Abbildung 2-15 Nützliche Befehlsoptionen in der Kontrollleiste

Welche Eingabefelder in der Kontrollleiste angezeigt werden, hängt auch davon ab, ob sich TurboCAD® im 2D- oder 3D-Modus befindet. Ist das „Auswählen"-Werkzeug aktiviert, enthält die Kontrollleiste Eingabefelder wie „Pos", „Größe" oder „Delta", die zum Verschieben von Zeichnungsobjekten genutzt werden können. Im 2D-Modus werden Eingabefelder für die X- und Y-Koordinaten aufgeführt, im 3D-Modus auch zusätzlich die Felder für die Z-Koordinaten. Daran ist leicht zu erkennen, in welchem Modus man sich gerade befindet. Welche Felder aufgeführt werden, kann im Menü „Eigenschaften des Auswahlwerkzeuges" eingestellt werden. Dieses teilt sich in „Allgemein", „2D-Auswahlwerkzeug" sowie „3D-Auswahlwerkzeug" auf, so dass diese unterschiedlich konfiguriert werden können (mehr in Kapitel 3.4).

Unter der Kontrollleiste befindet sich die Statusleiste. Diese informiert den Nutzer über den aktuellen Status eines Befehls oder fordert ihn zur nächsten Aktion auf. Gerade zum Kennenlernen von Befehlen sind diese Aufforderungen und Beschreibungen der nächsten Schritte sehr hilfreich.

Des Weiteren zeigt die Statusleiste die Koordinaten des Mauszeigers, den Zoomfaktor sowie die Uhrzeit. Die Schaltfläche „FANG" kann Fangoptionen ein- und ausschalten und erlaubt den Zugriff auf Fangeinstellungen (Kapitel 4.2).

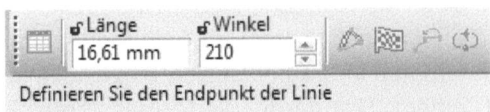

Abbildung 2-16 Kontroll- und Statusleiste bei Verwendung des Befehls „Linie"

2.6 Modell- und Papierbereich

In TurboCAD® wird zwischen einem Modell- und einem Papierbereich unterschieden. Der Modellbereich ist in der Regel zum Erstellen von Teilen und Zeichnungen gedacht. Der Papierbereich dient hingegen zur Erstellung des Zeichnungsblattes mit den maßstäblichen Ansichten und Zeichnungsinformationen.

Soll von dem gezeichneten Modell später eine maßstäbliche Zeichnung abgeleitet werden, bietet sich das Zeichnen im Modellbereich im Maßstab 1:1 (1 cm des realen Teils entspricht 1 cm im CAD Modell) an. Der gewünschte Maßstab wird dann später im Papierbereich eingestellt, sodass auch große Zeichnungen auf einem Standardpapierformat ihren Platz finden. Der Papierbereich entspricht dem späteren Ausdruck. Hier können Ansichten des im Modellbereich gezeichneten Teils auf dem Blatt positioniert und u.a. mit Bemaßungen und Beschriftungen versehen werden.

Zwischen Modell- und Papierbereich lässt sich durch Klicken der im unteren linken Bildschirmbereich befindlichen Registerkarten wechseln. Es können verschiedene Papierbereiche hinzugefügt und diese umbenannt werden. Dies kann zum Beispiel genutzt werden, um von einem im Modellbereich gezeichneten Teil auf verschiedenen Blättern Zeichnungsableitungen zu erstellen. Hier kann jeder Papierbereich individuell bearbeitet werden (Blattformate, Ansichtsfenster, Maßstäbe etc.).

Bemaßungen und Texteingaben werden häufig im Papierbereich vorgenommen. Der Vorteil liegt dabei in der Unabhängigkeit der Bemaßung und Texte zu dem eingestellten Maßstab des Ansichtsfensters. So wird außerdem eine einheitliche Schriftgröße beim späteren Ausdruck gewährleistet. In Unternehmen mit mehreren CAD-Arbeitsplätzen sollten Schriftgröße und -art oder Layereigenschaften, also die Eigenschaften, welche die optische Aufmachung des Zeichenblattes bestimmen, vorgeschrieben und in den Standardvorlagen verankert sein. Die Erstellung und Verwendung einer standarisierten Zeichnungsvorlage wird in Kapitel 3.3 erläutert.

2.7 PALETTEN

Paletten sind Aufklappmenüs, welche am Bildschirmrand verankert werden können und den Nutzer mit wichtigen Informationen, Werkzeugen oder sonstigen Arbeitshilfen versorgen. Sie können fest geöffnet sein oder nur für wenige Sekunden aufklappen und anschießend wieder schließen. Die letztgenannte Möglichkeit gibt mehr Raum für den Zeichenbereich. Paletten können wie Symbolleisten auch auf andere Bildschirme verteilt werden, um so den größtmöglichen Zeichenbereich zu ermöglichen. Im „Anpassen"-Menü lassen sich Paletten-Eigenschaften verändern. So lässt sich beispielsweise die Ausblenddauer definieren. Die wichtigsten Paletten für das 2D-Zeichnen und die 3D-Konstruktion werden nachfolgend gezeigt.

Die Paletten befinden sich unter „Extras/ Paletten" oder in der Standard-symbolleiste „Paletten".

Design-Director

Der Design-Director verwaltet hauptsächlich Layer und Layergruppen, aber auch Arbeitsebenen, Ansichten, Papierbereiche sowie die Beleuchtung. Mehr dazu in den Kapiteln 2.8, 5.8 und 5.13.

Blockpalette

In der Blockpalette befinden sich alle zeichnungsinternen Blöcke sowie die externen Blockreferenzen. Blöcke lassen sich bei geöffneter Blockpalette erstellen und bearbeiten. Mehr in Kapitel 7.2.

Symbolpalette

Die Symbolpalette dient der Verwaltung der verschiedenen Symbol-bibliotheken und erlaubt das Entnehmen und Speichern von häufig verwendeten Zeichnungsteilen, welche extern gespeichert werden. Mehr in Kapitel 7.3.

Entwurfspalette

Mit Hilfe der Entwurfspalette lassen sich von 3D-Objekten Ansichten, Schnitte und Detailansichten speichern und maßstabsgetreu in den Papierbereich übertragen. Mehr in Kapitel 5.12.

Auswahlinformationspalette

Die Auswahlinformationspalette gibt Informationen wie Objektart, Abmessungen oder Position in der Zeichnung der ausgewählten Zeichenobjekte an.

Es kann auf Objekteigenschaften zugegriffen und diese geändert werden. Bearbeitungsschritte wie Gruppieren oder Boolesche-3D-Operationen werden hier chronologisch angezeigt und erlauben so einen Eingriff in die vorhergegangenen Arbeitsschritte (siehe Kapitel 5.7).

Die Auswahlinformationspalette zeigt standardmäßig nur 300 Objekte und Operationen an. Dieser Wert kann unter „Optionen" im oberen linken Bereich der Palette erhöht werden. Bei der Erstellung von umfangreichen Baugruppen und Teilen mit einer Vielzahl von Bearbeitungsschritten wird der voreingestellte Wert sonst oftmals überschritten.

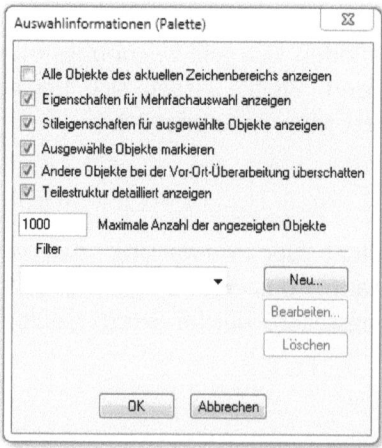

Abbildung 2-17 Einstellungen der Auswahlinformationspalette

Werkzeugepalette

Die Werkzeugpalette ist meist aufgeklappt, wenn TurboCAD® nach Neu-installation zum ersten Mal geöffnet wird. Sie enthält alle Zeichen- und Änderungswerkzeuge. Diese werden der Übersicht halber in Befehlsgruppen eingeteilt, welche sich durch Klicken auf die Gruppenüberschriften auf- und zu klappen lassen. Im oberen Bereich der Palette können zusätzlich die Themen Zeichnen, Ändern, 3D-Modell und 3D-Szene ausgewählt werden. Die Werkzeuge lassen sich in verschiedenen Modi anzeigen. In den Paletten-optionen kann außerdem die Listenansicht eingestellt werden. Ist beispielsweise „Symble und Tipps" gewählt, wird neben den Befehlssymbolen und -namen auch eine kurze Funktionsbeschreibung des jeweiligen Befehls gezeigt. Dies ist gerade zum Kennenlernen der Software hilfreich.

Ob die Werkzeugpalette, die Symbolleisten am Bildschirmrand oder die Befehle in den Standardmenüs genutzt werden, ist dem Nutzer überlassen.

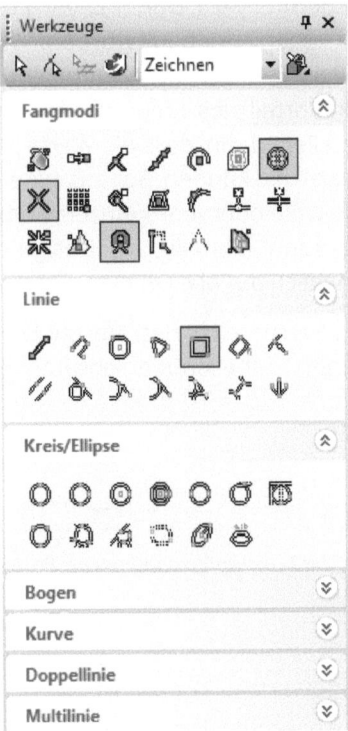

Abbildung 2-18 "Werkzeuge"-Palette

2.8 LAYERSTRUKTUR / DESIGN DIRECTOR

In Layern werden Informationen wie Strichstärke, Strichart, Farbe und Anzeigereihenfolge hinterlegt. Diese können im Design-Director („Extras/ Paletten/ Design-Director") verwaltet werden. Alle Zeichnungsobjekte können einzelnen Layern zugewiesen werden. Über dem Zeichenbereich befindet sich standardmäßig eine Layer-Symbolleiste, welche im „Anpassen/ Symbolleisten"-Menü zum Ein- und Ausblenden von Symbolleisten unter der Bezeichnung „Eigenschaften" aufgeführt wird.

Abbildung 2-19 Layer-Symbolleiste („Eigenschaften"))

Ist ein Objekt im Zeichen- oder Papierbereich ausgewählt, wird dort angezeigt, auf welchem Layer sich dieses Objekt befindet und ob es die einzelnen Werte (Stärke, Farbe etc.) aus dem Layer („Durch Layer") entnimmt oder ob diese Informationen manuell überschrieben wurden. Wird manuell ein Wert eingegeben oder eine Auswahl getroffen, überschreibt diese die im Layer hinterlegten Werte. Der Vorteil des Steuerns der Layerinformationen über den Layer („Durch Layer") liegt darin, dass die Werte global im Design-Director verwaltet und geändert werden können. Soll z.B. eine Farbe geändert werden, muss nicht jede einzelne Linie oder jedes einzelne Objekt angewählt werden, sondern die Änderung kann einmalig im Design-Director vorgenommen werden und wird automatisch auf alle Objekte übertragen.

Nachfolgend wird der Layerbereich des Design-Directors erläutert. Durch Klicken auf die einzelnen Tabellenüberschriften lassen sich die Werte sortieren.

Abbildung 2-20 Layerinformationen im Design-Director

Name

Der Layername kann frei gewählt werden. Der Layer „0" ist standardmäßig immer vorhanden und kann nicht umbenannt oder gelöscht werden. Zeichenwerkzeuge sind zunächst so eingestellt, dass damit erstellte Objekte automatisch auf den „0" Layer gelegt werden. Dies gilt auch für Gruppen, Blöcke oder Ansichtsfenster. Werden weitere Layer hinzugefügt, können einzelne Zeichenwerkzeuge mit bestimmten Layern verknüpft werden. Mehr dazu in Kapitel 3.3.

Auswahl

Der Layer, der durch ein Werkzeug aktiv ist, wird durch ein grünes Häkchen markiert. Es kann immer nur ein Layer aktiv sein. Per Rechtsklick auf einen Layer und den Befehl „Auswählen nach" werden automatisch alle Objekte zur aktuellen Auswahl hinzugefügt, die sich auf dem entsprechenden Layer befinden.

Sichtbarkeit

Layer können einzeln ein- und ausgeblendet werden. Nur die Layer, die mit einem Augen-Symbol versehen sind, sind auch in der Zeichnung sichtbar. Mit der gedrückten Alt- oder STRG-Taste können mehrere Layer ausgewählt und gemeinsam ein- und ausgeblendet werden. Wird ein Zeichenbefehl genutzt und ein nicht sichtbarer Layer ist aktiviert, erscheint automatisch die Warnung „Sie arbeiten derzeit auf einem unsichtbaren Layer".

Sperrung

Ein Layer kann gesperrt werden. Damit können die Objekte, welche auf diesem Layer liegen, nicht ausgewählt oder verändert werden. Ein gesperrter Layer erhält im Design-Director ein „Schloss-Symbol".

Linienfarbe

Zum visuellen Unterscheiden von Linien und Objekten können verschiedene Farben ausgewählt werden. Zu beachten ist, dass helle Farben beim späteren Ausdruck oder der Präsentation auf dem Bildschirm oftmals schwer zu erkennen sind. Diese sollten entweder vermieden werden oder die Linienstärke erhöht werden. Die Farbe Weiß, sowie sehr helle Grautöne werden standardmäßig von TurboCAD® in Schwarz umgewandelt, da sie sonst auf dem weißen Hintergrund nicht zu sehen wären. Diese Einstellung lässt sich unter „Optionen/ Zeichnung einrichten/ Hintergrundfarbe" bei Bedarf deaktivieren.

Linienstil

Im Linienstil können vordefinierte Stile wie „Durchgezogen", „Gestrichelt", „Strich-Punktiert" uvm. ausgewählt werden. Verschiedene Layer können so auch bei einem Schwarz-Weiß-Druck oder einer Kopie einfach unterschieden werden. Es können auch eigene Linienstile erstellt und der Auswahl hinzugefügt werden (mehr dazu in Kapitel 3.2). Unter „Optionen/ Zeichnung einrichten/ Linienstile" befindet sich die Liste der vorhandenen Linienstile.

Stiftbreite

Je höher der Wert eingestellt ist, desto dicker wird die Linie dargestellt. Wird eine Stiftbreite von 0 mm im Design-Director angegeben, wird die unter „Optionen/ Zeichnung einrichten/ Anzeige/ Standard" angegebene Breite verwendet. Der Wert von 0,25 mm erlaubt ein exaktes Ablesen ausgedruckter Zeichnungen und ermöglicht den gängigen Druckern, die Linien deutlich zu drucken.

Reihenfolge

Die Reihenfolge gibt die Zeichenreihenfolge der Layer an. Je höher der Wert, desto weiter im Vordergrund befindet sich der Layer und überdeckt Layer mit einem kleineren Wert. Dies findet vor allem Anwendung, wenn mit verschiedenen Layerfarben gearbeitet wird, und daher die Reihenfolge von Bedeutung ist.

Ist eine Zeichnung fertiggestellt, sollte immer überprüft werden, ob die gezeichneten Linien und Objekte auf den richtigen Layern liegen. Hierzu kann z.B. die „Auswählen nach"-Funktion (wie in Kapitel 7.6 beschrieben) verwendet werden.

TurboCAD® bietet die Möglichkeit, einzelne Layer in den Ansichtsfenstern zur Darstellung von im Modellbereich gezeichneten Objekten im Papierbereich auszublenden. Somit können Hinweise im Modellbereich, welche nur für die Bearbeiter der Datei gedacht sind, automatisch vom Drucken ausgenommen werden. Die Erstellung und Bearbeitung von Ansichtsfenstern, wird in Kapitel 6.1 genauer beschrieben.

Generell ist es erstrebenswert, Zeichnungen so zu gestalten, dass andere Nutzer, welche daran zu einem späteren Zeitpunkt weiterarbeiten, automatisch mit genügend Informationen versorgt werden. Dabei hilft eine sinnhafte Benennung der Layer enorm.

Arbeiten verschiedene Personen an einer Datei, kann ein separater Layer als Kommentarlayer angelegt werden, um so beispielsweise eigene Bearbeitungsschritte für andere kenntlich zu machen. Hinweise im Modell- oder Papierbereich können dann an den entsprechenden Positionen eingefügt, auf den entsprechenden Kommentarlayer gelegt und somit beliebig ein- und ausgeblendet werden.

2.9 WERKZEUG- UND OBJEKTEIGENSCHAFTEN

Die Objekteigenschaften beinhalten allgemeine Einstellungen wie Farbe, Layer, Schraffur oder objektspezifische Einstellungen. Im Grunde genommen besitzt jedes Objekt, welches durch das „Auswählen"-Werkzeug ausgewählt werden kann, eigene Objekteigenschaften. Diese variieren je nach Objekttyp. Objekttypen sind zum Beispiel Linienobjekte, 3D-Grundkörper, Teilestrukturen, Blöcke oder Ansichtsfenster.

Die Objekteigenschaften lassen sich über mehrere Wege aufrufen, einsehen und bearbeiten. Standardmäßig kann durch Doppelklick mit der linken Maustaste auf ein Objekt das unten gezeigte Objekteigenschaftenmenü geöffnet werden. Da eingestellt werden kann, welche Aktion auf einen Doppelklick folgt (Kapitel 3.4), funktioniert dies allerdings nicht immer. Das Menü kann ebenfalls per Rechtsklick auf das Objekt und anschließender Auswahl des Befehls „Eigenschaften..." geöffnet werden. Ist ein Objekt angewählt, befindet sich dieser Befehl auch nochmal ganz links in der Kontrollleiste.

Einige dieser Objekteigenschaften befinden sich auch in der Auswahlinformationspalette (Kapitel 2.7) und können dort bearbeitet werden. Je nach Objekteigenschaft und Änderung bietet sich mal der Blick ins Eigenschaftenmenü, mal ein schneller Eingriff über die Auswahlinformationspalette an.

Nachfolgend wird anhand eines Zylinders (3D-Befehl „Zylinder") die Anwendung der Objekteigenschaften erläutert.

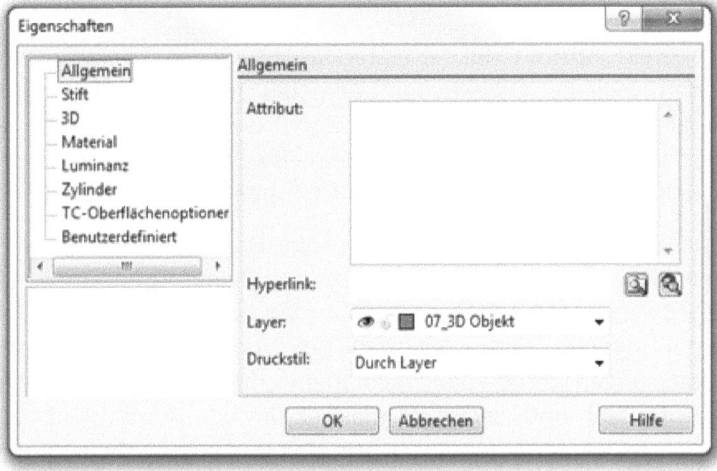

Abbildung 2-21 Objekteigenschaftenmenü eines Zylinders (3D-Grundkörper "Zylinder")

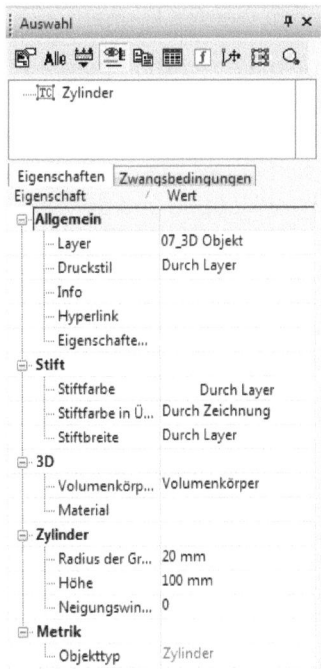

Abbildung 2-22 Objekteigenschaften eines Zylinders (Grundkörper "Zylinder") in der Auswahlinformationspalette

Allgemein

Das Eingabefeld „Attribut" auf der ersten Menüseite der Objekteigenschaften, ist bei den meisten Objekttypen leer. Bei manchen Objekttypen wie Bemaßungen, Gruppen oder Textfeldern werden hier Informationen aufgeführt. Eine Bemaßung zeigt dort beispielsweise die Maßzahl, ein Textfeld den manuell eingegebenen Text und eine Gruppe den Gruppennamen.

Eine Bemaßungszahl, welche durch die Länge, Durchmesser oder Winkel des bemaßten Objektes gesteuert wird, ist von Kleiner- und Größer-Zeichen umgeben (Beispiel: <17,3>). Überschreibt man diesen Wert manuell, verliert die Bemaßungszahl ihre Assoziativität zum Objekt. Längen- und Größenänderungen werden dann nicht mehr erfasst. Löscht man die manuell eingegebene Zahl und setzt <> manuell in das Attributfeld, wird die Bemaßungszahl wieder automatisch ermittelt und ausgegeben.

Das Attributfenster kann auch zur Eingabe von Schlüsselwörtern genutzt werden, welche in einer Berichtsabfrage (Kapitel 7.5) oder zum Suchen von Objekten (Kapitel 7.6) genutzt werden können.

In der Auswahlinformationspalette (Abbildung 2-22) findet sich dieser Wert unter „Allgemein/ Info" wieder und lässt sich hier ggf. schneller ändern als das Objekteigenschaftenmenü zu öffnen. Das gilt speziell für Textfelder innerhalb von Gruppen. Hier lässt sich in der Auswahlinformationspalette die Gruppe im oberen Anzeigebereich aufklappen und der Text (aufgeführt im Feld „Info") lässt sich ändern.

Der Hyperlink kann auf Netzwerkpfade oder eine Website verweisen. So können beispielsweise passende Produktdatenblätter, Anleitungen oder sonstige Dokumente schnell aufgerufen werden.

Jedes Zeichenobjekt liegt auf einem bestimmten Layer. Dieser wird in den Objekteigenschaften unter „Allgemein" aufgeführt. Soll der Layer gewechselt werden, kann in einem Dropdown-Menü aus den aktuell vorhandenen Layern der Zeichnung gewählt werden.

Abhängig vom ausgewählten Objekt stehen noch weitere objektspezifische Einstellungen zur Verfügung.

Stift

Das „Stift"-Menü bietet mit wenigen Ausnahmen die gleichen Einstellungsmöglichkeiten wie die Standardsymbolleiste „Eigenschaften" (Kapitel 2.8),
welche am oberen Bildschirmrand angebracht ist. Hier können Linienart, -
stärke, und -farbe eingestellt werden. Das Objekteigenschaftenmenü bietet
die Möglichkeit, das Linienmuster auszurichten. Ist dieser Befehl aktiviert,
wird das Linienmuster von der Mitte einer Linie aus gestartet. Bei
symmetrischen Zeichnungen, wie der unten gezeigten Mittelpunkt-
markierung, liefert die Ausrichtung des Musters ein deutlich besseres Bild.

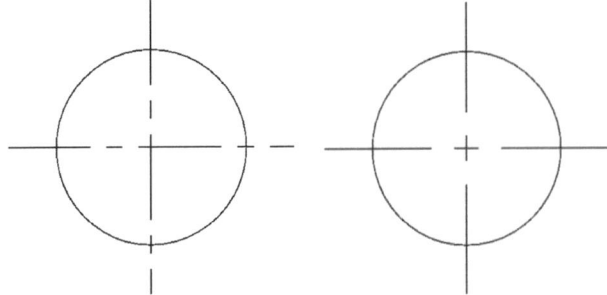

Abbildung 2-23 Ausrichtung des Linienmusters (Links: Deaktiviert, Rechs: Aktiviert)

Muster, Farbe und Breite können auch durch den zuvor unter „Allgemein"
gesetzten Layer gesteuert werden. Dazu muss in den entsprechenden
Dropdown-Menüs der Wert „Durch Layer" ausgewählt sein. Bei 3D-Objekten
können manche Werte wie „Linienmuster" oder „Ausrichtung" nicht verändert
werden.

Bei 2D-Objekten steht außerdem das Menü „Füllung" zur Verfügung. Auch hier
können einige Einstellungen über die Standardsymbolleiste „Eigenschaften"
gesteuert werden. Darüber hinaus können hier auch Maßstab, Schraffur-
winkel und Ursprung festgelegt werden. Bei 3D-Objekten entfällt das Menü.

3D

In diesem Menü kann zwischen Volumenkörper, TC-Oberfläche und Volumengitter gewählt werden. Eine genauere Beschreibung der drei Objektarten und deren Unterschiede lässt sich der Programmhilfe entnehmen.

Für den Nutzer oftmals entscheidend ist, das wichtige Änderungswerkzeuge wie z.B. „Kante abrunden", „Kante fasen" oder „Volumenkörper umrahmen" nur an Objekten angewendet werden können, wenn es sich bei diesen um Volumenkörper handelt. Demnach bieten sich die Oberflächen- und Gittermodelle nicht unmittelbar für die 3D-Konstruktion an.

Über die „Stärke", einen weiteren Menüunterpunkt, lassen sich aus 2D-Objekten ähnlich wie bei dem Befehl „Normale Extrusion" 3D-Objekte machen (siehe auch Abbildung 5-12 auf Seite 194). Aus einem geschlossenen Profil entsteht dabei ein Volumenkörper / geschlossener Oberflächenkörper, aus einem offenen Profil hingegen eine Oberfläche.

Abschließend bieten sich hier weiterführende Einstellungen zur grafischen Darstellung von 3D-Objekten.

Material

Hier können Materialien ausgewählt und damit die optische Aufmachung des Objektes über die Verwendung von Standardfarben hinaus geändert werden. Die Materialauswahl bezieht sich ausschließlich auf das Erscheinungsbild. Es werden keine materialspezifischen Daten, wie beispielsweise die Dichte zur Gewichtsermittlung über das Volumen, hinterlegt. Mehr dazu in Kapitel 5.13.

Luminanz

Luminanz zur Erstellung von zusätzlichen Leuchtquellen. Diese Funktion ermöglicht es, 3D-Objekte mit einer Leuchtkraft zu versehen. Mehr dazu in Kapitel 5.13.

Zylinder

Bei diesem Menü handelt es sich um ein objektspezifisches Menü. Abhängig von der Art des Objekts und des verwendeten Befehls zur Erstellung dieses, variiert hier der Menüname und die darin enthaltenen Einstellungs- möglichkeiten. Bei einem Zylinder, welcher durch den Befehl „Zylinder" erstellt wurde, können hier nachträglich noch Radius, Höhe oder Neigungswinkel eingegeben werden. Es handelt sich also um Werte, die bei der Erstellung des Zylinders bereits in der Kontrollleiste angegeben werden mussten. Änderungen können demnach in dem unten dargestellten Objekteigenschaftenmenü oder auch in der Auswahlinformationspalette (Abbildung 2-22) getätigt werden.

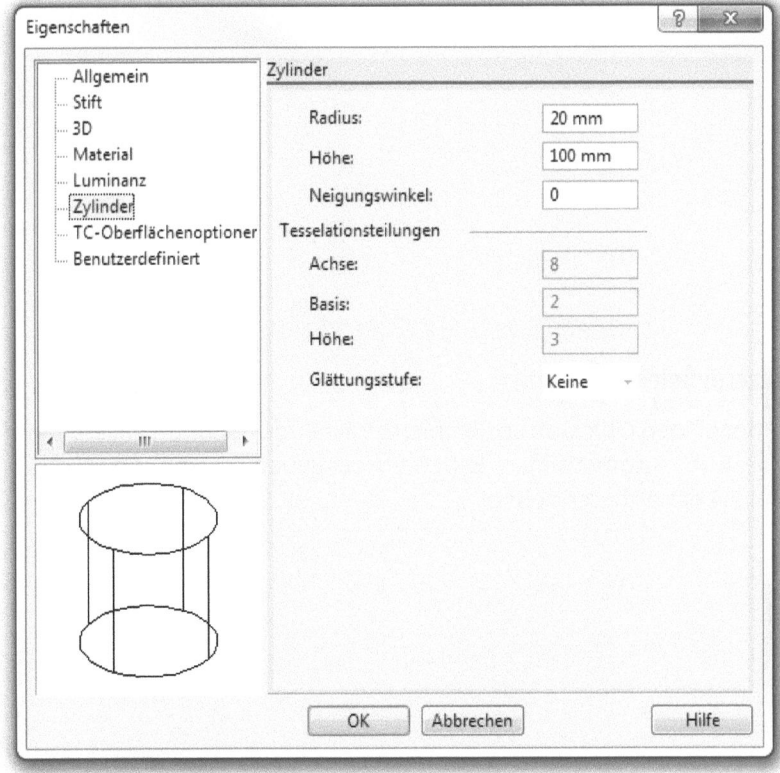

Abbildung 2-24 Objekteigenschaftenmenü "Zylinder"

TC-Oberflächenoptionen

Hier lässt sich bei runden Formen wie dem Zylinder, einem Kegel oder einer Kugel die Anzahl der Oberflächensegmente steuern. Je geringer die Anzahl, desto gröber wird die Rundung nachgebildet. Diese Option steht nur bei TC-Oberflächenobjekten zur Verfügung. Diese Einstellung bezieht sich nicht nur auf die Darstellung, sondern auch auf das mathematische Modell. Abbildung 2-25 zeigt einen Zylinder, der als TC-Oberfläche ausgeführt und mit lediglich 14 Annäherungslinien versehen wurde. Kanten und Flächen lassen sich hierbei fangen und bearbeiten.

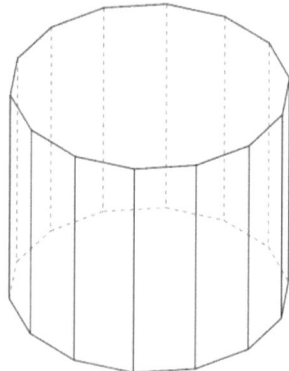

Abbildung 2-25 Zylinder als TC-Oberflächenmodell mit 14 Annäherungslinien

Benutzerdefiniert

Hier können den Objekten vordefinierte Teileinformationen angefügt werden, um diese in automatischen Berichten ausgeben zu können. Dies wird in Kapitel 7.4 näher beschrieben.

3 PROGRAMMEINRICHTUNG

Dieses Kapitel beschäftigt sich mit der Programmeinrichtung nach der Neuinstallation. Die Installation wird weitestgehend automatisch durchgeführt. Sie sollte per Rechtklick auf die Installationsdatei „als Administrator ausführen" erfolgen. Installationspfade können frei gewählt werden. Die standardmäßig voreingestellten Ordnerpfade sind durchaus zu empfehlen. Wird im weiteren Verlauf dieses Buches auf Dateiablagepfade verwiesen, handelt es sich meist um diese bei der Installation vorgeschlagenen Standardpfade.

Die Systemanforderungen des Herstellers sind zu beachten. Ist eine Verwendung von TurboCAD® im 3D-Modus angedacht, sollten speziell die Grafikkartenempfehlungen und Kompatibilitäten überprüft werden.

TurboCAD® lässt sich durch eine 3D-Maus steuern und ermöglicht so eine spielend leichte Navigation im 3D-Raum.

Die Systemeinstellungen, welche vorwiegend im Menü „Optionen" zu finden sind, teilen sich in zwei Bereiche auf:

Der Bereich „Programm einrichten" steuert die Programmeinstellungen, wie Aufmachung der Arbeitsoberfläche, Symbolleisten, Dateipfade, Grafikeinstellungen oder Mausoptionen. Diese Einstellungen werden nach Beenden der Software gespeichert. Eine zentrale Verwaltung dieser Einstellungen ist nicht möglich. Sie müssen nach Neuinstallation an jedem Arbeitsplatz individuell eingestellt werden.

Im Menübereich „Zeichnung einrichten" lassen sich Raster, Zeichnungseinheiten, Standardwinkel, Layer- und Linienstile verwalten. Diese Einstellungen können in einer Zeichnungsvorlage (Kapitel 3.3) hinterlegt werden, welche sich lokal auf dem Rechner oder zentral auf einem Netzwerkserver speichern und abrufen lässt. Nachfolgend werden Benutzereinstellungen, die Verwendung von Zeichnungsvorlagen sowie die Vorteile des Key-User-Konzeptes behandelt.

3.1 Programm einrichten / Benutzereinstellungen

Die Benutzereinstellungen können nicht zentral verwaltet werden, sondern müssen an jedem Rechner eingestellt werden. Nachfolgend werden die vorhandenen Menüs und deren Funktionen erläutert. Die gezeigten Einstellungen dienen lediglich als Empfehlung. Die einzelnen Einstellungsmöglichkeiten der nachfolgend gezeigten Untermenüs werden nur kurz behandelt. Sollte hier mehr Information gewünscht oder notwendig sein, so findet man eine vollständige Übersicht und Erläuterung aller Einstellungen in der Online- oder Offlinehilfe von TurboCAD®.

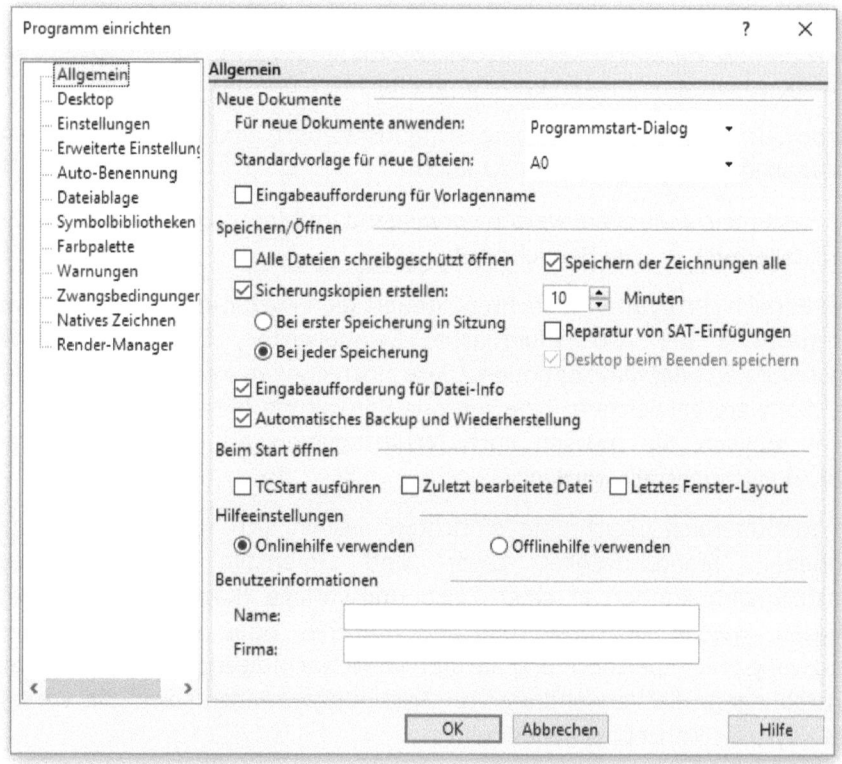

Abbildung 3-1 Benutzereinstellungen - Programm einrichten - Allgemein

Im Bereich „Neue Dokumente" kann eingestellt werden, welche Vorlagen gewählt werden, sobald ein neues Dokument erstellt wird. Die Einbindung einer eigenen Standardzeichnungsvorlage wird in Kapitel 3.3 behandelt. Ist der Punkt „Eingabeaufforderung für Vorlagenname" angewählt, erscheint ein Auswahlfenster beim Öffnen eines neuen Dokumentes, in dem aus verschiedenen Vorlagen gewählt werden kann.

Sind unter „Benutzerinformationen" Name und Firma ausgefüllt, werden diese automatisch in die Datei-Info beim Speichern übernommen. Die Datei-Info kann unter „Eingabeaufforderung für Datei-Info" aktiviert werden.

Ein automatisches Speichern der Zeichnung alle 10 Minuten sollte die Bearbeitung eines Dokuments ausreichend absichern und den Verlust von Arbeitsschritten bei Systemabstürzen reduzieren. Diese automatische Sicherung kann jedoch auch bei Bedarf ausgeschaltet werden, in dem das Häkchen bei „Speichern der Zeichnung alle" entfernt wird.

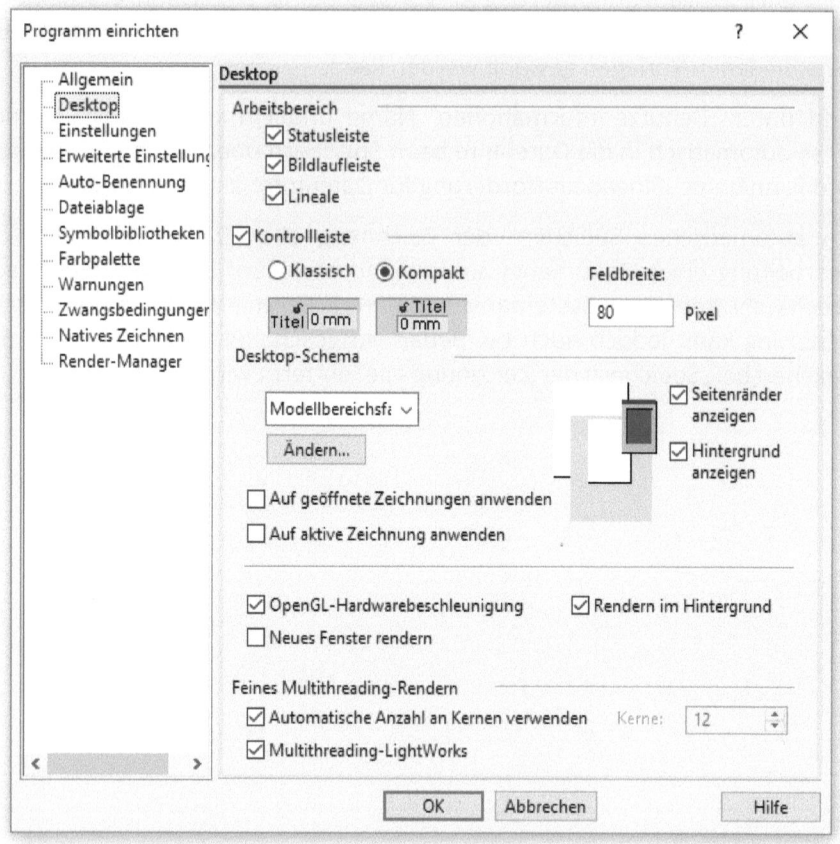

Abbildung 3-2 Benutzereinstellungen - Programm einrichten - Desktop

Im Menü „Desktop" können Einstellungen an der Arbeitsoberfläche vorgenommen werden. Eine Feldbreite der Kontrollleiste (am unteren Bildschirmrand) von 80 Pixel stellt einen guten Kompromiss aus guter Lesbarkeit und dem Nutzen des vorhandenen Platzes. So finden auch im 3D-Modus alle nötigen Felder (für X-, Y- und Z-Koordinaten) Platz.

Abbildung 3-3 Benutzereinstellungen - Programm einrichten - Einstellungen

In dem Menü „Einstellungen" unter „Koordinatensystem-Symbol" können sowohl Benutzerkoordinatensystem und Modellkoordinatensystem (Kapitel 5.4) ein- oder ausgeblendet werden. Die Achsenfarben sind standardmäßig in den Farben Blau, Grün und Rot eingestellt, welche die Orientierung gerade im 3D Raum erleichtern.

Der Punkt „Auswahlliste anzeigen..." unter Auswahl kann je nach Bedarf ein- oder ausgeschaltet werden. Dieser ist hilfreich, wenn sich auf kleinem Raum viele verschiedene Objekte befinden. Ein Auswahlmenü hilft dann bei der Auswahl des richtigen Objektes.

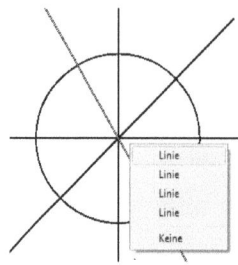 In dem dargestellten Beispiel wurde bei aktiviertem „Auswählen"-Befehl mit der linken Maustaste in den Kreismittelpunkt geklickt. Ist die Auswahlliste aktiviert, so erscheint nach dem Klicken ein Menü in dem alle Linien oder Objekte aufgeführt werden, welche sich innerhalb der Fangöffnung befinden. Dies gilt für alle Werkzeuge, bei denen vor der Ausführung Objekte ausgewählt werden müssen. Dazu gehören beispielsweise die Befehle „Auswählen", „Objekt stutzen", „2D-Abrunden" und auch die Bemaßungswerkzeuge. Beim Auswählen der in der Liste aufgeführten Linien wird die entsprechende Linie farblich markiert. Ist die Auswahlliste deaktiviert, trifft TurboCAD® selbst eine Auswahl.

Der unter „Zeichen-Mauszeiger" einstellbare Auswahlrahmen der Maus ist entscheidend für die Auswahl von Zeichnungsobjekten. Die Größe der Öffnung bestimmt die Größe des Auswahlrahmens. Nur Zeichnungsobjekte und Fangoptionen, welche sich beim Klicken innerhalb dieses Rahmens befinden, werden angewählt oder erscheinen in der Auswahlliste, falls diese aktiviert ist. Ein Wert von „10" ist dabei eine gute Wahl, da so Objekte leicht angewählt werden können ohne dass zu viele andere Auswahl- und Fangoptionen diesen Vorgang evtl. behindern. Das mittlere Mauszeigersymbol zeigt den Auswahlrahmen außerdem optisch an und hilft gerade beim Erlernen der Software bei der Auswahl von Objekten.

Ist die Auswahl „Fangöffnung anzeigen" aktiviert, so zeigt ein Kreis am Mauszeiger die Größe der Fangöffnung.

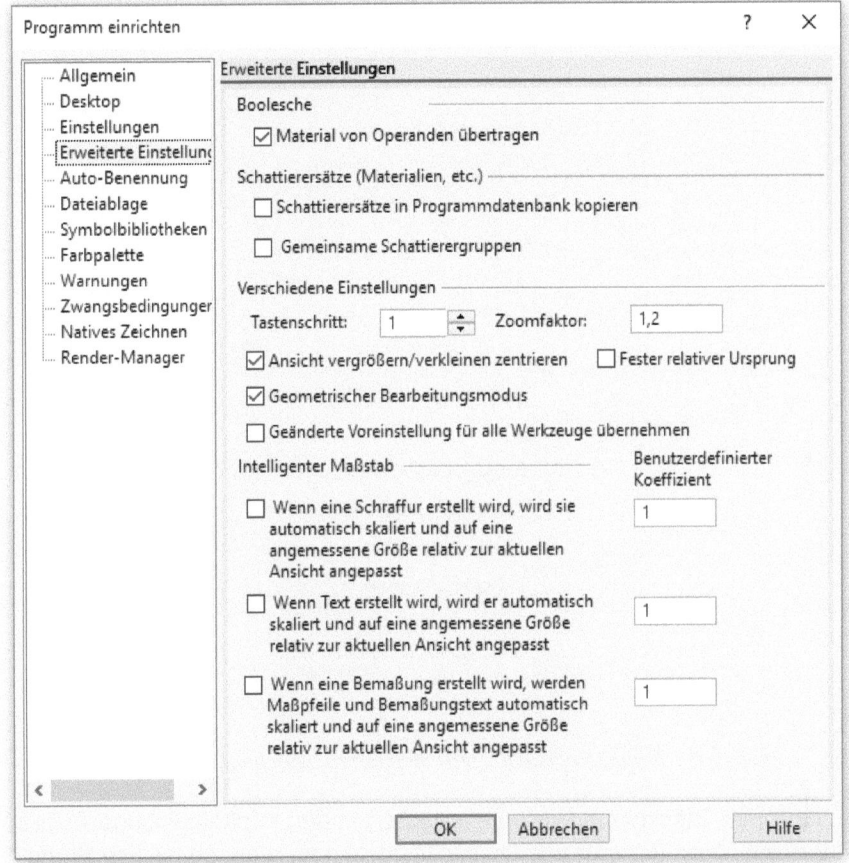

Abbildung 3-4 Benutzereinstellungen - Programm einrichten - Erweiterte Einstellungen

Der Zoomfaktor im Menübereich „Programm einrichten/ Erweiterte Einstellungen/ Verschiedene Einstellungen" regelt, wie stark der Zoomfaktor je Mausraddreheinheit vergrößert oder verkleinert wird. Der voreingestellte Faktor von 2 wird meist als zu groß empfunden. Hier kann ein Faktor von 1,2 empfohlen werden. Dies ist je nach Nutzer und genutzter Maus, gegebenenfalls anzupassen.

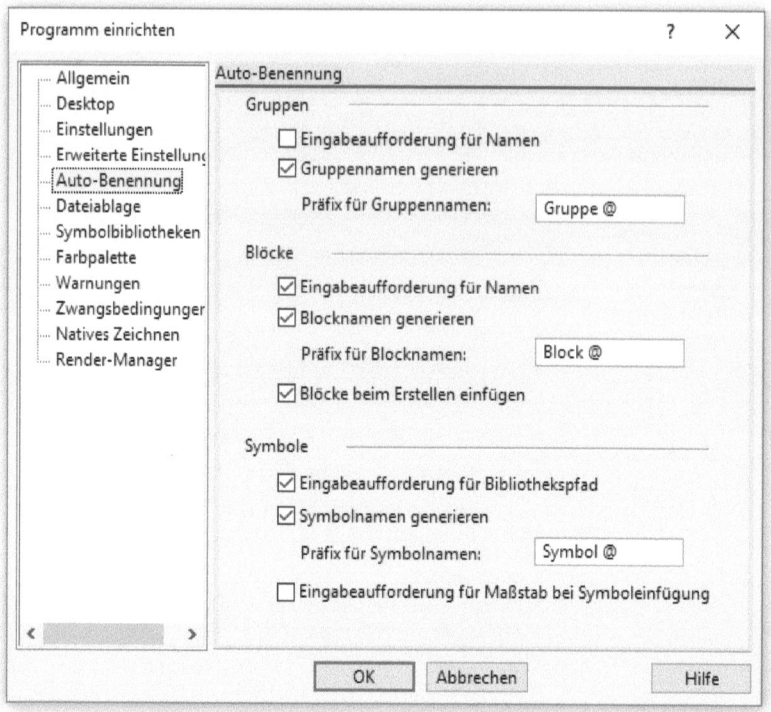

Abbildung 3-5 Benutzereinstellungen - Programm einrichten - Auto-Benennung

Für Gruppen, Blöcke und Symbole (erläutert in den Kapiteln 7.2 und 7.3) kann im Bereich „Auto-Benennung" jeweils festgelegt werden, ob bei Erstellung ein Name eingegeben werden muss. Erstellt man beispielsweise eine Gruppe mit den oben gezeigten Einstellungen, wird automatisch der Name „Gruppe @" (@-Zeichen als Platzhalter für eine laufende Nummerierung) in die Feldinformation „Info" der Gruppe eingetragen. Der Name lässt sich im Nachhinein in der Auswahlinformationspalette im Bereich „Allgemein" jederzeit ändern. Kann die „Eingabeaufforderung für Namen" bei Gruppen meist deaktiviert bleiben, ist sie bei Blöcken oft unverzichtbar, um im Nachhinein bei der Verwendung der Blöcke die Übersicht zu behalten. Auch Symbole in der Symbolbibliothek (mehr in Kapitel 7.3) sollten immer eindeutig benannt werden um die Verwaltung und Nutzung der Symbole zu vereinfachten. Die Auswahl „Blöcke beim Erstellen einfügen" sorgt dafür, dass da wo sich das Zeichnungsobjekt, welches zum Erstellen eines Blockes genutzt wurde, automatisch eine Blockreferenz eingefügt wird.

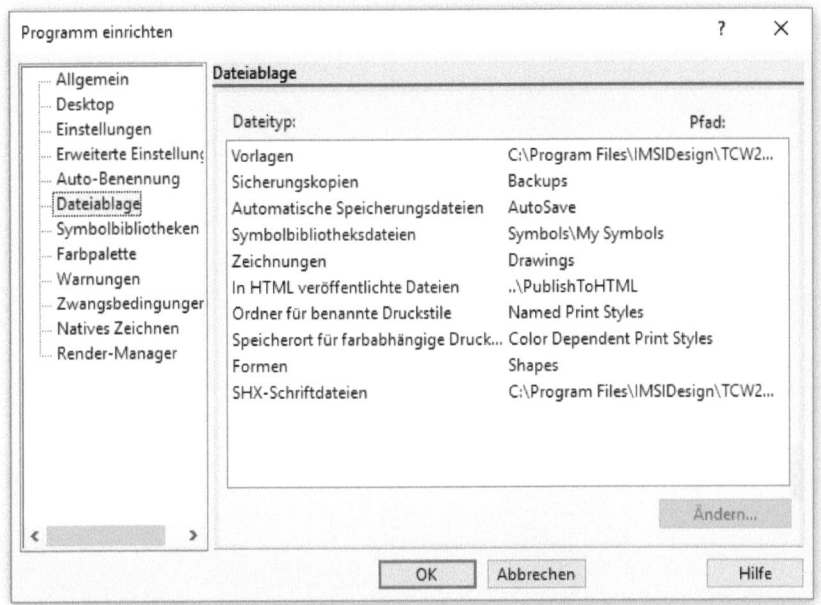

Abbildung 3-6 Benutzereinstellungen - Programm einrichten – Dateiablage

Dateipfade lassen sich im Menüpunkt „Dateiablage" einstellen. Hier können beispielsweise Netzwerkpfade als Speicherorte für Zeichnungsvorlagen angegeben werden, um mehreren Nutzern den Netzwerkzugriff auf dieselbe Vorlage zu ermöglichen (mehr in Kapitel 3.3) Dateipfade von Sicherungskopien, Druckstile oder Schriftarten lassen sich hier verwalten.

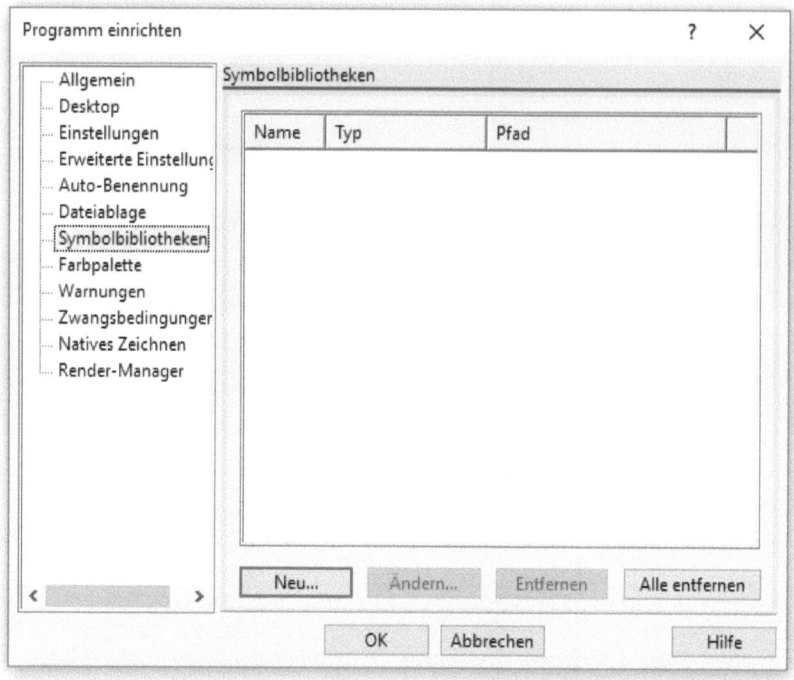

Abbildung 3-7 Benutzereinstellungen - Programm einrichten – Symbolbibliotheken

Der Menüpunkt „Symbolbibliotheken" gibt eine Übersicht über die vorhandenen Symbolbibliotheken. Bibliotheken können in diesem Menü oder in der Bibliothekspalette verwaltet werden. Die Verwendung von Symbolbibliotheken wird in Kapitel 7.3 behandelt.

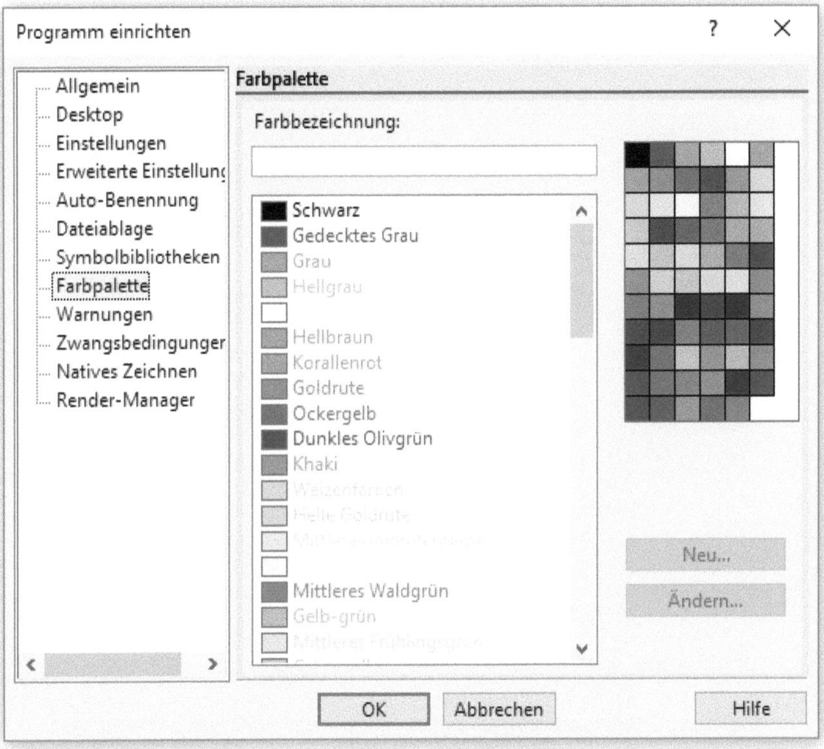

Programm einrichten   ?   ✕

Farbpalette

- Allgemein
- Desktop
- Einstellungen
- Erweiterte Einstellung
- Auto-Benennung
- Dateiablage
- Symbolbibliotheken
- Farbpalette
- Warnungen
- Zwangsbedingunger
- Natives Zeichnen
- Render-Manager

Farbbezeichnung:

■ Schwarz
■ Gedecktes Grau
□ Grau
□ Hellgrau
□
□ Hellbraun
■ Korallenrot
■ Goldrute
■ Ockergelb
■ Dunkles Olivgrün
□ Khaki
□ Weidenrösen
□ Helle Goldrute
□ Mittleres Spinnenlaube
□
■ Mittleres Waldgrün
□ Gelb-grün
□ Mittleres Frühlingsgrün

Neu...

Ändern...

OK   Abbrechen   Hilfe

Abbildung 3-8 Benutzereinstellungen - Programm einrichten – Farbpalette

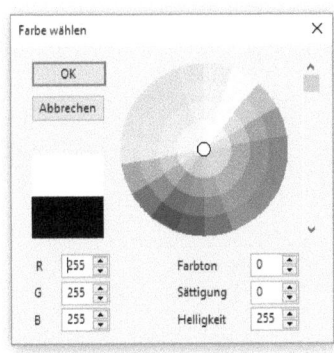

In der Farbpalette können neue Farben erstellt und vorhandene geändert oder gelöscht werden. Soll eine neue Farbe hinzugefügt werden, muss zunächst die Farbenbezeichnung angegeben werden. Unter „Neu" lässt sich dann eine Farbe unter Angabe des Farbtons, der Sättigung und Helligkeit erstellen. Diese kann dann beispielsweise für Layer genutzt werden.

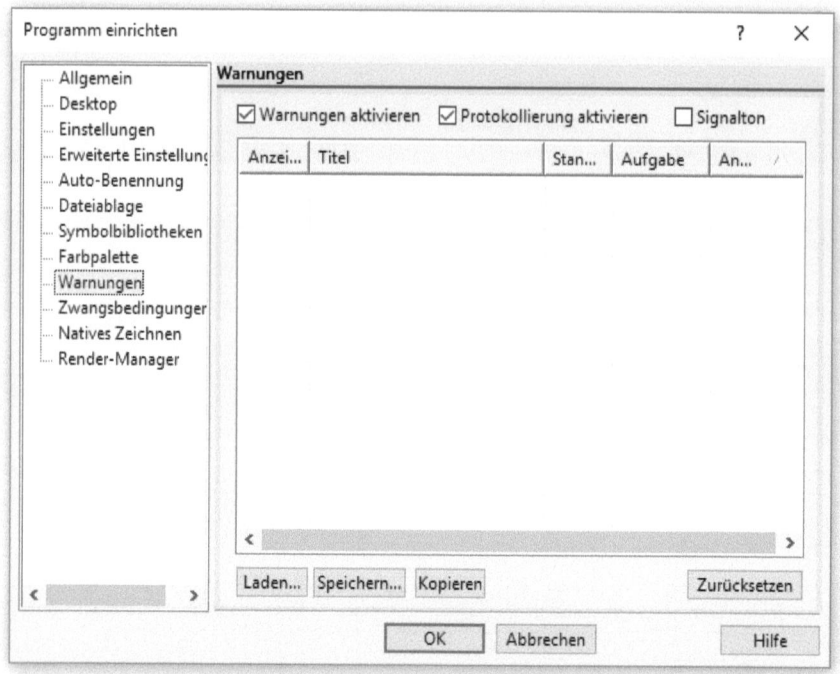

Abbildung 3-9 Benutzereinstellungen - Programm einrichten – Warnungen

Es besteht die Möglichkeit, Systemmeldungen zu unterdrücken, wenn sie zu häufig eingeblendet werden und den Arbeitsfluss stören. Unterdrückte Meldungen werden im Menüpunkt „Warnungen" aufgeführt und lassen sich dort auch wieder reaktivieren.

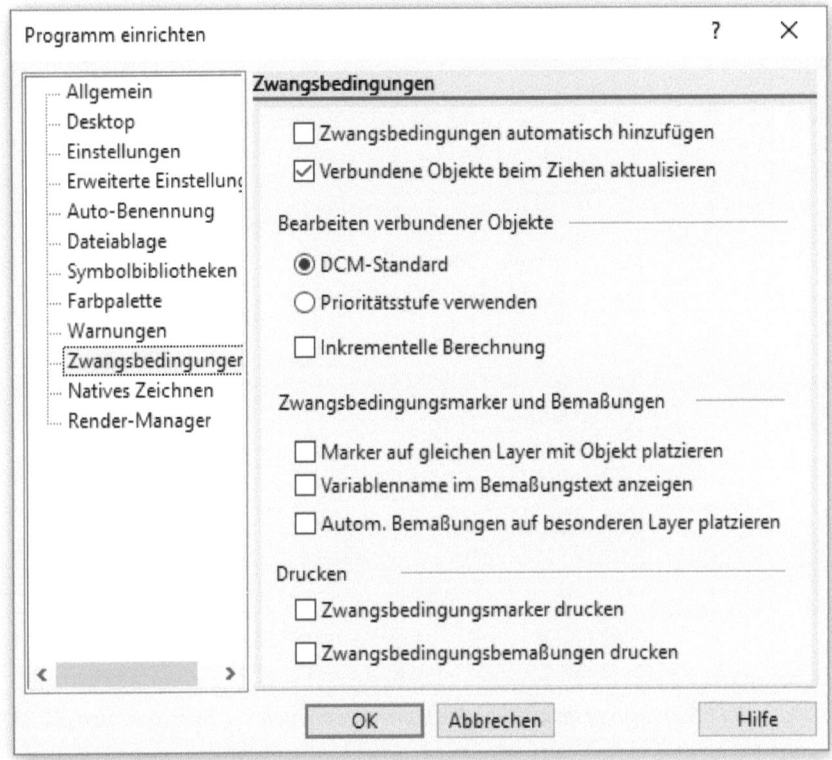

Abbildung 3-10 Benutzereinstellungen - Programm einrichten - Zwangsbedingungen

Werden Zwangsbedingungen genutzt, können deren Einstellungen unter „Zwangsbedingungen" verwaltet werden. Diese können automatisch oder manuell hinzugefügt werden. Auf welchen Layern die Zwangsbedingungs- marker und Bemaßungen gesetzt werden und ob diese angezeigt und mitgedruckt werden, lässt sich im oben gezeigten Menü ebenfalls einstellen. Zwangsbedingungen werden in Kapitel 4.9 beschrieben.

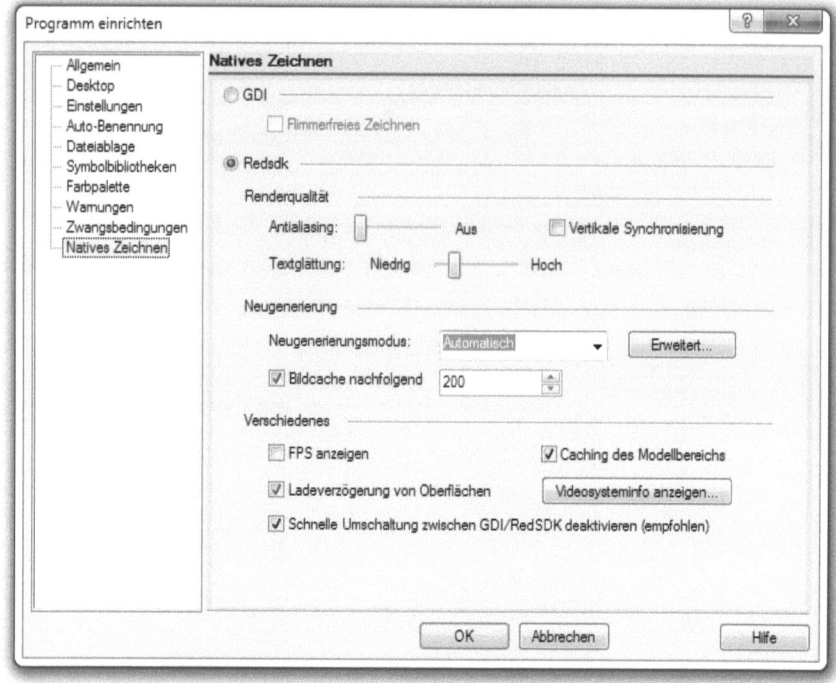

Abbildung 3-11 Benutzereinstellungen - Programm einrichten - Natives Zeichnen (TC 2017)

Ab der TurboCAD® Version 2018, ist die Renderengine RedSDK nicht mehr standardmäßig enthalten und muss als Plug-In zusätzlich erworben werden. Ist das Plug-In installiert, kann im Menüpunkt „Natives Zeichnen" zwischen den Anzeigemodulen GDI (CPU-basiert) und RedSDK (OpenGL-Beschleunigung) gewählt werden. Dabei kann je nach vorhandener CPU und Grafikkarte die Zeichnungsgeschwindigkeit im 2D-Bereich verbessert werden.

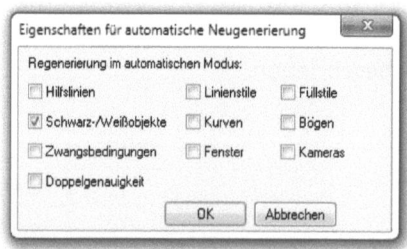

Zudem kann unter „Erweitert" festgelegt werden, welche Objekte beim Zoomvorgang automatisch neu generiert werden. Je mehr Punkte ausgewählt werden, desto detaillierter ist die Anzeige. Hierbei kann es allerdings abhängig von der Rechenleistung und der Zeichnungsgröße zu höheren Ladezeiten kommen. Die Zeichnung kann durch Drücken der Taste F5 manuell aktualisiert werden.

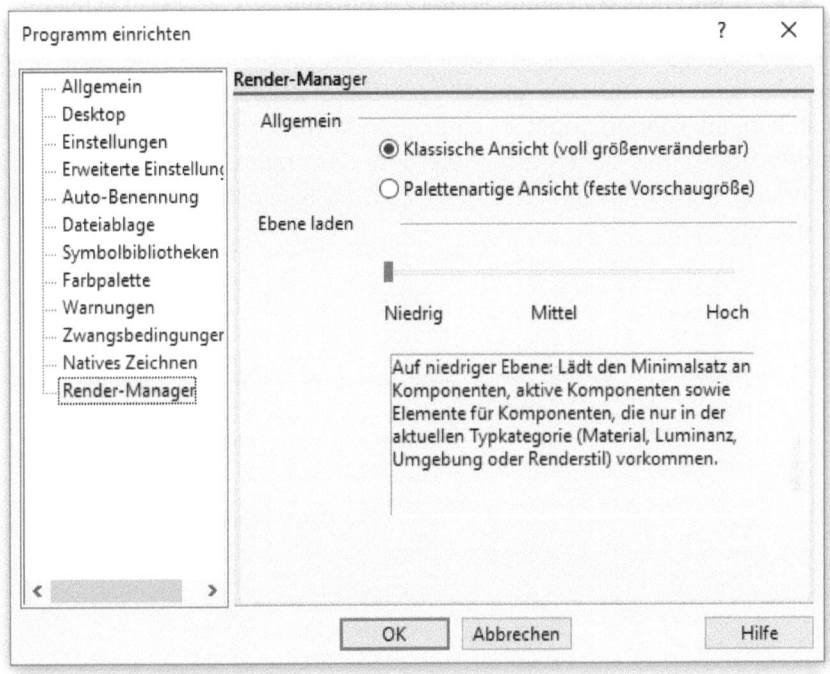

Abbildung 3-12 Benutzereinstellungen - Programm einrichten - Render-Manager

Der Render-Manager kann unter „Extras/ Render-Manager" geöffnet werden und erlaubt die Verwaltung von Luminanzen, Materialien, Renderstilen und Umgebungen. Das Visualisieren / Rendern wird in Kapitel 5.13 näher beschrieben. Das gezeigte Menüfenster „Optionen/ Programm einrichten/ Render-Manger" erlaubt grundlegende Einstellungen des Render-Mangers.

3.2 ZEICHNUNG EINRICHTEN / ZEICHNUNGSEINSTELLUNGEN

Die Zeichnungseinstellungen beziehen sich anders als die Programm-einstellungen nur auf die aktuell geöffnete Zeichnung. Die Zeichnungs-einstellungen können somit in einer Standardzeichnungsvorlage hinterlegt werden und damit sichergestellt werden, dass beim Erstellen einer neuen Zeichnung immer die gewünschten Zeichnungseinstellungen automatisch genutzt werden.

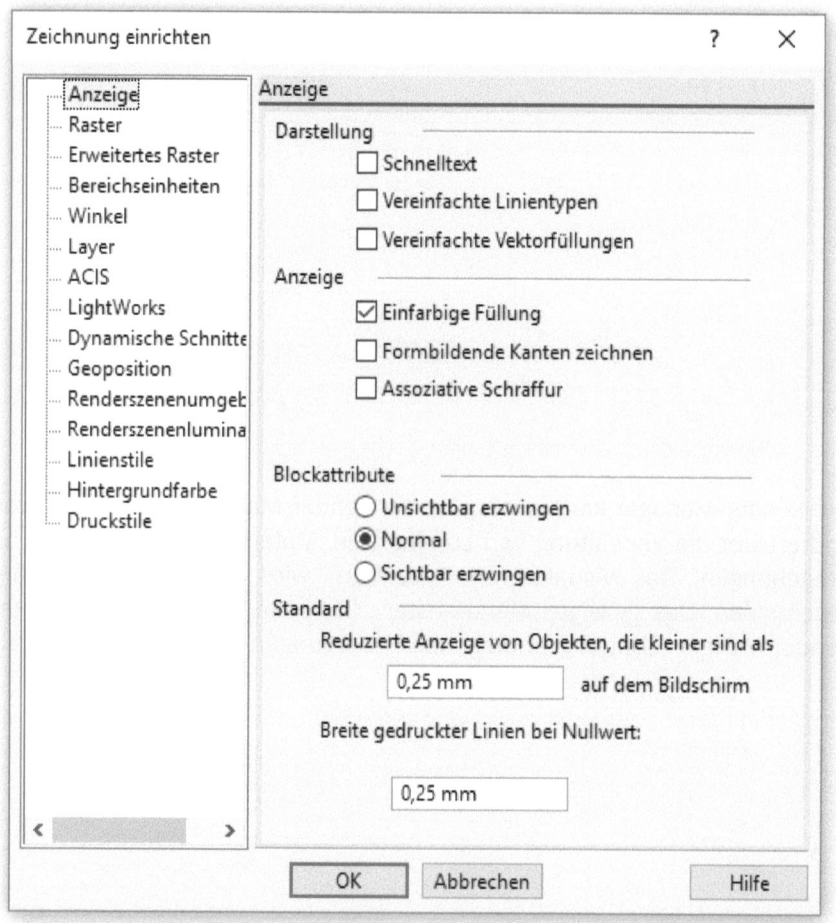

Abbildung 3-13 Zeichnung einrichten – Anzeige

Das Menü „Anzeige" enthält Optionen zum Einstellen der Qualität und der Geschwindigkeit der Bildschirmaktualisierung. Hervorzuheben ist hier der Wert „Breite gedruckter Linien bei Nullwert". Dieser gibt die Linienstärke für Linien vor, die in den Linieneigenschaften oder per Layer mit einem Wert von 0 mm versehen wurden. 0,25 mm wird von den meisten Druckern ohne Probleme gedruckt und ist trotzdem als dünne Linie auf dem Ausdruck gut erkennbar.

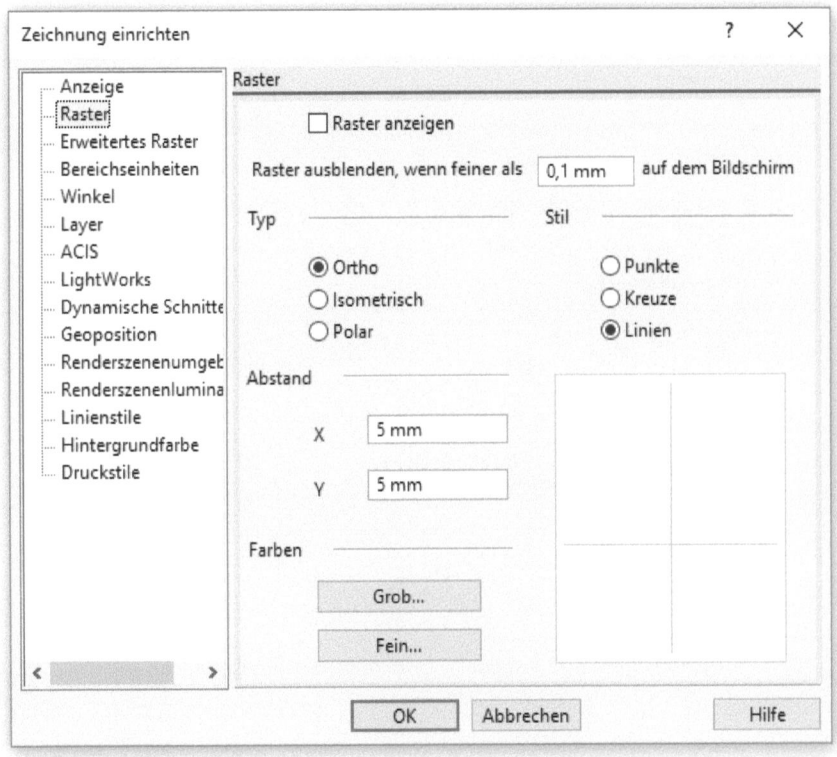

Abbildung 3-14 Zeichnung einrichten – Raster

In den Menüs „Raster" sowie „Erweitertes Raster" werden Typ, Größe und Anzeige des Zeichenrasters (Kapitel 4.8) gesteuert. Es kann zwischen einem Orthoraster, einem isometrischen oder polaren Raster ausgewählt werden, die Linienabstände definiert werden und dessen optische Aufmachungen angepasst werden. Die Verwendung des Rasters wird im weiteren Verlauf des Buches beleuchtet. Die Auswahl „Raster anzeigen" ist mit dem Befehl „Raster" verknüpft, welcher sich beispielsweise in der Standardsymbolleiste „Raster" befindet. Einstellungen zur Rasterdichte, der Einteilung zwischen feinem und groben Rastergitter und der Ausrichtung werden unter „Erweitertes Raster" gesteuert. Versatz in X- und Y-Koordinaten sowie ein Versatzwinkel können eingegeben werden.

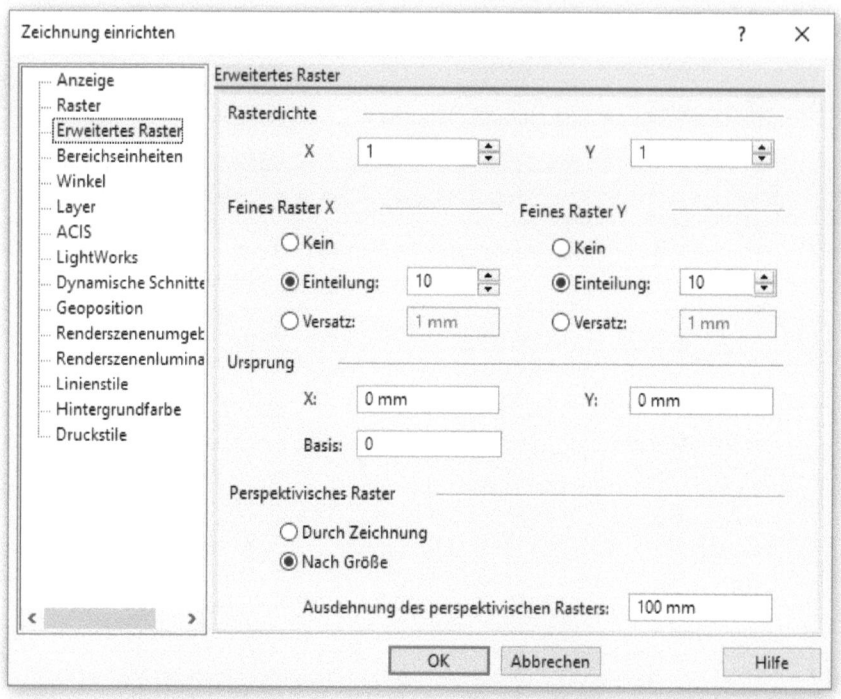

Abbildung 3-15 Zeichnung einrichten - Erweitertes Raster

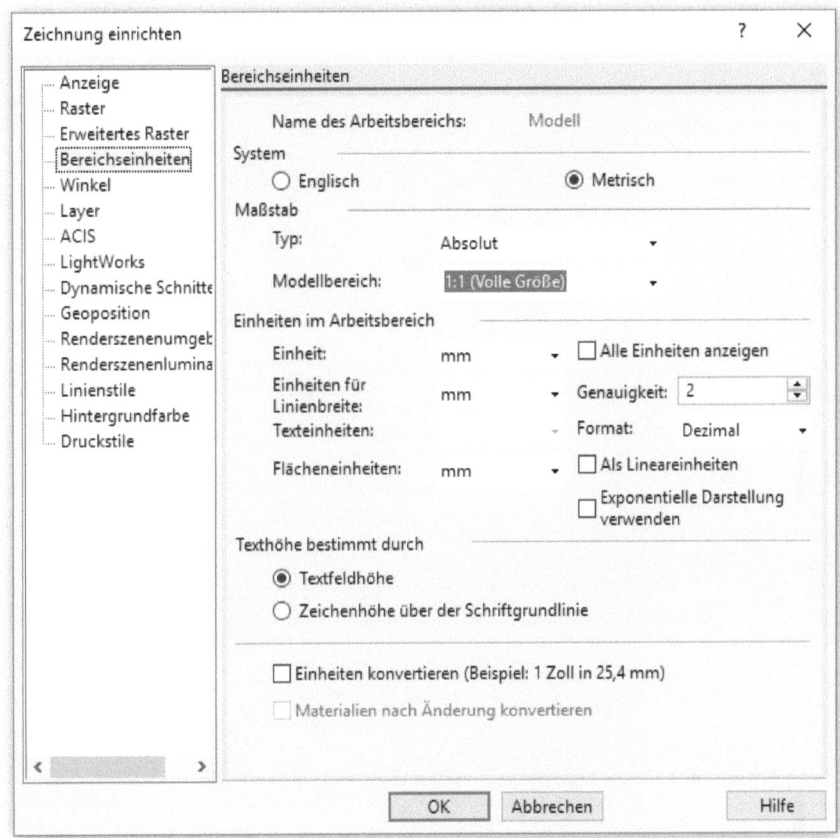

Abbildung 3-16 Zeichnung einrichten – Bereichseinheiten

Das Menü „Bereichseinheiten" verwaltet den Zeichnungsmaßstab sowie das Einheitensystem. Die Genauigkeit regelt die Nachkommastellen für Maßeingaben, z.B. in der Kontrollleiste. Ob sich der eingegebene Wert zur Textgröße auf die Höhe der Buchstaben/Ziffern oder die Textfeldhöhe bezieht, lässt sich ebenfalls festlegen.

Wird eine Zeichnung importiert, welche ein anderes Einheitensystem nutzt, kann die Option „Einheiten konvertieren" genutzt werden. Ist diese Option nicht gewählt, wird 1 Zoll in 1 mm konvertiert. Ist das Kontrollkästchen gesetzt, wird 1 Zoll in 25,4 mm konvertiert. Nach dem Importieren sollte also mittels Bemaßungen oder Abfrage-Werkzeugen überprüft werden, ob die Konvertierung wie gewünscht funktioniert hat.

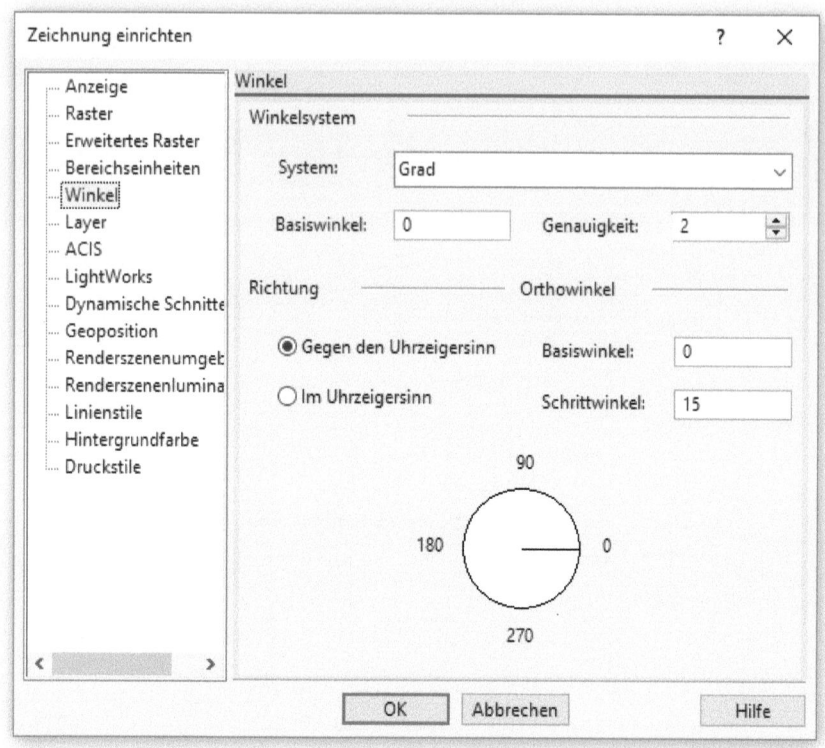

Abbildung 3-17 Zeichnung einrichten – Winkel

Im Menü „Winkel" kann das Winkelsystem, welches z.B. die Drehung von Objekten über die Kontrollleiste oder die Verwendung vom Orthomodus (Kapitel 4.2) steuert, eingestellt werden. Der Basiswinkel legt den Startpunkt des Winkelsystems fest, die Genauigkeit analog zu dem Einheitensystem die berücksichtigten Nachkommastellen. Diese Einstellungen erlauben die Anpassung des Winkelsystems an beispielsweise importierte und in sich gedrehte Zeichnungen. Eingegebene Werte mit mehr Nachkommastellen als unter „Genauigkeit" eingestellt, werden automatisch auf- oder abgerundet. Für das Winkelsystem zum Steuern des Orthomodus kann separat der Basis- sowie Schrittwinkel eingestellt werden.

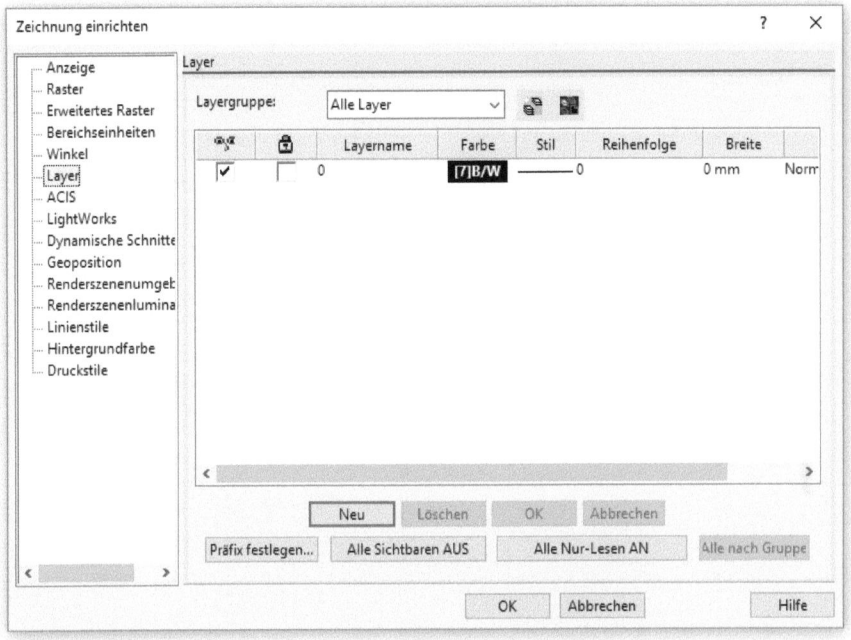

Abbildung 3-18 Zeichnung einrichten – Layer

Das Menü „Layer" gibt eine Übersicht über die in der Zeichnung vorhandenen Layer und Layergruppen analog zum Design Director. Alle hier getätigten Einstellungen werden eins zu eins im Design Director übernommen. Es können Layer und Layergruppen hinzugefügt, gelöscht und bearbeitet werden. Die Handhabung der genannten Einstellungen fällt im Design-Director (Kapitel 2.8) deutlich leichter. Das hier beschriebene und redundante „Layer"-Menü dient eher als Übersicht.

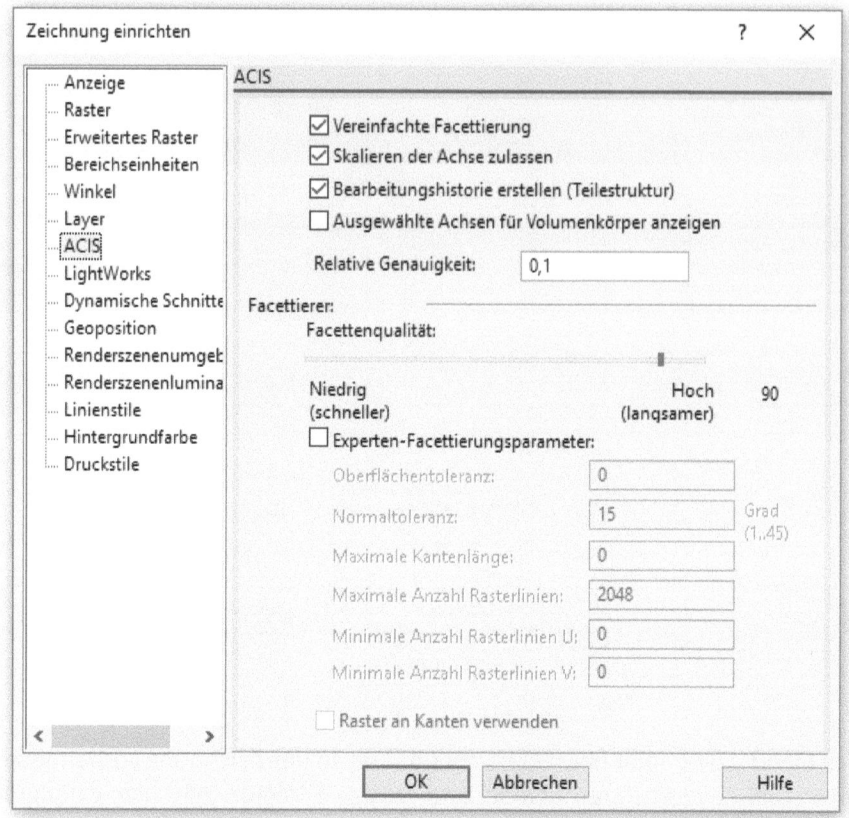

Abbildung 3-19 Zeichnung einrichten – ACIS

Wird TurboCAD® zur Erstellung von 3D-Objekten genutzt, sind die Menüs ACIS und RedSDK bzw. LightWorks von Bedeutung. Hier wird die Anzeigequalität sowie der Rendermodus „Linien verdecken" gesteuert (Kapitel 5.13). Ein wichtiger Punkt ist „Bearbeitungshistorie erstellen (Teilestruktur)". Die Teilestruktur listet alle Bearbeitungsschritte eines Bauteils chronologisch auf und lässt sich in der Auswahlinformationspalette einsehen. Für das verlaufsbasierte Modellieren (Kapitel 5.7), also die Möglichkeit, in vorhergegangene Zeichenbefehle eingreifen und diese ändern zu können, ist das Aktivieren der Teilestruktur unabdingbar.

Ist dies nicht gewünscht, kann diese Option aus Performance-Gründen deaktiviert werden. Somit würde die Teilehistorie nicht erfasst und damit einhergehend, die Bearbeitungsschritte des Teiles nicht immer wieder neu geladen werden.

Die Facettenqualität steuert die „Weichheit" von Kurven. Ist sie niedrig eingestellt, werden kurvenförmige Linien optisch in gerade Einzellinien unterteil und es entsteht der Eindruck eines Vieleckes.

Je höher der Wert eingestellt ist, desto kleiner werden diese kleinen Einzelstücke, bis sie irgendwann optisch zu einer gebogenen Linie verschmelzen.

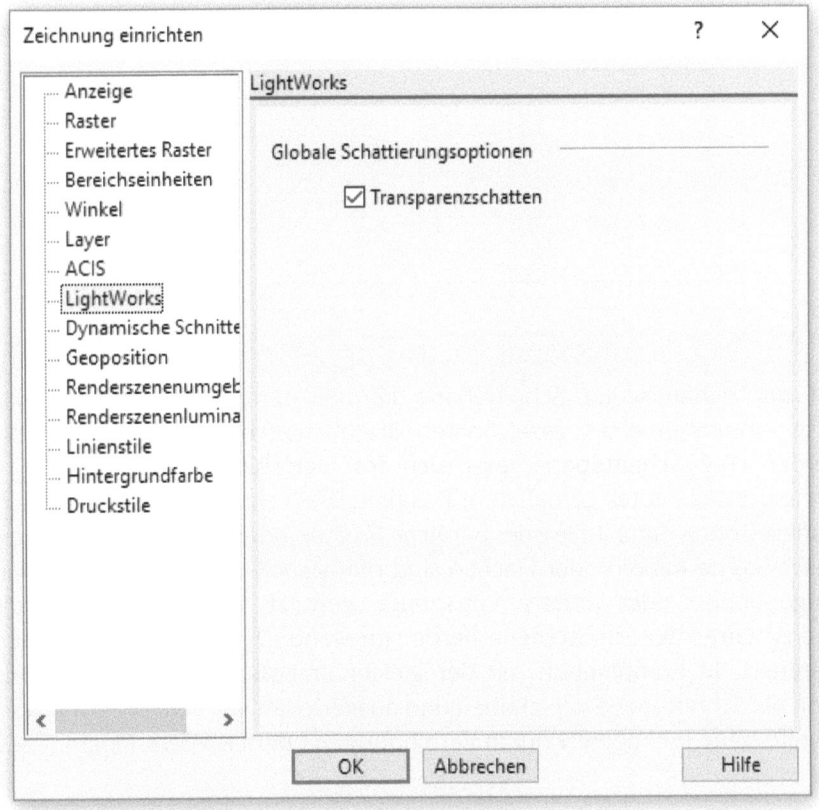

Abbildung 3-20 Zeichnung einrichten – RedSDK / LightWorks

Eigenschaften der Rendermodi „Linien verdecken" und „Grob rendern" werden im „RedSDK"-Menü gesteuert. Die verschiedenen Render-Möglichkeiten zur Darstellung von 3D-Objekten werden in Kapitel 5.13 genauer beleuchtet.

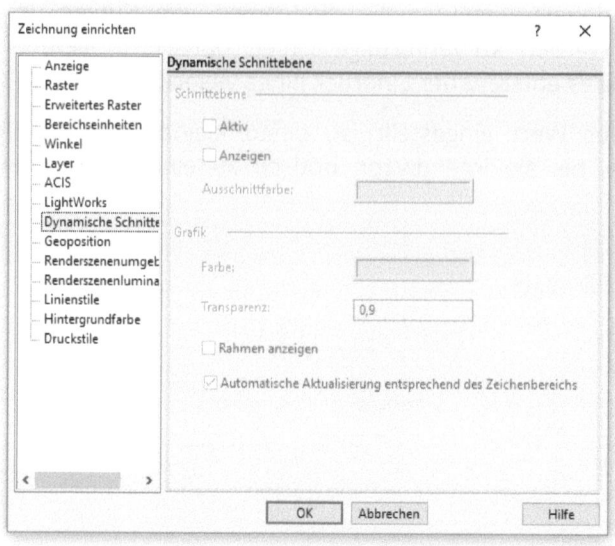

Abbildung 3-21 Zeichnung einrichten - Dynamische Schnittebene (nur mit RedSDK)

Mit der dynamischen Schnittebene können temporäre und interaktive Schnittansichten eines gezeichneten 3D-Körpers oder Baugruppe erstellt werden. Die Schnittebene lässt sich frei verschieben und drehen und schneidet das Bauteil gemäß ihrer Position. Dies erlaubt Blicke ins Innere des Modelles ohne dafür Teile oder Bereiche löschen oder auftrennen zu müssen. Geschnittene Kanten oder Flächen sind rein visuell und können nicht durch Fangoptionen oder andere Werkzeuge genutzt werden. Die optischen Eigenschaften der Schnittebene werden im Menü „Dynamische Schnittebene" gesteuert. In Kombination mit der gleichnamigen Standardwerkzeugleiste kann die Schnittebene verschoben und ausgerichtet werden. Die dynamische Schnittebene funktioniert nur in Verbindung mit dem RedSDK-PlugIn.

Abbildung 3-22 Standardwerkzeugleiste "Dynamische Schnittebene"

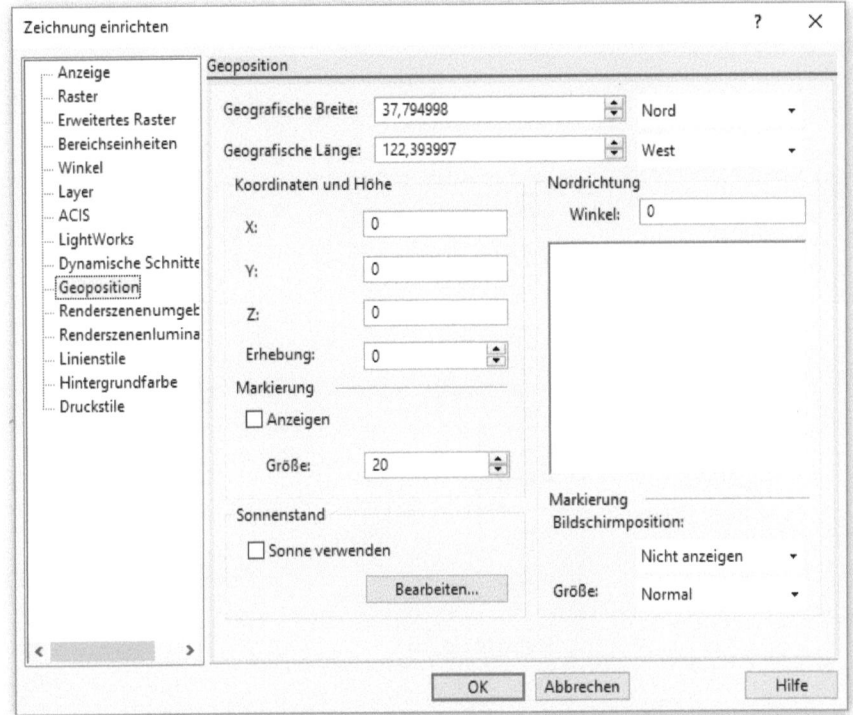

Abbildung 3-23 Zeichnung einrichten – Geoposition

Der Menüpunkt „Geoposition" bietet die Möglichkeit, in einer Zeichnung geografische Koordinaten zu hinterlegen. Dies dürfte für Anwender aus Architektur und Landschaftsbau interessant sein.

Für fotorealistisches Rendern kann in diesem Menü ebenfalls der Sonnenstand eingeben und somit eine natürliche und realistische Ausleuchtung des Modells erzeugt werden.

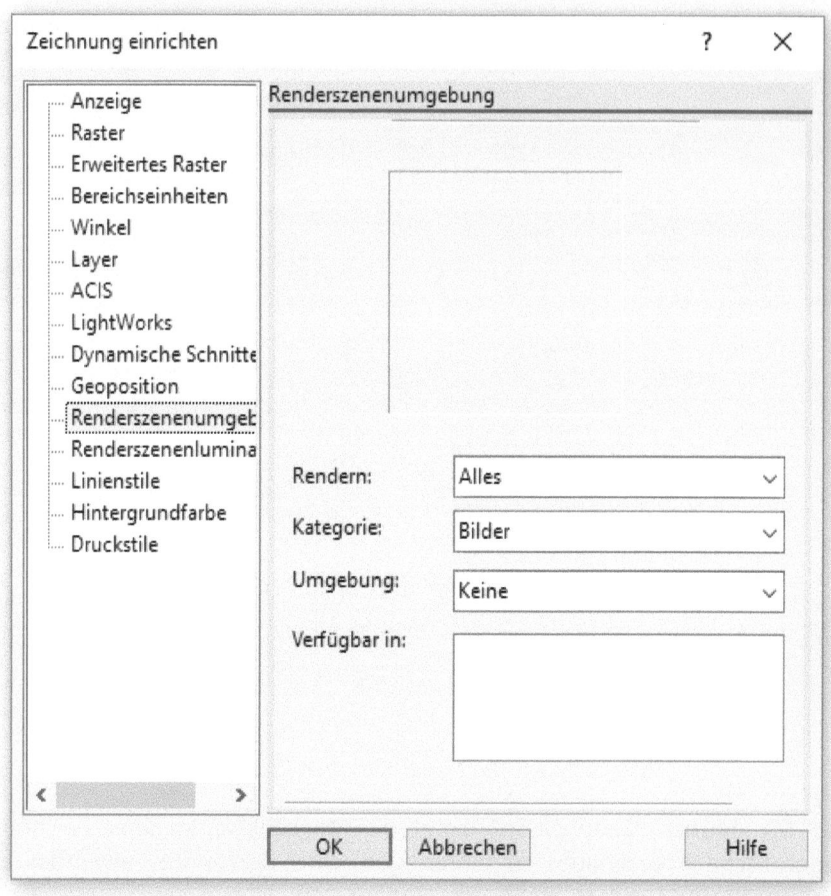

Abbildung 3-24 Zeichnung einrichten – Renderszenenumgebung

In den Menüs „Renderszenenumgebung" und „Renderszenenluminanz" können Hintergrundgrafiken sowohl hinter als auch vor dem Modell hinzugefügt werden, um damit ein tiefen-realistisches Rendering zu erzeugen. Außerdem können Luminanzen für die Gesamtzeichnung oder einzelne Objekte festgelegt werden.

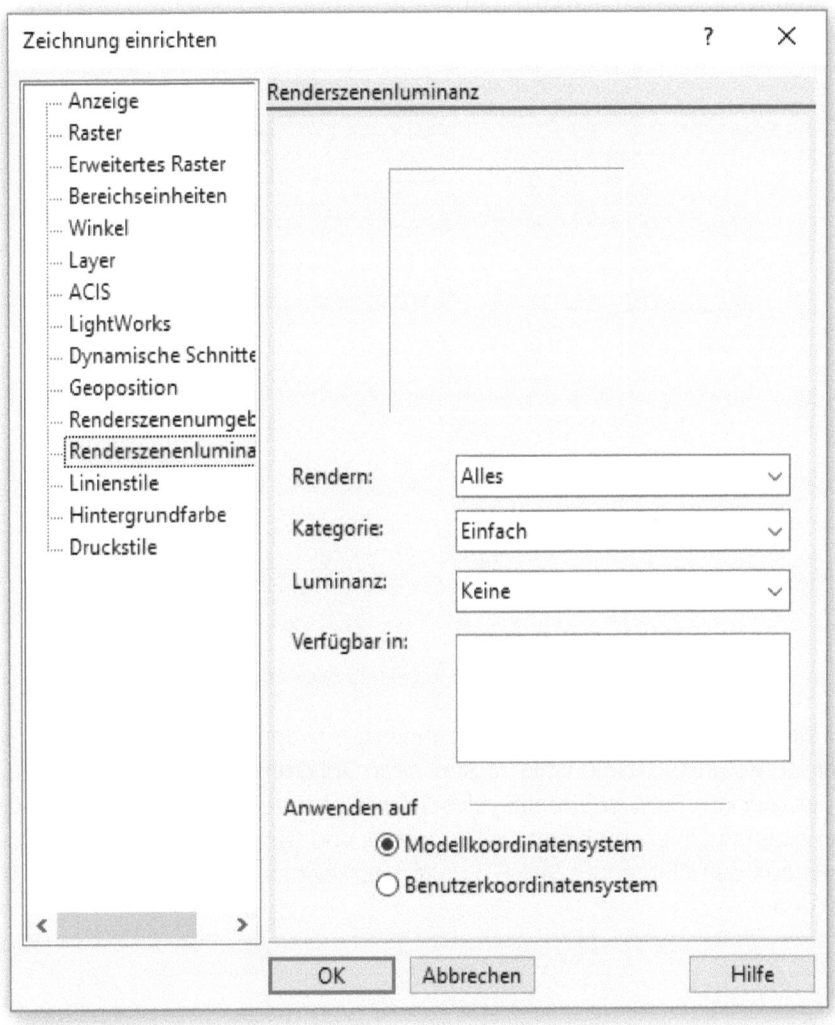

Abbildung 3-25 Zeichnung einrichten - Renderszenenluminanz

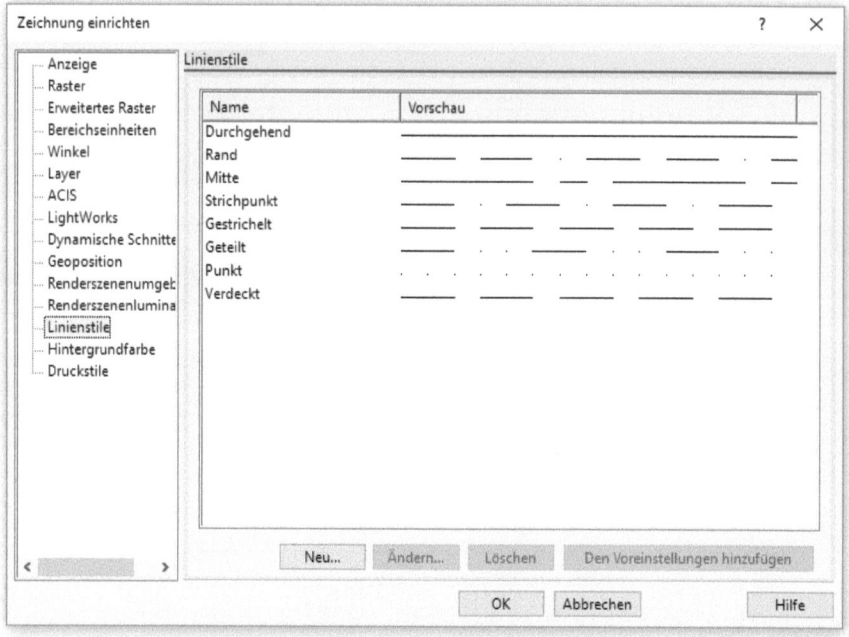

Abbildung 3-26 Zeichnung einrichten – Linienstile

Im Menü „Linienstile" werden alle definierten Linienstile aufgeführt. Nur die hier aufgeführten Linienstile lassen sich Objekten und Layern zuweisen. Linienstile können hier erstellt, gelöscht und geändert werden. Zum Erstellen von eigenen Linienstilen steht eine Vielzahl von Symbolen zur Verfügung. Es kann aus den Elementen Strich, Punkt, Leerzeichen, Form und Text gewählt werden.

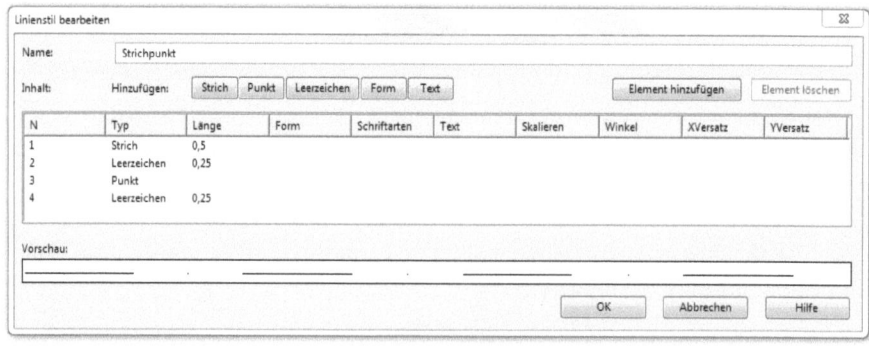

Abbildung 3-27 Linienstil bearbeiten

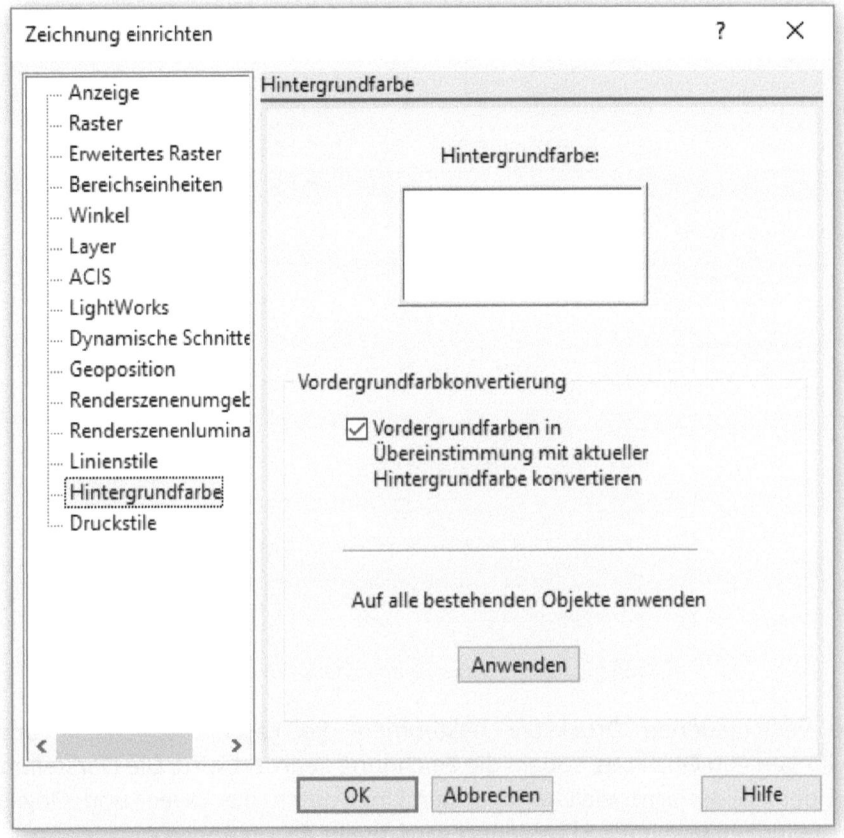

Abbildung 3-28 Zeichnung einrichten – Hintergrundfarbe

Das Menü „Hintergrundfarbe" beschränkt sich auf die Auswahl der Hintergrundfarbe sowie die Option, Objekte mit der gleichen Farbe wie die ausgewählte Hintergrundfarbe umzukehren, sodass sie sichtbar bleiben und nicht optisch verschwinden. So werden beispielsweise weiße Linien auf weißem Hintergrund schwarz dargestellt. Da dies für einzelne Zeichnungsobjekte in deren Objekteigenschaften manuell eingestellt werden kann, ermöglicht der Button „Anwenden" das Überschreiben dieser Informationen.

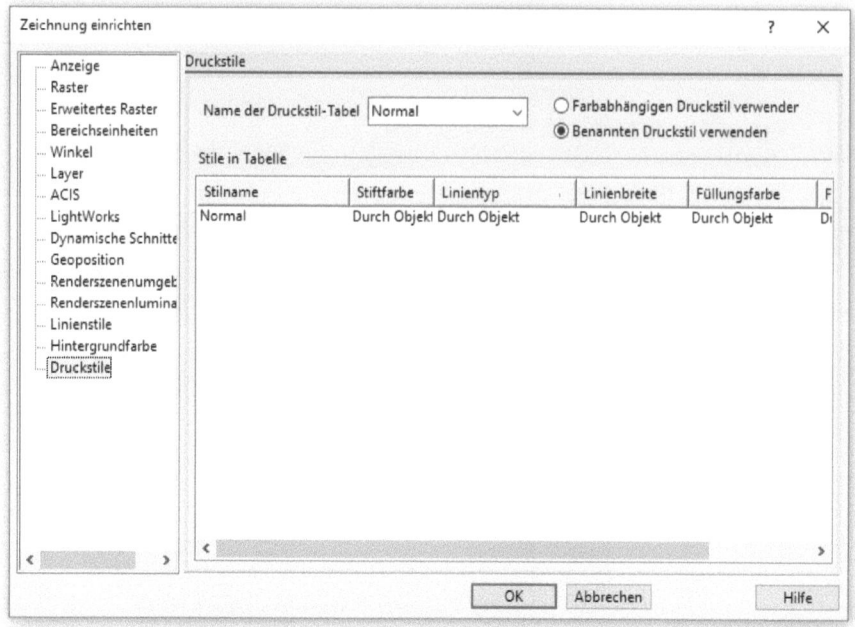

Abbildung 3-29 Zeichnung einrichten – Druckstile

Die verschiedenen Druckstile bestimmen die Farben, Linienstile oder Füllungen von Objekten, sobald die Zeichnung gedruckt wird. Die Darstellung auf dem Bildschirm, welche in erster Linie durch die Layer- und Objekteinstellungen (Kapitel 2.8) gesteuert wird, bleibt davon unberührt.

Der gewünschte Druckstil kann dann beim Druckvorgang im Drucker-Menü ausgewählt werden (Kapitel 6.3).

3.3   STANDARDZEICHNUNGSVORLAGE

Sowohl in einer Firma mit mehreren CAD-Arbeitsplätzen als auch bei Einzelanwendern, bietet sich die Nutzung einer einheitlichen Zeichnungs-vorlage an. Dabei ist es erstrebenswert, dass ein nutzerübergreifender Standard festgelegt wird, in dem Schriftart, Schriftgröße, Zeichnungsformate, Zeichnungskopf etc. festgelegt und voreingestellt sind.

TurboCAD® bietet dafür die Möglichkeit, eine Zeichnungsvorlage zu erstellen, diese zentral auf einen Netzwerkserver abzulegen und automatisch zu laden, sobald eine neue Zeichnung geöffnet wird.

Diese Zeichnungsvorlage kann u.a. folgende Informationen enthalten:

- Papierbereiche mit Zeichnungsrahmen und Schriftkopf
- Layerdefinitionen
- Schriftstile
- Beleuchtung für 3D-Körper
- Werkzeugeinstellungen
- Einheitensystem

Eine Zeichnungsvorlage hat die Dateiendung „.tct" und wird wie folgt erstellt und geladen.

Zunächst wird ein neues Dokument mit der Auswahl „Keine Vorlage verwenden" erstellt. Das geöffnete Dokument wird nun entsprechend der eigenen Vorstellungen bearbeitet. Sollte das in Abbildung 3-30 gezeigte Auswahlfenster beim Öffnen eines neuen Dokuments nicht erscheinen, muss zunächst unter „Optionen/ Programm einrichten/ Allgemein" im Menüpunkt „Für neue Dokumente anwenden:" die Auswahl „Programmstart-Dialog" ausgewählt werden.

Bei der Erstellung und Pflege der Zeichnungsvorlage ist äußerste Sorgfalt geboten, da alle Nutzer diese verwenden. Fehler multiplizieren sich schnell bei einer Vielzahl von Nutzern und erstellten Zeichnungen. Änderungen einer Zeichnungsvorlage haben keine Auswirkung auf bereits zuvor erstellte Zeichnungen. Die Zeichnungsvorlage wird lediglich beim Erstellen einer neuen Zeichnung verwendet und behält danach keinerlei Verbindung zu der gespeicherten Vorlage.

Abbildung 3-30 Programmstart-Dialog

Papierbereich mit Zeichnungsrahmen und Schriftkopf

In der Standardvorlage können gängige Blattformate hinterlegt werden, sodass man diese nicht jedes Mal bei der Erstellung eines neuen Dokuments hinzufügen muss. Für die verschiedenen Blattformate (z.B. DIN A4 bis A0 im Quer- und Hochformat) können dann auch Zeichnungsrahmen und Schriftkopf implementiert werden, welche das Firmenlogo und ggf. schon einige vorausgefüllte Informationen enthalten.

Wie nachfolgend beispielhaft gezeigt, können Textfenster, welche ausgefüllt werden sollten, durch eine andere Farbe kenntlich gemacht werden. Liegen alle Textfenster auf einem Text-Layer und wird deren Farbe „Durch Layer" gesteuert, können sie in der Zeichnungsvorlage manuell mit einer Signalfarbe überschrieben werden. Werden dann die entsprechenden Texte angepasst / ausgefüllt, kann die Farbsteuerung einfach wieder auf „Durch Layer" zurückgesetzt werden. Somit kann sichergestellt werden, dass keine Schriftkopfinformationen übersehen werden.

				Verkstoff	Maßstab X:X		Position	Menge
				x.yyyy				
			Datum	Name	BENENNUNG			
			Bearb. XX.XX.'19	xy				
			Gepr. XX.XX.'19	xy				
			Norm					
			Allgemeintoleranzen DIN ISO 2768-m		ZEICHNUNGSNUMMER		Blatt 1/1	
							Bl.	
Zust.	Änderung	Datum	Name	EDV Nr.				

Abbildung 3-31 Schriftkopf in Standardzeichnungsvorlage

Standardlayer

Beim Erstellen einer Zeichnungsvorlage sollten Layer voreingestellt werden, die von allen Nutzern verwendet werden. Dies sind neben den klassischen Layern wie Kontur, Bemaßung, Verdeckt oder Mittellinie auch branchenspezifische Layer, wie beispielsweise verschiedene Medien in Fließschemata.

Einheitensystem

Die gewünschten Einheiten (mm, Zoll etc.) lassen sich in der Zeichnungs-vorlage einstellen, sowie definieren, wie viele Nachkommastellen angezeigt werden.

Maßstab

Der Maßstab des Modellbereiches kann verändert werden. Dieser sollte standardmäßig 1:1 sein.

Erhält man aber zum Beispiel eine Zeichnung, welche nicht dem Maßstab von 1:1 entspricht und möchte diese Zeichnung in den eigenen Modellbereich einladen, kann die importierte Zeichnung entweder entsprechend skaliert oder der eigene Modellmaßstab angepasst werden. Dies erleichtert die Weiterbearbeitung. Zeichnungsableitungen werden meist in einem bestimmten Maßstab erstellt, um auf dem Zeichnungsblatt Platz zu finden. Werden sie dann in einem Austauschformat wie „.dwg" verschickt und erneut im Modellbereich zur weiteren Nutzung importiert, bietet sich die Änderung des Modellmaßstabes an.

Beleuchtung

Wird TurboCAD® ausschließlich im 2D-Bereich genutzt, muss die Beleuchtung in der Zeichnungsvorlage nicht angepasst werden. Das ohne Vorlage geöffnete Dokument enthält zunächst keine Beleuchtung. Wird auch dreidimensional gezeichnet, bietet sich ein Hinzufügen von Lichtern an, welche beim Wechseln in einen Rendermodus, die modellierten Objekte ausreichend ausleuchten, um eine realistische Betrachtung zu ermöglichen. Die Beleuchtungseinstellungen befinden sich unter „Ansicht/ Beleuchtung". TurboCAD® schlägt beim Wechsel in einen Rendermodus die Aktivierung der Standardbeleuchtung vor. Diese ist in den meisten Fällen ausreichend, kann aber selbst editiert werden.

Die Anordnung und Intensität der Beleuchtung innerhalb der Standardzeichnungsvorlage kann je nach Geschmack gewählt werden. Die Entfernung der Lichtpunkte in der Standardvorlage zum Ursprung (x=0, y=0, z=0) kann man gemäß der durchschnittlich zu erwartenden Objektgröße anpassen. Werden in der Regel kleinere Objekte modelliert, können die Lichtpunkte näher zum Ursprung verschoben werden. Dadurch entsteht eine recht natürliche Ausleuchtung. In Kapitel 5.13 wird weiter auf die Visualisierung von 3D-Modellen eingegangen.

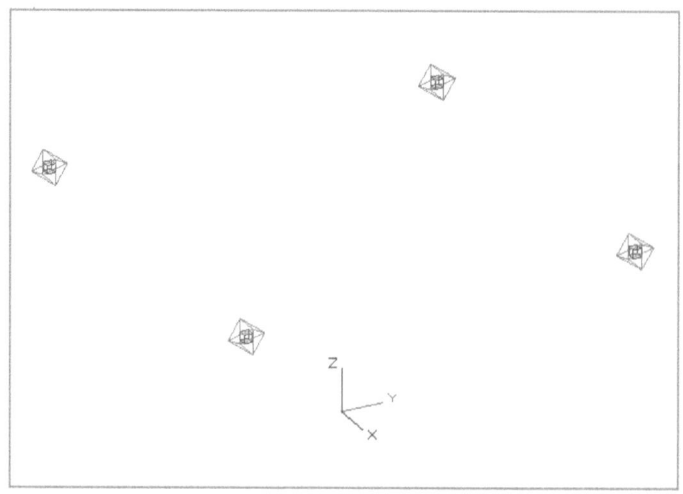

Abbildung 3-32 Anordnung einer möglichen Standardbeleuchtung

Werkzeugeinstellungen .

Einzelne Befehle können mit passenden Layern versehen werden. Sollen zum Beispiel verschiedene Layer für Kontur, Bemaßung oder 3D-Objekte vergeben werden, kann man diese mit den entsprechenden Befehlen verknüpfen. Dies geschieht durch einen Rechtsklick auf das entsprechende Befehlssymbol. Im so geöffneten Menü kann der Layer unter „Allgemein" ausgewählt und mit OK bestätigt werden. Verwendet man danach den entsprechenden Befehl, aktiviert TurboCAD® automatisch den zuvor eingestellten Layer. Beispiel: Wird der „Text"-Befehl von vornherein mit einem separat erstellen Text-Layer verbunden, werden erstellte Texte automatisch auf diesen gelegt und lassen sich dann wenn nötig ein und ausblenden oder Formatierungseigenschaften ändern. Außer den Layern, lassen sich in den Werkzeugeinstellungen auch werkzeugspezifische Einstellungen vorab ändern. So zum Beispiel die Schriftart bei Text- und Bemaßungsbefehlen.

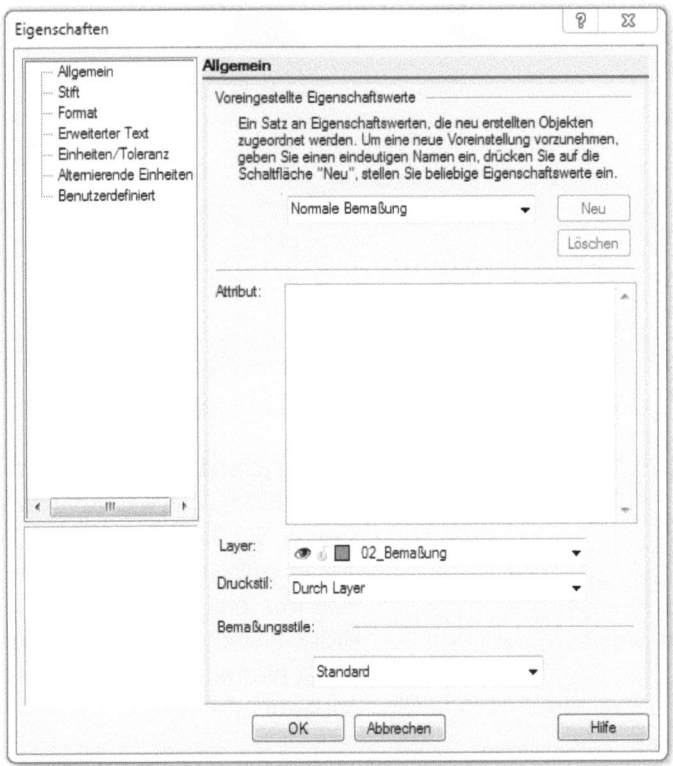

Abbildung 3-33 Werkzeugeigenschaften zur Layerverknüpfung

3.4 Eigenschaften des Auswahlwerkzeuges

Die Eigenschaften des Auswahlwerkzeuges erlauben die Konfiguration der Kontrollleiste, der Koordinatensysteme sowie der Objektauswahl durch Doppelklick. So kann beispielsweise definiert werden, ob bei Doppelklick auf ein Objekt die Objekteigenschaften (Kapitel 2.9) geöffnet oder das Bearbeitungswerkzeug (Kapitel 4.5) aktiviert wird. Es kann ebenfalls eingestellt werden, auf welches Koordinatensystem sich die Eingabewerte (z.B. bei Verschieben eines Objektes) in der Kontrollleiste beziehen. Das Menü „Eigenschaften des Auswahlwerkzeuges" lässt sich bei aktiviertem Auswahlwerkzeug in der Kontrollleiste oder im Popup-Menü bei Rechtsklick in den Modellbereich öffnen.

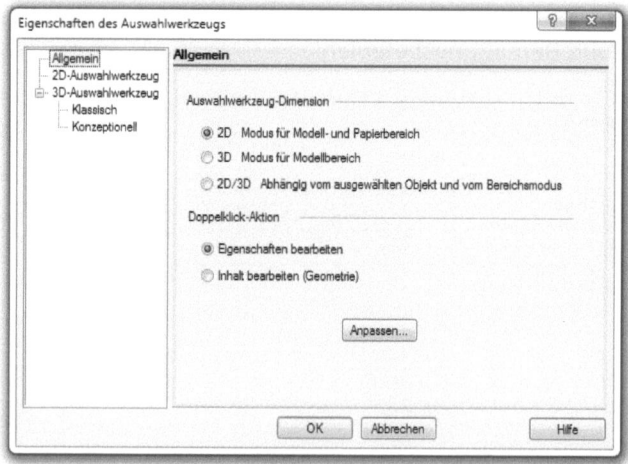

Abbildung 3-34 Eigenschaften des Auswahlwerkzeuges – Allgemein

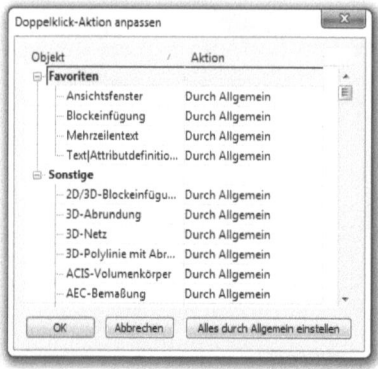

Die verschiedenen Koordinatensysteme und deren Verwendung werden in Kapitel 5.4 erläutert. Unter „Anpassen" lassen sich für verschiedene Objekte, Features etc. die Aktionen bei Doppelklick festlegen. Ein Dropdownmenü bietet hierbei verschiedene Aktionen zur Auswahl.

Abbildung 3-35 Doppelklick-Aktion anpassen

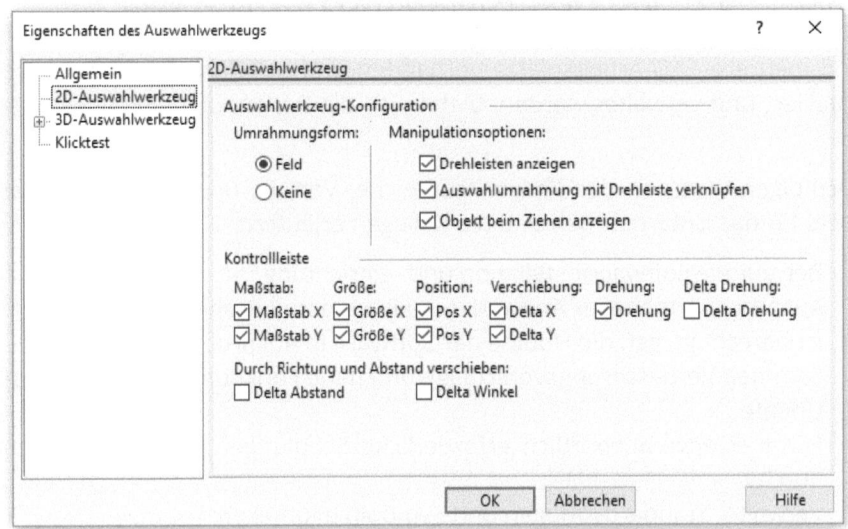

Abbildung 3-36 Eigenschaften des Auswahlwerkzeuges – 2D Auswahlwerkzeug

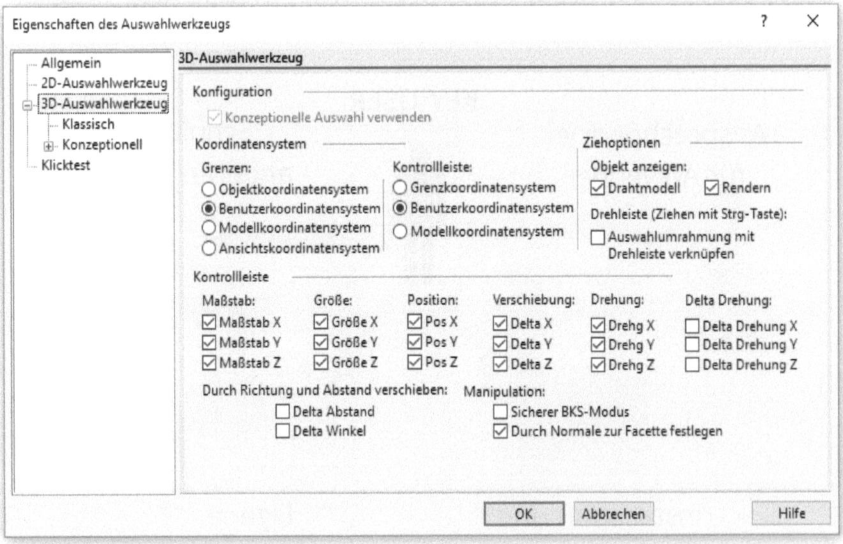

Abbildung 3-37 Eigenschaften des Auswahlwerkzeuges – 3D Auswahlwerkzeug

3.5 KEY-USER-FUNKTION IM UNTERNEHMEN

Sind mehrere CAD-Arbeitsplätze vorhanden und soll TurboCAD® an diesen installiert und verwaltet werden, bietet sich die Benennung eines Key-Users an.

Nachfolgend werden der Tätigkeitsbereiche, Vorteile und Nutzen des Key-Users für das Unternehmen und die Kollegen erläutert:

- Betreut die Softwareinstallation und -einrichtung
- Ansprechpartner aller Anwender bei Fragen und Problemen
- Ist berechtigt, ggf. die Hotline der Software in Anspruch zu nehmen
- Sammelt Verbesserungsvorschläge und neue Funktionen für das nächste Update
- Führt eigenverantwortlich erforderliche Schulungen für seine Kollegen durch
- Verwaltet Standardvorlagen und Symbolbibliotheken

Um den Key-User in die Lage zu versetzen, diese Aufgaben wahrzunehmen, sollte er sich regelmäßig weiterbilden und ggf. auf Schulungen gehen. Somit kann er auch für die Firma entscheiden, wann auf eine neue Programmversion gewechselt werden sollte.

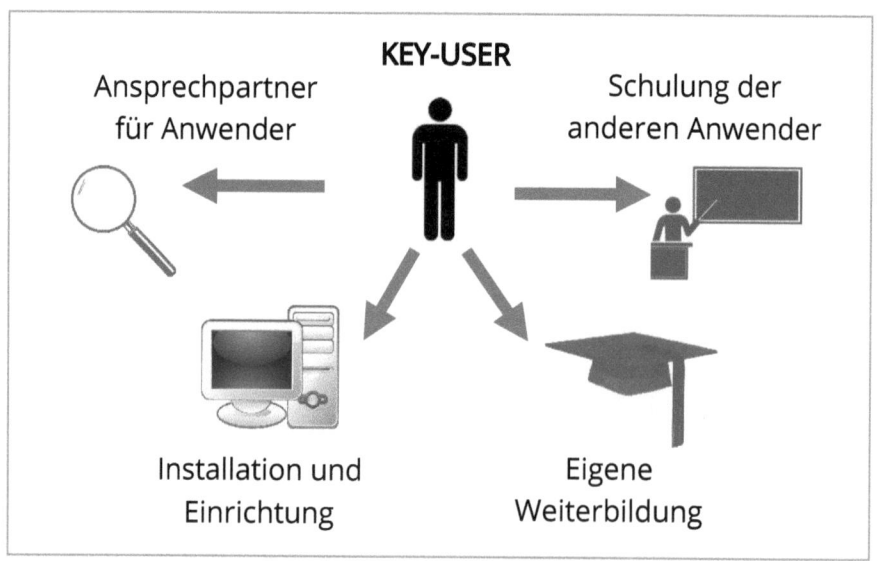

Abbildung 3-38 Key-User Konzept

4 ZWEIDIMENSIONALES ZEICHNEN

4.1 2D GRUNDWERKZEUGE

Zu den einfachsten aber am häufigsten genutzten Grundwerkzeugen im zweidimensionalen Zeichnen gehören die einfache Linie, das Rechteck und der Kreis. Diese Befehle haben gemeinsam, dass sie mit zwei Mausklicks (Anfangs- und Endpunkt) definiert werden. Nachdem das entsprechende Befehlssymbol angeklickt wurde, legt der erste Mausklick in den Modellbereich die Startkoordinaten fest. Diese Startkoordinate ist bei der einfachen Linie ein Linien-Endpunkt, bei dem Rechteck eine der vier Ecken sowie beim Kreisbefehl „Mittelpunkt und Radius" der Kreismittelpunkt. Mit dem zweiten Klick definiert man bei der Linie den Winkel und die Länge, beim Rechteck die Kantenlängen sowie beim Kreis den Radius.

Tabelle 2 Beispielhafte Gegenüberstellung der wichtigsten 2D Grundwerkzeuge

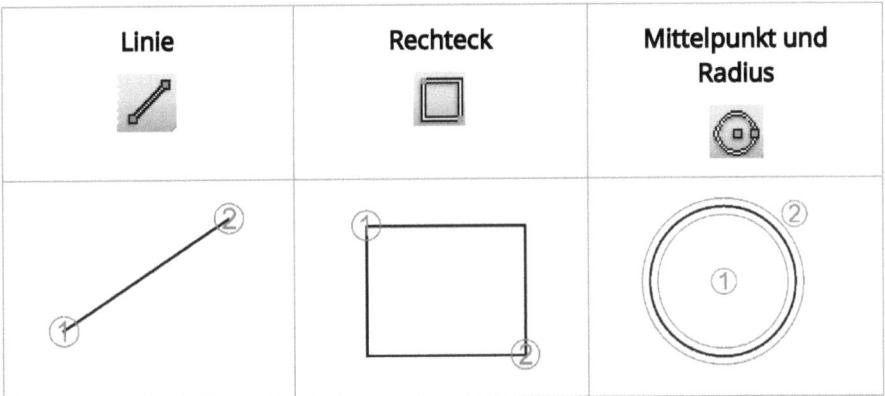

Die Zeichenbefehle bleiben in der Regel nach Erstellung eines Objektes aktiv, sodass durch erneutes Klicken in den Zeichenbereich der Befehl erneut ausgeführt wird. Diese einfachen Geometrien können nun frei im Zeichenbereich platziert werden. Schnell stellt sich die Frage, wie Linien horizontal, vertikal oder in einem bestimmten Winkel ausgerichtet werden können. Dazu gibt es mehrere Möglichkeiten.

Orthomodus

 Der Orthomodus erlaubt das Zeichnen in vordefinierten Winkeln. Diese können unter „Optionen/ Zeichnung einrichten/ Winkel" definiert werden. Ist der Orthomodus aktiviert, lassen sich mit dem Linienwerkzeug die Linien nur in diesen Winkelschritten zeichnen. Ebenso lassen sich Objekte auch nur in dieser Art Raster verschieben. Da dieser Befehl häufig an- und ausgeschaltet wird, bietet sich das Verwenden einer Tastenkombination oder eine geeignete Positionierung auf der Arbeitsoberfläche an. Tastaturbefehle lassen sich im „Anpassen"-Menü (Abbildung 2-4) im Menüpunkt „Tastatur" zuweisen. Mit gedrückter Shift-Taste lässt sich der Orthomodus auch temporär beim Zeichnen aktivieren.

Eingabe von Koordinaten

Ist der Linienbefehl aktiviert, enthält die Kontrollleiste am unteren Bildschirmrand ein Längen- und Winkelfeld. Ist der Startpunkt gesetzt, lässt sich durch Angabe der Länge [mm][1] und Winkel [°] die Linie definieren. Die Einheiten lassen sich unter „Optionen/ Zeichnung einrichten/ Einheiten" ändern.

Die Startpunkte aller 2D- und 3D-Objekte lassen sich außerdem auch durch Eingabe der Mauszeigerkoordinaten bestimmen. Ist ein Befehl aktiviert, werden zunächst durch Drücken der TAB-Taste die Werte in die X-, Y- und ggf. die Z-Koordinatenfelder eingegeben und durch Bestätigen mit ENTER der Befehl ausgeführt. Der Startpunkt liegt somit auf der gewünschten Position.

Bei dem erweiterten Orthomodus handelt es sich um ein weiteres Fangwerkzeug. Ist dieser aktiviert, erscheinen horizontale und vertikale Hilfslinien, auf denen Punkte gefangen werden können. Dazu muss zunächst die Maus kurze Zeit auf dem Ausgangspunkt gehalten werden. Die Hilfslinien werden kurze Zeit später angezeigt.

---

[1] Abhängig vom gewählten Einheitensystem der Zeichnung

Polylinie

Die Polylinie ist eine Reihe an den Endpunkten verbundener Einzellinien. Ist der Befehl aktiviert, wird mit jedem Mausklick in den Modellbereich ein Endpunkt definiert. Hat man einen Punkt falsch gesetzt, hilft der Befehl „Einen Schritt zurück". Mit dem Befehl „Schließen" wird der zuletzt gesetzte Endpunkt mit dem Startpunkt der Polylinie verbunden und es wird somit ein geschlossenes Profil erzeugt. Wählt man den Befehl „Beenden" oder drückt die ESC-Taste, wird die Polylinie erstellt und der Befehl beendet. Es kann zwischen geraden Linien- und Kurvensegmenten gewählt werden. Mit dem Bearbeitenwerkzeug (Kapitel 4.6) können nachträglich Knotenpunkte verschoben, hinzugefügt oder entfernt werden, um die Polylinie zu verändern. Wird die Polylinie mit dem Befehl „Explodieren", zum Auflösen von Gruppierungen gedacht, explodiert, verlieren die Segmente ihre Verbindung zueinander und es entstehen Einzellinien.

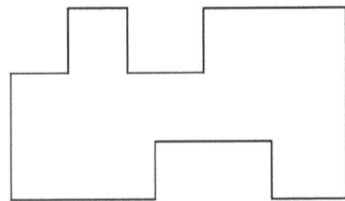

Abbildung 4-1 Anwendungsbeispiel - Polylinien

Revisionsvermerk

Für die Erstellung von Revisionswolken zum Hervorheben von Änderungen eignet sich der Befehl „Revisionsvermerk" im Menü „Zeichnen/ Kurve/ Revisionsvermerk".

Abbildung 4-2 Beispiel: Revisionswolke

Spline und Bézierkurven

Mit den verschiedenen Spline-Werkzeugen können durch glatte Kurven homogene Kurvenverläufe erstellt werden. Dazu werden in der Regel verschiedene Bezugspunkte gesetzt an denen die Spline-Linie je nach ausgewähltem Befehl entlangläuft. Mit dem Bearbeitenwerkzeug können dann anschließend alle Kontrollpunkte und Tangentenrichtungen angepasst werden und der Kurvenverlauf angepasst werden. Außerdem können in den Objekt-Eigenschaften u.a. die Feinheit der Kurve durch die Anzahl der Segmente beeinflusst und zwischen Spline- und Bézierkurve gewechselt werden.

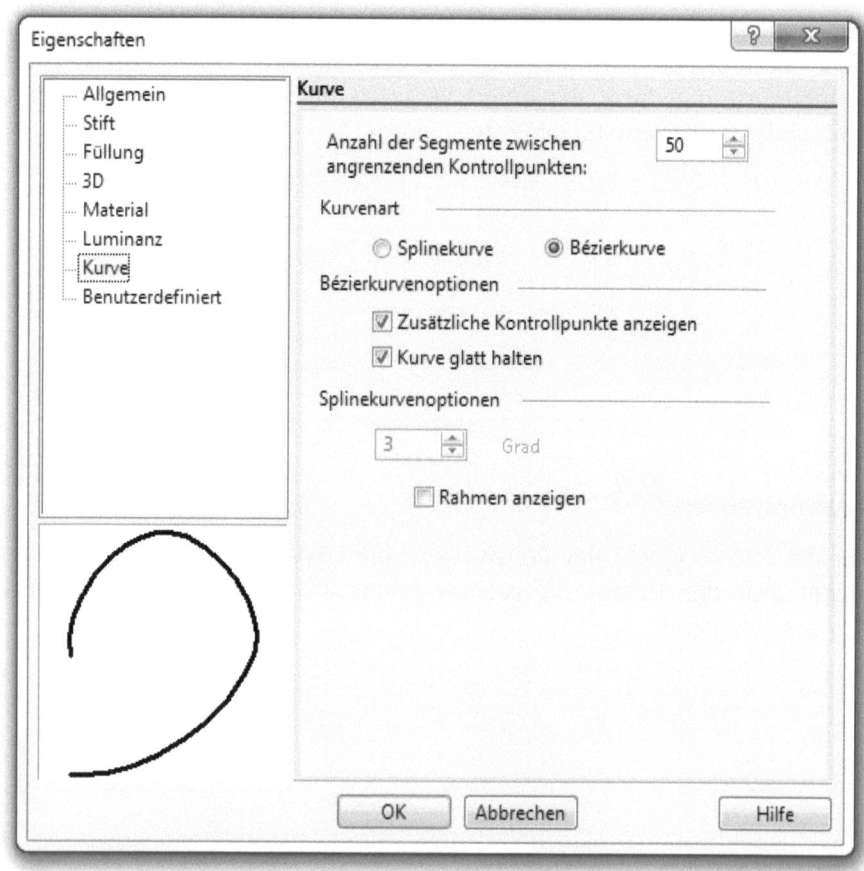

Abbildung 4-3 Eigenschaften einer Splinekurve

Spline durch Kontrollpunkte

Mit jedem Klick wird die Position eines Kontrollpunktes (kleine ausgefüllte Kreise) bestimmt. Die Splinekurve verläuft dann entsprechend innerhalb der gesetzten Punkte.

Abbildung 4-4 Beispiel: Spline durch Kontrollpunkte

Spline durch Einfügepunkte

Die Splinekurve verläuft durch alle Punkte, welche vom Nutzer definiert werden. Die Kontrollpunkte (kleine ausgefüllte Quadrate) werden automatisch auf die dafür nötige Position gelegt. Verschiebt man diese Kontrollpunkte im Nachhinein, verläuft die Spline-Linie nicht mehr durch die Einfügepunkte (kleine ausgefüllte Kreise). Es besteht keine Verbindung.

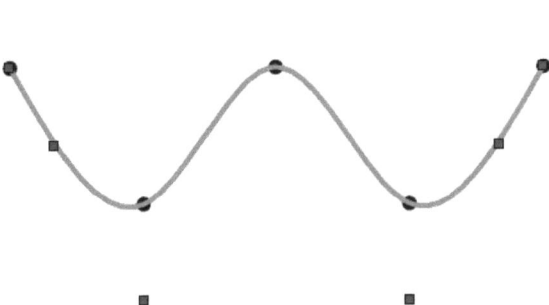

Abbildung 4-5 Beispiel: Spline durch Einfügepunkte

Bézierkurve

Die Bézierkurve bietet im Unterschied zu den anderen beiden Spline-Werkzeugen die Möglichkeit, die Tangentenrichtungen zu beeinflussen. Dadurch kann diese Kurve flexibler angepasst werden und bietet sich für die Freiformoberflächenmodellierung an.

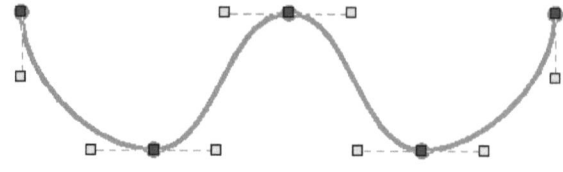

Abbildung 4-6 Bézierkurve

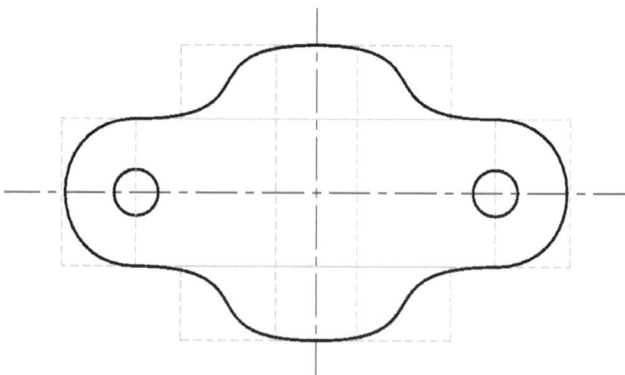

Abbildung 4-7 Anwendungsbeispiel - Spline

Pfadschraffur

Mit dem Befehl „Pfadschraffur" muss zunächst ein geschlossener Pfad gezeichnet werden. Dieser wird in Magenta dargestellt. Wird dieser geschlossen, entweder durch das Fangen des Startpunktes oder durch die Befehlsoption „Schließen", wird automatisch eine Schraffur erstellt.

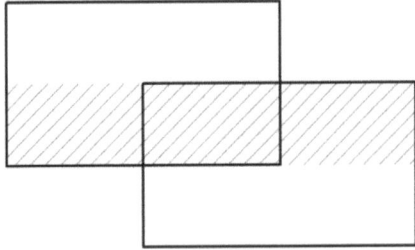

Abbildung 4-8 Anwendungsbeispiel "Pfadschraffur"

Schraffur

Um den „Schraffur"-Befehl zu nutzen, müssen erst ein oder mehrere Zeichnungsobjekte (geschlossene Profile) ausgewählt sein. Ansonsten ist das Befehlssymbol ausgegraut. Überschneiden sich geschlossene Profile, wie in Abbildung 4-9 zu sehen, wird in dem sich überschneidenden Bereich die Schraffur ausgelassen. Sollen auch dieser Bereich schraffiert werden, kann in den Objekteigenschaften (Kapitel 2.9) der Schraffur unter „Eigenschaften/ Füllung/ Zeichenmodus" die Option „Fortgesetzt" gewählt werden.

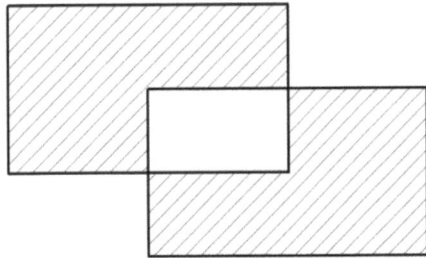

Abbildung 4-9 Anwendungsbeispiel "Schraffur"

Auswahlpunktschraffur

Um mit dem Befehl „Auswahlpunktschraffur" eine Schraffur zu erstellen, reicht ein Klick in einen geschlossenen Bereich. Dieser wird automatisch mit einer Schraffur ausgefüllt. Ab der 2018er Version müssen die Umgrenzungsprofile nicht mehr vollständig geschlossen sein. Es kann in der Kontrollleiste in das Eingabefeld „Lücke:" ein Toleranzwert eingegeben werden.

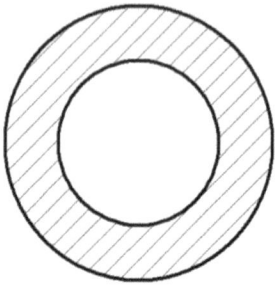

Abbildung 4-10 Anwendungsbeispiel "Auswahlpunktschraffur"

4.2 FANGOPTIONEN VERWALTEN

Fangoptionen erlauben ein exaktes Fangen von Punkten wie z.B. End- oder Mittelpunkte von Linien. Möchte man beispielsweise an eine gezeichnete Linie oder Rechteck eine weitere Linie anfügen, ist das exakte Treffen des End- oder Eckpunktes freihändig ohne Fang nicht möglich. Zwar kann es auf den ersten Blick so erscheinen, zoomt man jedoch an die entsprechende Stelle heran, sieht man, dass die beiden Linien nicht aufeinanderliegen. Zwei Beispiele zeigt die folgende Tabelle:

Tabelle 3 Beispiel: Zeichnen ohne Fangoption

Normale Betrachtung	Detail vergrößert

Um ein akkurates Zeichnen zu ermöglichen sowie weitere Bearbeitungs-Werkzeuge optimal einsetzen zu können, ist die Verwendung des Objektfangs, sowohl im 2D- als auch im 3D-Zeichnen, essentiell.

Die wichtigsten Fangoptionen zeigt die nachfolgende Tabelle:

Tabelle 4 Wichtige Fangoptionen

Fang am Scheitelpunkt	
Fang am Mittelpunkt (Linie)	
Fang am Mittelpunkt (Bogen)	
Fang am Schnittpunkt	
Fang am Quadrantenpunkt	

Es gibt mehrere Wege, die Fangoptionen zu verwalten. Zum einen lässt sich mit Rechtsklick auf „FANG" in der rechten unteren Bildschirmseite links neben den Koordinaten das Menü „Zeichenhilfen" öffnen (Abbildung 4-11). Dieses enthält eine Liste von Fangoptionen zum An- und Abwählen. Zu beachten ist, dass die ersten drei Auswahlpunkte der Fangoptionen nur zu aktivieren sind, wenn sie benötigt werden, da diese sonst die anderen Fangfunktionen z.T. unterdrücken oder beeinflussen könnten. Treten beim Zeichnen Probleme mit den gängigen Fangfunktionen auf, lohnt ein Blick in das nachfolgend dargestellte Menü.

Es sollte stets darauf geachtet werden, dass nicht zu viele Fangfunktionen gleichzeitig aktiviert sind. Dies kann die Funktionalität des Fangwerkzeuges einschränken, da sich die möglichen Fangpunkte gegenseitig irritieren. Fangfunktionen können ebenfalls mit unterschiedlichen Prioritäten ausgestattet werden.

Die Verwendung der Fangoptionen und die Einstellung der Prioritäten muss jeder Nutzer für sich selbst einstellen, um das zur eigenen Arbeitsweise passende Optimum zu finden.

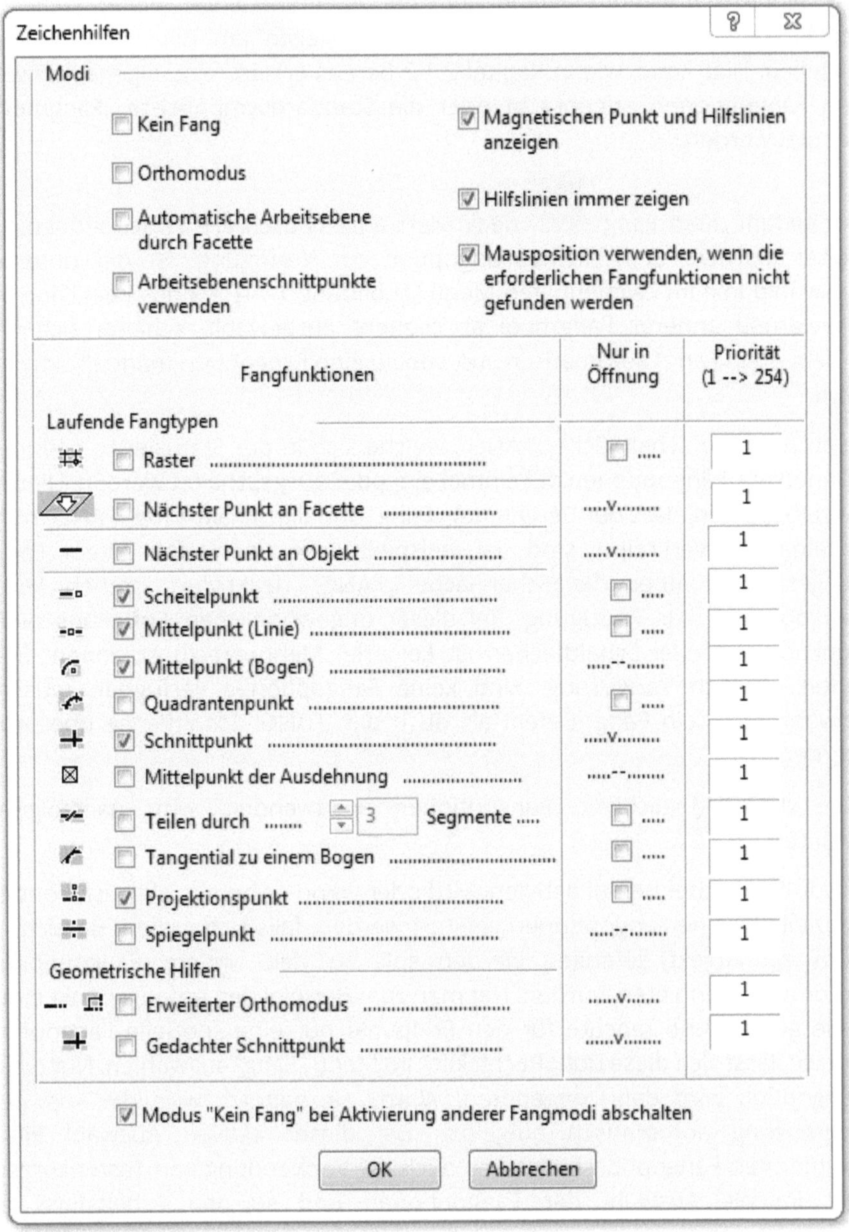

Zeichenhilfen

Modi

☐ Kein Fang

☐ Orthomodus

☐ Automatische Arbeitsebene durch Facette

☐ Arbeitsebenenschnittpunkte verwenden

☑ Magnetischen Punkt und Hilfslinien anzeigen

☑ Hilfslinien immer zeigen

☑ Mausposition verwenden, wenn die erforderlichen Fangfunktionen nicht gefunden werden

Fangfunktionen	Nur in Öffnung	Priorität (1 --> 254)
Laufende Fangtypen		
⌗ ☐ Raster	☐	1
⬙ ☐ Nächster Punkt an Facette	.....v.........	1
▬ ☐ Nächster Punkt an Objekt	.....v.........	1
⊶ ☑ Scheitelpunkt	☐	1
⊶ ☑ Mittelpunkt (Linie)	☐	1
⌒ ☑ Mittelpunkt (Bogen)	.....- -........	1
⌁ ☐ Quadrantenpunkt	☐	1
✛ ☑ Schnittpunkt	.....v.........	1
⊠ ☐ Mittelpunkt der Ausdehnung	.....- -........	1
⤢ ☐ Teilen durch ⊟ 3 Segmente	☐	1
⌁ ☐ Tangential zu einem Bogen	☐	1
⠿ ☑ Projektionspunkt	☐	1
⊹ ☐ Spiegelpunkt	.....- -........	1
Geometrische Hilfen		
-·· ⌸ ☐ Erweiterter Orthomodus	.....v.........	1
✛ ☐ Gedachter Schnittpunkt	.....v.........	1

☑ Modus "Kein Fang" bei Aktivierung anderer Fangmodi abschalten

[OK]   [Abbrechen]

Abbildung 4-11 Fangoptionen im Zeichenhilfen-Menü

Für einen schnelleren Zugriff auf die Fangfunktionen bietet sich die Möglichkeit an, eine entsprechende Symbolleiste am Bildschirmrand zu erstellen. Hier kann, wie in Kapitel 2.1.2 bereits erklärt, eine eigene Auswahl von Fangoptionen angebracht oder die Standardsymbolleiste „Fangmodi" genutzt werden.

Der Befehl „Kein Fang" deaktiviert automatisch alle Fangoptionen. Ist dieser aktiviert, steht keine Fangoption zur Verfügung. Ist der unterste Auswahlpunkt im Zeichenhilfen-Menü (Abbildung 4-11) „Modus Kein Fang bei Aktivierung anderer Fangmodi abschalten" ausgewählt, schaltet sich der Befehl „Kein Fang" automatisch aus, sobald eine Fangoption manuell aktiviert wird.

Auch über die Schaltfläche „FANG", welche sich in der Statusleiste befindet, können alle Fangoptionen auf einmal ein- oder ausgeschaltet werden. Hierbei ist zu beachten, dass der Befehl „Kein Fang" und die Schaltfläche „FANG" nicht miteinander verknüpft sind. Ist beispielsweise der Befehl „Kein Fang" ausgeschaltet, aber die Schaltfläche „FANG" deaktiviert, stehen keine Fangoptionen zur Verfügung. Bei dieser ungewöhnlichen Aufteilung einer Funktion auf zwei Schaltflächen ist keinerlei Mehrwert zu erkennen. Dies stiftet lediglich Verwirrung. Sind keine Fangoptionen verfügbar, müssen sowohl der „Kein Fang"-Befehl als auch die „FANG"-Schaltfläche überprüft werden.

Eine dritte Möglichkeit, Fangoptionen anzuwenden, wird nachfolgend erläutert.

Bevor ein Zeichenbefehl aktiviert wird oder wenn er bereits aktiv ist, können speziell einzelne Fangoptionen gefiltert werden, falls sich in dem Bereich, in dem ein Objekt gefangen werden soll, zu viele andere Fangoptionen automatisch anbieten würden. Hat man zum Beispiel den Anfangspunkt einer Linie gesetzt und möchte für den Endpunkt nur eine spezielle Fangoption nutzen, lässt sich diese über Rechtsklick im Menü „Fang" auswählen. Nur diese Fangoption wird dann angeboten. Wurde sie genutzt, wird die Auswahl-begrenzung automatisch aufgelöst. Bei dieser aktiven Auswahl einer bestimmten Fangoption bietet sich auch die Verwendung von Tastenkürzeln an, um die Auswahl der Fangoptionen und so den Arbeitsfluss zu beschleunigen.

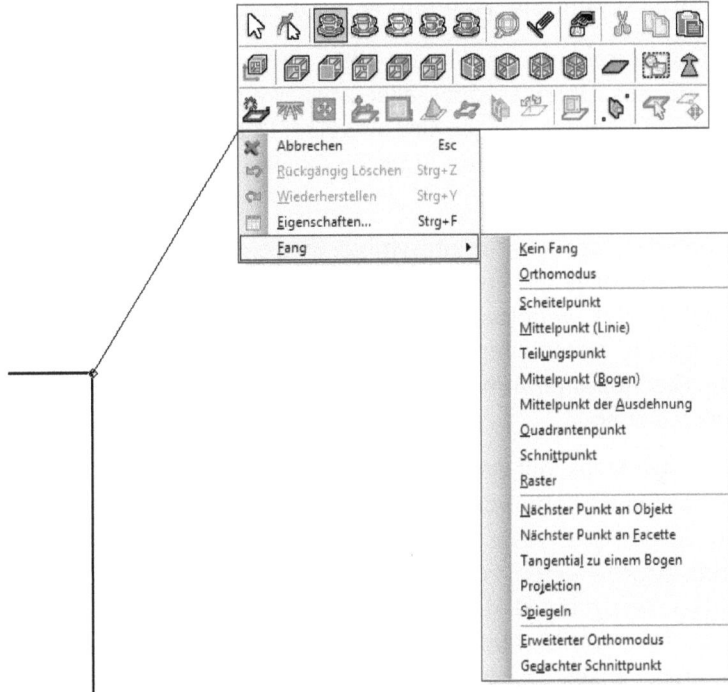

Abbildung 4-12 Auswahl einer Fangoption während eines aktiven Zeichenbefehls

4.3 VERSCHIEBEN, KOPIEREN & BEZUGSPUNKT VERSETZEN

Wird ein Objekt markiert, wird in der Mitte des Auswahlrahmens, welche die Ausdehnung des Objektes oder aller ausgewählten Objekte umfasst, ein Bezugspunkt dargestellt. Dieser wird als gelber Punkt gezeigt. An diesem kann das Objekt verschoben und an anderen Objekten durch die Fangoptionen positioniert werden.

Bei dem unten dargestellten Ventilsymbol, wird ein Problem deutlich, mit dem früher oder später jeder Nutzer von TurboCAD® konfrontiert wird. Möchte man nämlich das Ventilsymbol nun zum Beispiel an das Ende einer Rohrleitungslinie verschieben, ist die Standardposition des Bezugspunktes in der Mitte des Auswahlrahmens nicht hilfreich. Der Bezugspunkt lässt sich jedoch verschieben.

Führt man die Maus mit gedrückter „STRG"-Taste über den Bezugspunkt, wechselt das Maussymbol von einem Pfeil- in ein Handsymbol. Klickt man nun mit gedrückter „STRG"-Taste auf den Punkt, ändert sich das Symbol erneut in eine Hand, welche einen Punkt greift. Die „STRG"-Taste kann losgelassen werden. Der Bezugspunkt klebt nun am Mauszeiger und lässt sich beliebig, nicht nur am Ventilsymbol selber, auch unter der Verwendung von Fangoptionen, absetzen. Bei dem Absetzen können bzw. sollten die Fangoptionen genutzt werden, da sonst keine exakte Positionierung des Bezugspunktes bzw. des Teiles möglich ist.

Der Punkt kann nun dort abgesetzt werden, wo das Ventilsymbol mit der Rohrleitungslinie verbunden werden soll. Ebenfalls kann der Bezugspunkt durch Drücken der Taste „D" direkt am Mauszeiger angehaftet werden. So kann gegebenenfalls bei größeren Objekten entweder das Suchen oder das Heranzoomen an den Bezugspunkt entfallen. Dieser Tastatur-Befehl ist im Alltag gut anzuwenden, um den Arbeitsfluss zu beschleunigen.

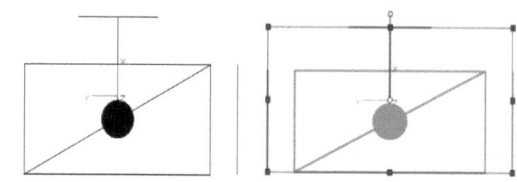

Abbildung 4-13 Objektauswahl

Zu beachten ist, dass bei einer Gruppe von Objekten oder einem Block, die Position des verschobenen Bezugspunktes auch dann noch erhalten bleibt, wenn die Gruppe abgewählt und neu angewählt wird. Bei einzelnen Objekten wie Linien, kehrt der Bezugspunkt automatisch beim erneuten Anwählen auf seine Standardposition zurück.

Hat man den Bezugspunkt einer Gruppe oder eines Blockes versetzt, möchte ihn aber wieder auf dessen Standardposition, also in die Mitte des Objektrahmens, zurücksetzen, kann der Befehl „Standardposition Bezugspunkt" verwendet werden. Dieser befindet sich in der Kontrollleiste, rechts neben den Eingabefeldern.

Zum Verschieben von Zeichnungsobjekten stehen außerdem die Befehle „Ausgewählte Objekte verschieben" , „Ausgewählte Objekte drehen" und „Ausgewählte Objekte skalieren" zur Verfügung. Diese befinden sich in der Standardsymbolleiste „Umwandeln".

Es hat sich jedoch gezeigt, dass die zuvor beschriebene Verwendung von Bezugs- und Drehpunkten sowie die Eingabe in die Kontrollleiste zum Verschieben und Skalieren deutlich schneller von der Hand geht.

Zum Kopieren von Objekten stehen drei Wege zur Verfügung:

Kopierstempel

Markiert man ein Objekt und aktiviert den Kopierstempel durch „Rechtsklick/ Kopierstempel" oder durch Klicken auf das Kopierstempelsymbol in der Kontrollleiste, wird bei jedem weiteren Klick in den Modell- oder Zeichenbereich eine Kopie des zuvor markierten Objektes abgelegt. Das Objekt wird am Bezugspunkt abgesetzt.

Sollen Objekte nicht frei verteilt, sondern an definierten Punkten abgesetzt werden, bietet sich die geeignete Positionierung des Bezugspunktes an. Der Kopierstempel wird durch die ESC-Taste oder die Auswahl eines anderen Befehls deaktiviert. Enthält ein 3D-Objekt eine Bearbeitungshistorie (Kapitel 5.7), steht der Kopierstempel zur Vervielfältigung nicht zur Verfügung. In diesem Fall kann der Befehl „Kopie anlegen" genutzt werden.

STRG+C und STRG+V

Auch das Kopieren und Einfügen über die STRG-Taste in Kombination mit den Tasten „C" und „V" funktioniert in TurboCAD®. Alle Objekte lassen sich so kopieren. In der Regel werden die Objekte in der Bildschirmmitte eingefügt und sind nach dem Einfügen ausgewählt.

 Zeichnungsobjekte können so auch in eine andere Zeichnung kopiert werden. Hierbei ist jedoch zu beachten, dass vor dem Kopieren in den „Drahtmodell"-Rendermodus (mehr zu Rendermodi in Kapitel 5.2) gewechselt werden sollte. In manchen Programmversionen wird ansonsten, anstelle der Zeichnungsobjekte eine Art Screenshot eingefügt.

Kopie anlegen

Der „Kopie anlegen"-Befehl verhält sich ähnlich wie der Kopierstempel. Er lässt sich allerdings aktivieren, ohne dass ein Objekt ausgewählt werden muss. Nachdem der Befehl aktiviert wurde, wird beim Verschieben eines Objektes eine Kopie erzeugt. Auch beim Versetzen des Bezugspunkts oder der Drehpunkte wird eine Kopie vom ausgewählten Objekt erstellt, die dann exakt auf dem alten Objekt liegt. Der „Kopie anlegen"-Befehl bleibt nach einmaligen Nutzen aktiv. Er muss nach dem Kopiervorgang manuell deaktiviert werden. Wird ein Objekt am Bezugspunkt bei gedrückter „STRG"-Taste verschoben, wird der „Kopie anlegen" Befehl nur temporär ausgeführt und eine Kopie erstellt.

Fälschlich angelegte Kopien, welche exakt auf dem Originalteil liegen, sind auf Anhieb nicht zu erkennen. So kann es passieren, dass grade in Zeichnungen, in denen Bezugspunkte oft verschoben werden, viele Linien oder Objekte aufeinanderliegen. Bei größeren Objekten mit großer Teilestruktur im 3D-Bereich kann dies zu deutlichen Performance-einbußen führen, da alle diese Objekte im Hintergrund berechnet werden.

Nachfolgend werden Möglichkeiten zur Erkennung von doppelten und aufeinanderliegenden Objekten gezeigt.

4.4 ERKENNUNG VON AUFEINANDERLIEGENDEN OBJEKTEN

Aktivierung der Auswahlliste

Durch das Aktivieren der Auswahlliste in den Programmeinstellungen ("Optionen/ Programmeinrichtung/ Einstellungen/ Auswahl") werden doppelte Objekte automatisch durch das Erscheinen der Auswahlliste sichtbar, da hier die manuelle Auswahl nicht eindeutig ist.

Ein Beispiel zeigt die folgende Abbildung. Hier befinden sich zwei identische Linien aufeinander. Wählt man die sichtbare Linie an, öffnet sich die Auswahlliste.

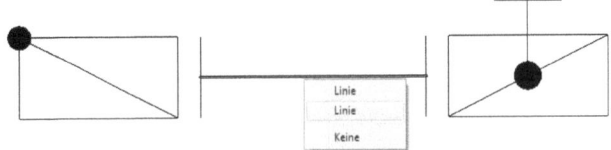

Abbildung 4-14 Erkennung von doppelten Objekten durch die Auswahlliste

Farbänderung im 3D-Rendermodus

Wurden von einem 3D-Objekt versehentlich Kopien erstellt, erkennt man dies durch eine farbliche Änderung des Objekts. Je mehr Kopien erstellt wurden, desto heller wird die Farbe.

Die Erkennung auf diesem Weg setzt natürlich zum einen das Arbeiten im Rendermodus „Grob" und zum anderen eine vorhandene Referenz, also ein anderes Objekt mit der gleichen Farbe, voraus.

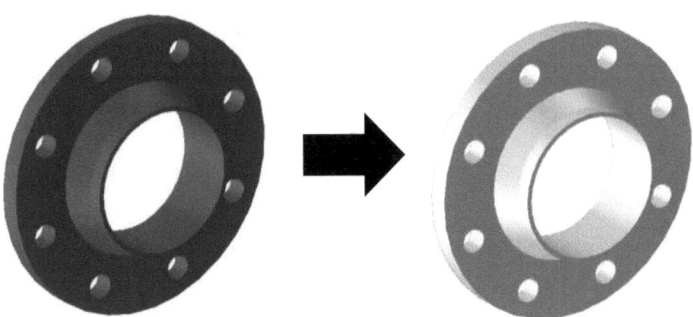

Abbildung 4-15 Optisches Erkennungsmerkmal übereinanderliegender Teile

Überprüfen durch die Auswahlinformationspalette

Theoretisch möglich jedoch nicht immer zielführend ist das Überprüfen durch die Auswahlinformationspalette. Markiert man bestimmte Bereiche der Zeichnung, zeigt die Auswahlinformationspalette eine Übersicht der markierten Zeichnungsobjekte an. Stimmt diese Auflistung von der Anzahl bestimmter Objekte nicht mit dem Gezeichneten überein, könnten so Unstimmigkeiten identifiziert werden.

Erkennung durch Zufall

Benutzt man Änderungsbefehle, um Linien z.B. zu stutzen und sieht keine Veränderung, kann dies auch ein Indiz dafür sein, dass dort doppelte Linien übereinanderliegen.

4.5 2D-BEARBEITUNG

Um bestehende Zeichnungsobjekte zu ändern, bietet TurboCAD® eine breite Auswahl an Werkzeugen zum Stutzen, Verlängern, Abrunden, Spiegeln uvm., an.

Einige dieser Befehle sind in der Standardwerkzeugleiste „Ändern" zusammengefügt.

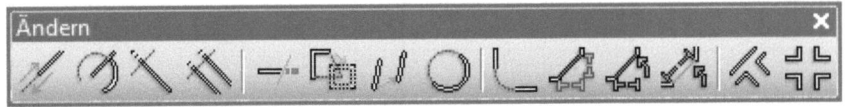

Abbildung 4-16 Standardsymbolleiste "Ändern"

Eine kleine Auswahl dieser Änderungswerkzeuge wird nachfolgend gezeigt.

„Objekt stutzen"

Das Werkzeug „Objekt stutzen" verwendet ausgewählte 2D-Objekte als Schnittkanten und entfernt darüber hinausragende oder dazwischen befindliche Objekte. Was Schnittkante ist und was entfernt werden soll, wird durch die Reihenfolge der Auswahl definiert.

„Objekt teilen"

Mit dem Befehl „Objekt teilen" können Objekte wie Linien oder Kreise in Einzelsegmente unterteilt werden.

„Dehnen"

Dieser Befehl verschiebt alle im Auswahlfenster markierten Knoten, wie Endpunkte oder Ecken, gemäß der Eingabe und verformt Objekte dementsprechend.

„2D- Abrundung" und „Fasen"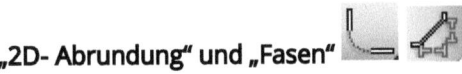

Hiermit können Ecken abgerundet oder mit einer Fase versehen werden. Mit der Befehlsoption „Polylinie" werden alle Ecken einer Polylinie erfasst und abgerundet bzw. mit einer Fase versehen.

4.6 BEARBEITUNGSWERKZEUG

Das Bearbeitungswerkzeug bietet die Möglichkeit, Linienknoten zu verschieben und so Zeichnungsobjekte gezielt zu modifizieren. Das Bearbeitungswerkzeug lässt sich z.B. über ein Symbol in der Kontrollleiste, im Aufklappmenü durch Rechtsklick oder im Bearbeiten-Menü aktivieren.

Ist das Bearbeitungswerkzeug aktiviert, enthält der Mauszeiger einen schwarzen Punkt. Klickt man ein 2D-Objekt an, so werden die Knotenpunkte als blaue Quadrate angezeigt. Diese lassen sich nun frei oder durch Eingabe von Koordinaten in der Kontrollleiste verschieben.

Durch gedrückt halten der „STRG"-Taste lassen sich auf Linien Knotenpunkte hinzufügen (Symbol eines schwarzen Quadrats mit einem Pfeil) oder entfernen (Mülltonnensymbol).

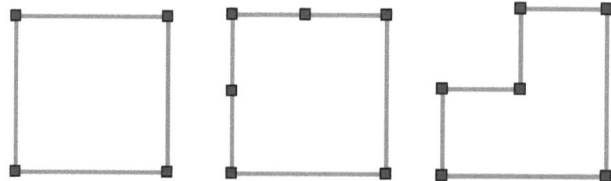

Abbildung 4-17 Bearbeiten eines Rechteckes durch Hinzufügen und Verschieben von Knotenpunkten

Auch an 3D-Objekten lassen sich mit dem Bearbeitungswerkzeug nützliche Modifikationen vornehmen. Mit den blauen Pfeilsymbolen lassen sich planare Flächen von 3D-Körpern freihändig oder mit Größenangaben in der Kontrollleiste verschieben.

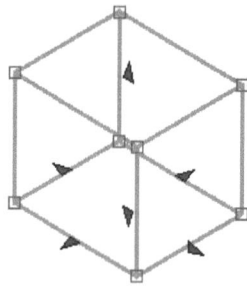

Abbildung 4-18 Bearbeitung eines 3D-Körpers durch das "Bearbeitungswerkzeug"

Das Bearbeitungswerkzeug wird auch zum Verschieben von gesetzten Bemaßungen verwendet. Wählt man eine Bemaßung mit dem Bearbeitungswerkzeug aus, werden, wie in Abbildung 4-19 beispielhaft zu sehen, Knotenpunkte angezeigt. Anhand dieser lässt sich die Position der Bemaßung verändern.

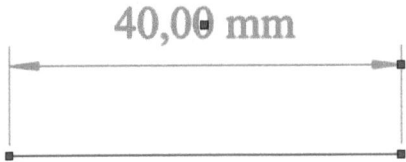

Abbildung 4-19 Angewählte Bemaßung (Bearbeitungswerkzeug)

Klickt man einmalig auf den Knotenpunkt, welcher sich auf der Maßzahl befindet, kann diese frei bewegt und platziert werden. Die Maßlinien passen sich dabei automatisch an die Position der Maßzahl an. Mit dem Knotenpunkt auf einem der Bemaßungspfeile lässt sich die Höhe der Bemaßungslinie einstellen. Die Bemaßungszahl bleibt dabei auf Ihrer relativen Position zu den Bemaßungslinien.

Es werden außerdem dort Knotenpunkte angezeigt, wo die Bemaßung am Zeichnungsobjekt anliegt. Diese Punkte können auch verschoben werden und damit nachträglich eingestellt werden, was bemaßt wird. Wie in Abbildung 4-19 zu sehen ist, wird das bemaßte Linienobjekt in blau dargestellt. Das signalisiert das mindestens einer der beiden Bemaßungshilfslinien auf das Linienobjekt verweist.

4.7 ZEICHNEN IN XY-KOORDINATEN

Zeichnen im 2D-Modus bedeutet zwar Zeichnen auf der XY-Ebene, jedoch kann es vorkommen, dass Teile auch in der Z-Achse verschoben sind. Dies kann z.B. vorkommen, wenn externe Daten eingeladen werden.

Die Z-Dimension ist im 2D-Modus nicht gesperrt, sondern lediglich ausgeblendet. Da normalerweise im „PlanModell", also der Ansicht frontal auf die XY-Ebene gezeichnet wird, fällt eine Verschiebung von Teilen in der Z-Achse nicht auf.

Tabelle 5 Ungewollter Versatz in z-Richtung

PlanModell	Gedrehte Ansicht
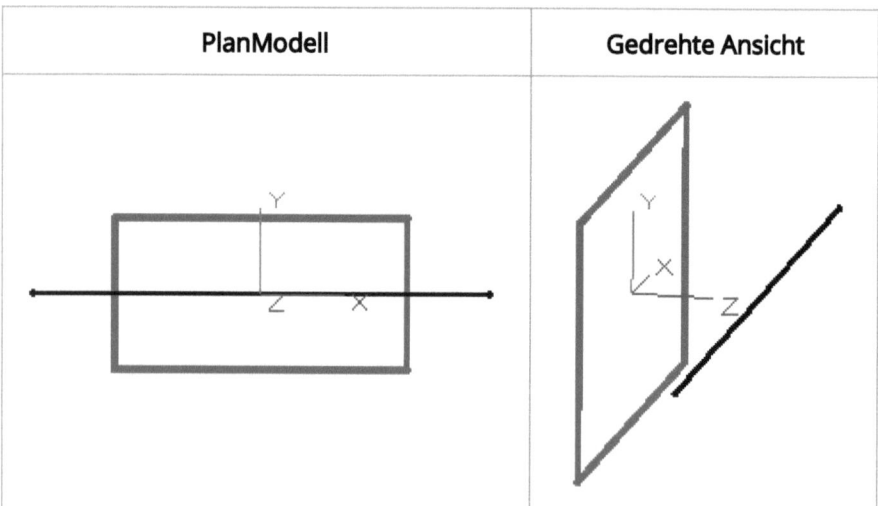	

Markiert man die gesamte Zeichnung und schaltet in den 3D-Modus, lässt sich die Größe in Z-Achsenrichtung ermitteln. Befinden sich alle Linien auf der XY-Ebene, muss diese Größe 0 betragen. Ist der Wert ungleich 0, sind Linien oder Objekte in der Z-Achse verschoben.

Diese können dann einzeln ermittelt und zurück auf die XY-Ebene gesetzt werden. Eine einfachere und meist schnellere Lösung ist das „Plätten" der Zeichnung. Dazu wird zunächst alles markiert (z.B. durch die Tasten-kombination STRG+A) und in das Feld „Größe Z" der Kontrollleiste der Wert 0 eingetragen und bestätigt.

Nun sind alle Linien auf einer Ebene parallel zur XY-Ebene aber nicht zwangsläufig darauf. Dies wird durch einen Wert größer 0 im „Pos Z"-Feld der Kontrollleiste deutlich. Setzt man diesen Wert auf 0 liegen alle Linien auf der XY-Achse.

Möchte man Linien aneinander Stutzen, die fälschlicherweise nicht beide auf der XY-Achse liegen, somit also auch keinen wirklichen Schnittpunkt haben, erscheint die folgende Fehlermeldung.

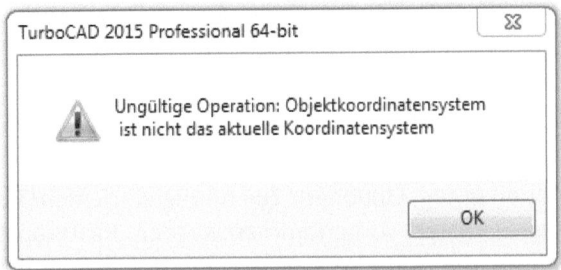

Abbildung 4-20 Mögliche Fehlermeldung beim Stutzen-Befehl

Diese ist ein deutlicher Indikator für eine Verschiebung der Linien in der Z-Koordinate.

4.8 RASTER

Für einfache 2D-Bauteile, Flussdiagramme oder isometrische Ansichten eignet sich die Verwendung des Rasters. Dieses hinterlegt ein Gitternetz in gewünschter Maschenbreite im Modellbereich und erleichtert so das Zeichnen einfacher Geometrien.

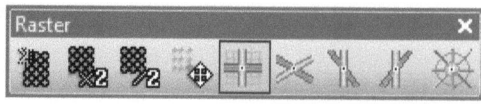

Abbildung 4-21 Raster-Werkzeugleiste

Der Befehl Raster blendet das standardmäßig voreingestellte Orthoraster mit einem Linienabstand von 5 mm ein. Veränderungen am Raster können in den Zeichnungsoptionen unter „Optionen/ Zeichnung einrichten/ Raster" sowie in der Werkzeugleiste „Raster" vorgenommen werden. Rasterabstände können frei gewählt werden, die optische Aufmachung des Rasters beeinflusst und zwischen verschiedenen Rastertypen gewählt werden. Die nachfolgenden Abbildungen zeigen verschiedene Rastertypen.

Um das Raster fangen zu können, muss der Rasterfang aktiviert werden. Der entsprechende Fangmodus „Raster" ist in der Standardsymbolleiste „Fangmodi" enthalten. Außerdem befindet sich im Zeichenhilfen-Menü, welches durch Rechtsklick auf das FANG-Symbol, angeordnet am rechten unteren Bildschirmrand neben den Mauszeigerkoordinaten, zu öffnen ist die Möglichkeit, den Rasterfang zu aktivieren.

> Es ist zu beachten, dass bei aktiviertem Rasterfang die Rasterlinien gefangen werden, auch wenn das Raster auf nicht sichtbar geschaltet ist.

Es sollte immer überprüft werden, ob der Rasterfang aktiviert ist oder nicht, da dieser andere Fangoptionen sonst unterdrückt und so eventuell ungewollt falsche Punkte im Modellbereich gefangen werden.

Das Raster liegt immer plan auf der Arbeitsebene. Wird diese z.B. auf eine Oberfläche eines 3D-Körpers gelegt, welche nicht der XY-Ebene des Modellkoordinatensystems entspricht, wird das Raster entsprechend versetzt und erlaubt die Nutzung auf der neu gesetzten Arbeitsebene.

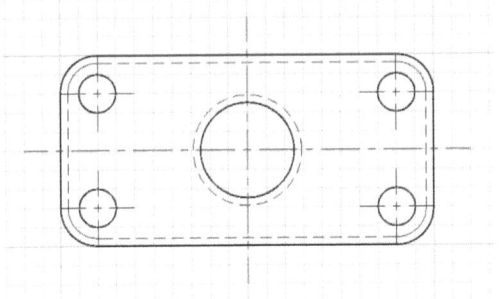

Abbildung 4-22 Beispiel eines Orthorasters

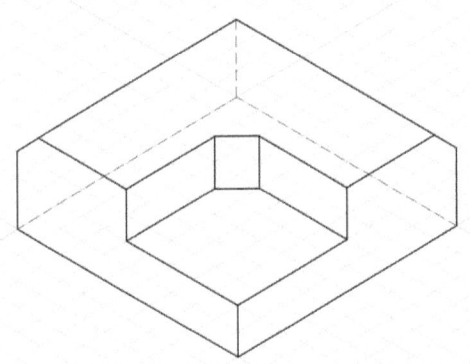

Abbildung 4-23 Beispiel eines isometrischen Rasters

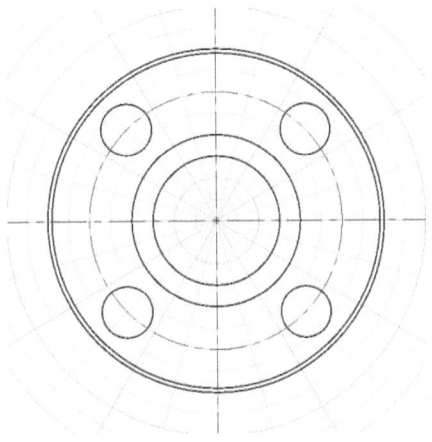

Abbildung 4-24 Beispiel eins Polar-Rasters

4.9 ZWANGSBEDINGUNGEN

Mit den Zwangsbedingungen können Positionsbeziehungen zwischen Linien-Objekten festgelegt werden. Zwangsbedingungen lassen sich aus der Standardsymbolleiste „Zwangsbedingungen" heraus sowie in dem Menü „Zwangsbedingungen" aufrufen.

Es kann dabei zwischen folgenden Gruppen unterschieden werden:

Lage zueinander	Eigenschaften	Lage im Raum
Deckungsgleich	Gleicher Radius	Geometrie fixieren
Parallel	Gleiche Länge	Horizontal
Senkrecht		Vertikal
Tangential		
Mittelpunkt		
Konzentrisch		
Symmetrisch		

Abbildung 4-25 Standardsymbolleiste "Zwangsbedingungen"

Zum Setzen einer Zwangsbedingung wird zunächst der entsprechende Befehl aktiviert und anschließend die Linie oder Linien nacheinander ausgewählt. Zwangsbedingungen werden als kleine grüne Symbole (angeheftet an den Linien) angezeigt. Diese „Zwangsbedingungsmarker" lassen sich einzeln anwählen und durch das Drücken der „Entfernen"-Taste die Marker und somit die Zwangsbedingungen an sich löschen.

Standardmäßig wird für diese Marker ein eigener Layer „$CONSTRAINTS" angelegt. Mit diesem Layer können dann die Marker ein- und ausgeblendet werden.

Zwangsbedingungen lassen sich nicht auf 3D-Objekte anwenden. Unter „Optionen/ Programm einrichten/ Zwangsbedingungen" befinden sich weitere Einstellungen (Kapitel 3.1).

Mit dem Befehl „Automatische Zwangsbedingung" können bestehenden 2D-Objekten automatisch passende Positionsbeziehungen hinzugefügt werden. Dafür muss zunächst der Befehl aktiviert, danach die entsprechenden Linien ausgewählt, und der Befehl mit Drücken der Zielfahne („Beenden") ausgeführt werden. Dabei können in den Befehlsoptionen in der Kontrollleiste auch bestimmte Beziehungen abgewählt werden, so dass sie nicht mit hinzugefügt werden.

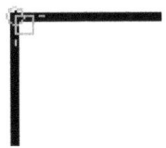

Abbildung 4-26 Zwangsbedingung "Deckungsgleich" und "Senkrecht"

Die Auswahlinformationspalette bietet eine Übersicht der vorhandenen Zwangsbedingungen. Ist ein Objekt ausgewählt, werden automatisch alle vorhandenen Zwangsbedingungen im Untermenü „Zwangsbedingungen" (siehe Abbildung 4-27) aufgelistet. Im oben gezeigten Beispiel wurde den senkrecht zueinander und an den Endpunkten verbundenen Linien die entsprechenden Zwangsbedingungen „Deckungsgleich" und „Senkrecht" hinzugefügt.

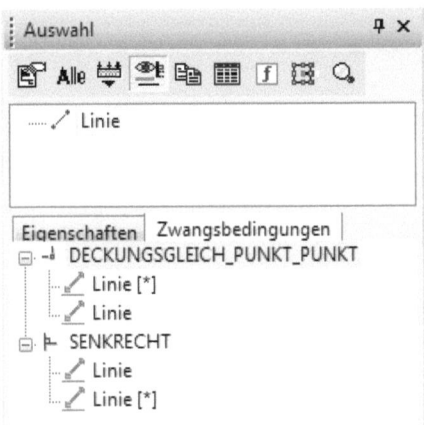

Abbildung 4-27 Auflistung der vorhandenen Zwangsbedingungen einer ausgewählten Linie in der Auswahlinformationspalette

4.10 ZEICHNUNGSVERGLEICH

Um zwei Zeichnungen zu vergleichen und die Änderungen sichtbar zu machen, bietet TurboCAD® das Zeichnungsvergleich-Tool an. Dieses befindet sich unter „Extras/ Zeichnungsvergleich...".

In dem nachfolgend gezeigten Fenster müssen zunächst die Pfade der zu vergleichenden Zeichnungen angegeben werden. Drückt man nun auf den Vergleichen-Button, erscheint zunächst eine Meldung, ob Unterschiede entdeckt worden sind oder nicht. Im darauffolgenden Fenster hat man dann die Möglichkeit, über eine oben angeordnete Befehlsreihe die Unterschiede zu betrachten.

Der Befehl „Diff" bietet sich an, um lediglich die Unterschiede zwischen den beiden Zeichnungen anzuzeigen.

Dieses Tool funktioniert lediglich bei 2D Zeichnungen. Es bietet sich grade bei Zeichnungen in verschiedenen Revisionsständen an, um ggf. Unterschiede zu alten Revisionen sichtbar zu machen, falls diese nicht ausreichend kenntlich gemacht wurden.

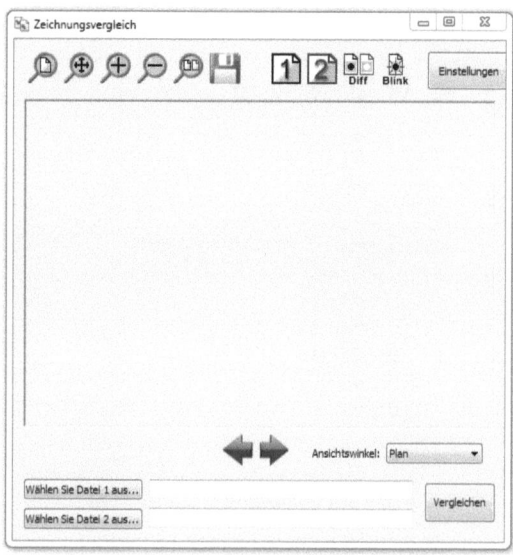

Abbildung 4-28 Zeichnungsvergleich-Tool

4.11 Isometrien

Isometrische Zeichnungen können in TurboCAD® auf zwei Wegen erzeugt werden. Entweder sie werden manuell unter Einhaltung aller Winkel und Längen gezeichnet oder es wird von einem bestehenden 3D-Körper eine isometrische Ansicht (Standardansicht) erstellt. Nachfolgend werden die Unterschiede beschrieben. Generell wird bei der isometrischen Projektion das Objekt in seinen wahren Dimensionen dargestellt, d. h. alle Linien im 30-Grad-Winkel und die senkrechten Linien werden unverkürzt gezeichnet. Die Z-Achse stellt immer die reale Höhe dar.

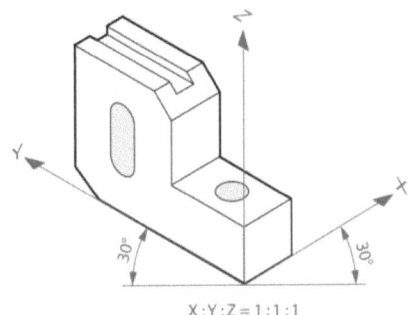

Abbildung 4-29 Isometrische Darstellung (© 2014 ARAKANGA)

Zeichnungserstellung

Isometrien können zweidimensional unter Einhaltung der erforderlichen Winkel gezeichnet werden. Dabei hilft der Orthomodus (Kapitel 4.1), der wie eine Art Raster funktioniert. Ist dieser aktiviert, kann nur in voreingestellten Winkeln gezeichnet werden. Dabei spricht man vom Schrittwinkel, welcher unter „Optionen/ Zeichnung einrichten/ Winkel" definiert werden kann. Mit einem Schrittwinkel von 15° können die zur isometrischen Darstellung notwendigen Winkel von 30° mit dem Orthomodus ideal abgebildet werden. Darüber hinaus gibt es die Möglichkeit, ein isometrisches Zeichenraster (Kapitel 4.8) einzublenden und dieses zum Einhalten der nötigen Winkel zu nutzen.

Isometrische Ansicht

3D-Objekte können in der isometrischen Ansicht (Abbildung 4-30) dargestellt, auf ein Zeichenblatt gebracht und dort beispielsweise bemaßt werden. Dabei ist zu beachten, dass die Längen in X-, Y- und Z-Richtung nicht im Verhältnis 1:1:1 wiedergegeben werden. Bei dieser projizierten Ansicht werden Kantenlängen nicht, wie von der isometrischen Darstellungsart eigentlich gefordert, unverkürzt dargestellt. Dadurch kommt es zu Problemen bei der Bemaßung im Ansichtsfenster im Papierbereich. Dies veranschaulicht Abbildung 4-31. Das 3D-Modell des Beispielwürfels hat eine Kantenlänge von 30 mm. Es wurde eine isometrische Standardansicht ausgewählt. Die korrekten Maße wurden im Modellbereich angefügt, die falschen an einem Ansichtsfenster im Papierbereich. Dieses Problem lässt sich aktuell nur umgehen, in dem Bemaßungen im Modellbereich platziert werden. Hierfür bieten sich die Bemaßungsbefehle „Parallel" und „Intelligent" an (Kapitel 6.2).

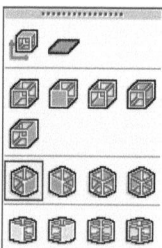

Abbildung 4-30 Standardansichten

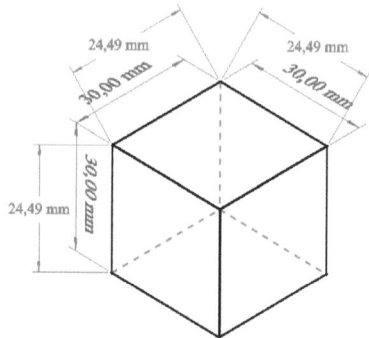

Abbildung 4-31 Unterschiede bei der Bemaßung von isometrischen Objekten im Modell- und Papierbereich

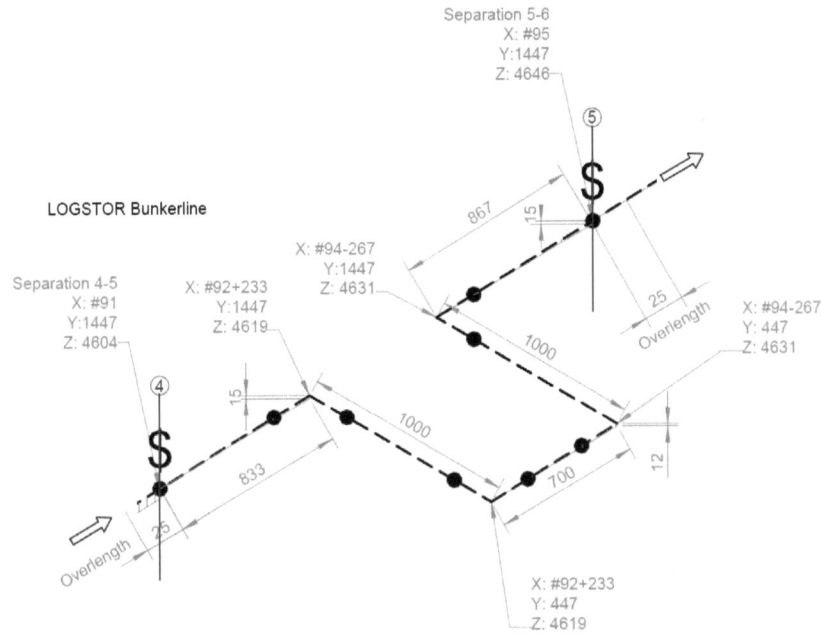

Abbildung 4-32 Beispiel einer Rohrleitungsisometrie

4.12 Automatisches Nummerieren

Zum Nummerieren kann neben dem manuellen Platzieren von Textfenstern und Nummern auch das Markierungtool verwendet werden. Die entsprechende Werkzeugleiste („Markierung") kann im „Anpassen"-Menü (zu öffnen durch Rechtsklick auf eine freie Fläche neben den Werkzeugpaletten) unter Symbolleisten aktiviert werden und auf die gewünschte Position in der Arbeitsoberfläche gezogen werden.

Abbildung 4-33 Symbolleiste „Markierung"

Fehlen beim Einblenden einige Werkzeuge in dieser Leiste (möglicherweise wird die Leiste wie hier zu sehen eingefügt ), können diese noch nachträglich eingefügt werden. Dazu können die entsprechenden Befehle im „Anpassen"-Menü unter „Befehle" (eine Auflistung <u>aller</u> Befehle in TuboCAD®) per Drag&Drop in die vorhandenen Werkzeugleisten der Arbeitsoberfläche gezogen werden.

Die Formatierung der Nummerierung (Schriftgröße oder Rahmen-darstellung) lässt sich ändern, um diese ggf. an eigene Zeichenstandards anzupassen. Dazu ist einer der Markierungsbefehle zu wählen. Während der Befehl aktiv ist, werden in der Kontrollleiste im unteren Bildschirmbereich die folgenden Optionen angezeigt:

Abbildung 4-34 Markierungseigenschaften

Hier ist die Option „Markierungseigenschaften" (das Schraubenschlüssel-symbol) zu wählen.

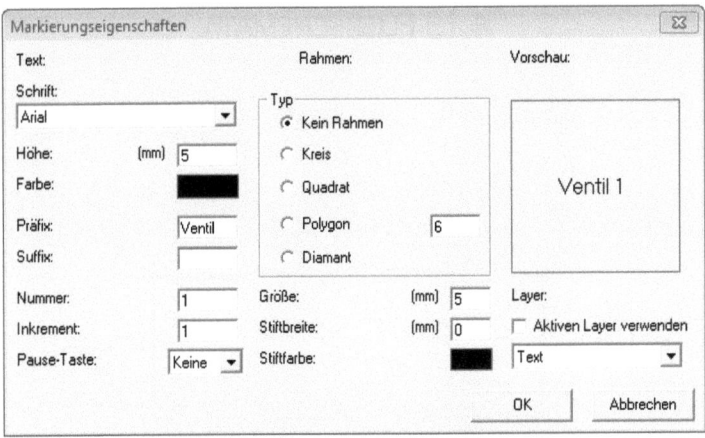

Abbildung 4-35 Markierungseigenschaften

Im Menü „Markierungseigenschaften" kann die Nummerierung formatiert werden. Neben Schriftgröße und -art können ebenfalls Layer-zuweisungen, Rahmen, Prä- und Suffixe, sowie das Zählintervall eingestellt werden.

4.13 FLIEßSCHEMATA

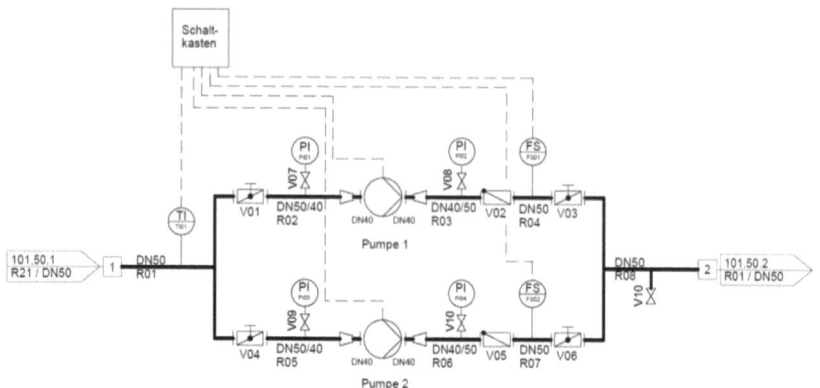

Abbildung 4-36 Beispiel eines Fließschemas

TurboCAD® bringt im 2D-Modus alle nötigen Werkzeuge mit, um professionelle Fließschemata zu erstellen. Wichtige Features sind dabei:

- Layerstruktur (Kapitel 2.8)
- Symbolbibliothek (Kapitel 7.3)
- Symbole mit Teileinformationen (Kapitel 7.4)
- Listenausgabe (Kapitel 7.5)
- Standardzeichnungsvorlagen (Kapitel 3.3)
- Nummerierung (Kapitel 4.12)

Durch die Layerstruktur, welche im Design Director gesteuert wird, können verschiedene Prozessmedien und Systemteile des Schemas mit unterschiedlichen Linienarten, Farben und Strichstärken dargestellt werden, speziell nach Layern gefiltert oder ausgeblendet werden. Durch die Verwendung von Layergruppen können beispielsweise verschiedene Prozessabläufe dargestellt werden.

Um in allen Schemata ein einheitliches Bild zu gewährleisten, können in der Zeichnungsvorlage Standardschriften, gleiche Layereigenschaften und einheitliche Zeichnungsrahmen genutzt werden. Diese können durch die Standardvorlage voreingestellt werden, sodass keine Anpassung vor dem Zeichnen des Schemas vorgenommen werden muss. Die Nutzung von Standardsymbolen ermöglicht die Symbolbibliothek.

Durch das Erstellen von Ansichtsfenstern wird das gezeichnete Schema dann vom Modellbereich in den Papierbereich übertragen. Ist das Ansichtsfenster im Maßstab 1:1 gewählt und sind Blatt- und Druckereigenschaften korrekt eingestellt, so haben Linien, Symbole sowie Textfenster im Modell-, Papierbereich sowie auf dem Ausdruck die gleiche Größe, sodass ein homogenes Zeichnungsbild gewährleistet wird.

Die Zeichnungslegende und andere Textinformationen können im Papierbereich platziert werden. Dies vereinfacht das Aufteilen des Zeichnungsblattes.

Zur Erstellung von Schemata bietet sich das Speichern und Abrufen von Standardsymbolen an. Diese umfassen alle Symbole, welche häufig Verwendung finden. Bei Fließschemata sind dieses zum Beispiel Ventile, Armaturen, Messstellen oder auch Beschriftungen. Erstellt man nun ein Ventilsymbol und möchte es mehrfach in der aktuellen Zeichnung verwenden oder in die Symbolbibliothek aufnehmen, bietet sich zunächst das Gruppieren der einzelnen Linien, welche zur Erstellung des Symbols gezeichnet wurden, an. Das Handhaben (Verschieben, Kopieren etc.) fällt somit leichter. Vor dem Gruppieren sollte kontrolliert werden, ob die korrekten Layer ausgewählt wurden. Es können auch Textfenster mit gruppiert werden. Dies bietet sich für Armaturen- oder Messstellenbeschriftungen an.

Die Verwendung der Symbolbibliothek wird in Kapitel 7.3 erläutert.

Allen Zeichnungsobjekten können Teileinformationen angehängt werden, die später in voreingestellten Berichten ausgegeben werden können. So können Stücklisten erstellt werden. Die benutzerdefinierten Teileinformationen sowie die Berichtsausgabe werden in den Kapiteln 7.4 und 7.5 behandelt.

5 DREIDIMENSIONALES ZEICHNEN

5.1 ORIENTIERUNG IM 3D-RAUM

Anders als beim zweidimensionalen Zeichnen auf der XY-Ebene bewegt man sich beim dreidimensionalen Konstruieren frei im Raum. Bevor man beginnt zu zeichnen, ist es demnach hilfreich, sich erst einmal im Raum zu orientieren. Dabei helfen die Koordinatensysteme (Kapitel 5.4).

Damit alle Standardansichten von vornhinein passen und die gezeichneten Objekte nicht im Nachhinein gedreht werden müssen, kann zuerst die Ansicht „Isometrisch_SO" ausgewählt werden. Das Koordinatensystem sollte dann, wie in Abbildung 5-1 gezeigt, ausgerichtet sein. Dabei bildet die Z-Achse die Höhe im Raum. Das Beispiel des Tisches verdeutlicht dies.

Ausgehend von dieser Ansicht ist das Objekt sinngemäß im Raum zu platzieren und zu zeichnen.

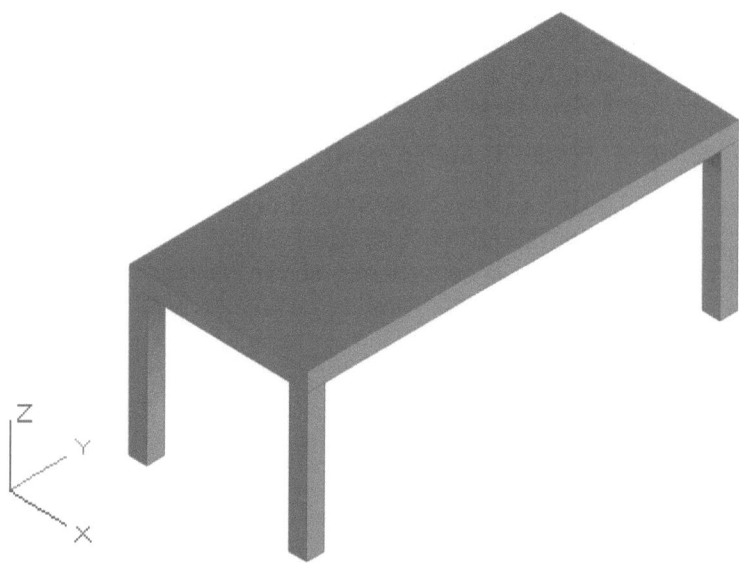

Abbildung 5-1 Beispielobjekt zur Orientierung im 3D Raum

5.2 RENDERMODI

Für das dreidimensionale Zeichnen sind die folgenden Rendermodi von Bedeutung:

Tabelle 6 Rendermodi "Drahtmodell", "Linien verdecken" und "Grob rendern"

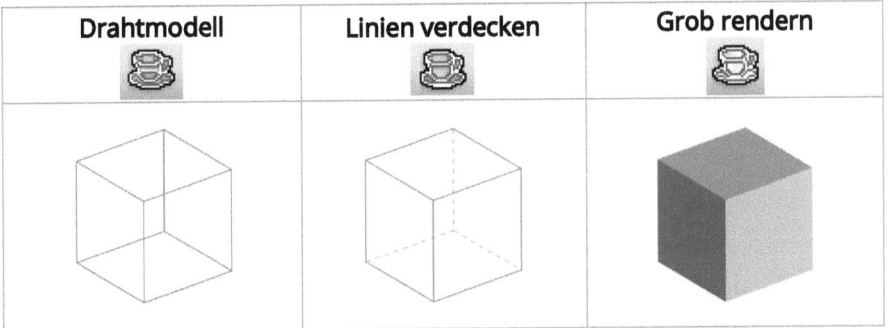

Drahtmodell	Linien verdecken	Grob rendern

Beim Arbeiten mit 3D-Objekten wird meist je nach Bedarf zwischen diesen drei Rendermodi gewechselt. Die Rendermodi „Fein rendern" und „Erweitert" spielen eher für die weiterführende Visualisierung (Kapitel 5.13) oder das fotorealistische Rendering eine Rolle, weniger für das allgemeine Konstruieren in 3D.

Der Rendermodus lässt sich durch die in Tabelle 6 gezeigten Tassen-Symbole wechseln. Diese befinden sich in der Standardsymbolleiste „Render".

Abbildung 5-2 Standardsymbolleiste "Render"

Außerdem sind sie standardmäßig im Pop-Up-Menü (Kapitel 2.3) enthalten, welches sich bei Rechtsklick in den Modellbereich öffnet. Letzteres erlaubt einen schnellen Zugriff, um bei Bedarf in einen anderen Rendermodus zu wechseln.

Beim Wechseln zwischen den Rendermodi ist folgendes zu beachten:

Ist ein Objekt angewählt, während der Rendermodus gewechselt wird, kann es vorkommen, dass der ausgewählte Rendermodus nur für das ausgewählte

Objekt übernommen wird (Abbildung 5-3). Das kann in manchen Fällen genutzt werden, um verschiedene Teile unterschiedlich darzustellen.

Man stellt jedoch schnell fest, dass diese eigentlich hilfreiche Funktion nicht ausgereift ist. Wählt man einige Objekte aus und wechselt diese aus dem „Drahtmodell"-Modus heraus auf den „Grob render"-Modus, werden nur die markierten Objekte wie gewünscht gerendert. Alle restlichen Objekte verbleiben im „Drahtmodell"-Modus. Möchte man einen weiteren Körper in den „Grob render"-Modus wechseln oder evtl. in den „Linien verdecken"-Modus überführen, wird die zuvor eingestellte gemischte Darstellung wieder aufgelöst.

 Ist der „Grob render"-Modus aktiviert, kann es beim Kopieren von 3D-Objekten in eine andere Zeichnung zu Problemen kommen. In den meisten Fällen wird dann fälschlicherweise eine Bilddatei eingefügt und nicht das Modell. Vor dem Kopieren in eine andere Datei sollte daher immer zunächst der „Drahtmodell"-Modus aktiviert werden. Dies bezieht sich nicht auf das Kopieren / Vervielfältigen von 3D-Objekten innerhalb des Modellbereiches.

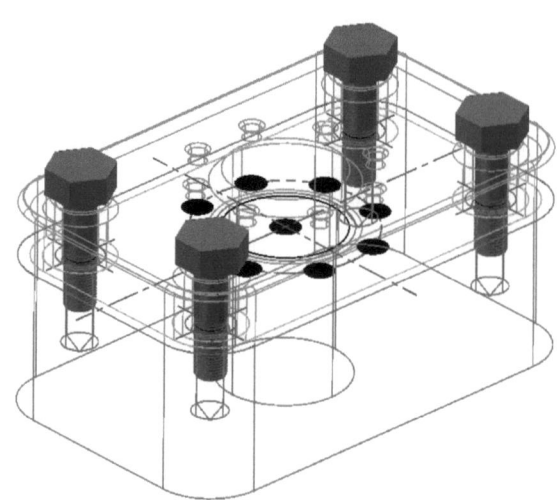

Abbildung 5-3 Gemischte Darstellung "Drahtmodell" und "Grob render"

Das Drahtmodell bietet sich gerade bei skizzenbasierten 3D-Objekten an, um die 2D-Skizzen leichter zu erkennen. Alle Kanten werden dargestellt. Der „Linien verdecken"-Modus erlaubt den Blick ins Innere eines Modelles, da verdeckte Kanten gestrichelt dargestellt werden. Für eine realistische Betrachtung des Modells bietet sich der „Grob render"-Modus an. Flächen werden ausgefüllt und je nach Beleuchtung schattiert dargestellt.

Für die Darstellung von Objekten werden in TurboCAD® sowohl für 2D- als auch 3D-Objekte in verschiedenen Menüs Einstellungsmöglichkeiten geboten. Je nach PC, Grafikkarte oder sonstigen für die Grafik relevanten Faktoren, kann es zu Problemen in der Darstellung von Linien oder 3D-Flächen sowie bei der Performance kommen.

Nachfolgend werden Tipps gegeben, welche Einstellungen zu einer zufriedenstellenden Darstellung aller Objekte führen.

Natives Zeichnen

Wie in Kapitel 3.1 bereits gezeigt, enthält das Menü „Optionen/ Programm einrichten/ Natives Zeichnen" (Abbildung 3-11) Möglichkeiten, die grafische Darstellung von Objekten zu verändern. Je nachdem welche Hardware genutzt wird, kann bei Anzeigeproblemen der Wechsel zwischen „GDI" und „Redsdk" schon zu einer enormen Verbesserung führen.

Ist „Redsdk" aktiviert und wird von der eigenen Grafikkarte unterstützt (die TurboCAD®-Hilfe bietet dazu eine Liste der unterstützten Grafikkarten), bieten sich hier viele nützliche Einstellungsmöglichkeiten.

Im Menüpunkt „Antialiasing" beispielsweise können Linien und Texte geglättet werden. Die Anzeige wirkt so runder und glatter. Dies kann auch zusätzlich noch einzeln für die Rendermodi „Drahtmodell", „Linien verdecken" und „Grob render" eingestellt werden. Das „Antialiasing" ist jedoch zum einen mit mehr Rechenbedarf verbunden und zum anderen wirken Linien so schnell sehr dünn. Auch Koordinatensysteme und Auswahlrahmen sind davon betroffen und können so z.T. nur noch schwer erkennbar sein. Ein gesunder Mittelweg muss daher vom Nutzer selbst gewählt werden. Abbildung 5-5 gibt hier eine Empfehlung von Einstellungen, welche sich in verschiedenen Anwendungen bewährt haben.

Text Text

Abbildung 5-4 Beispiel: Redsdk Antialiasing (Textglättung)

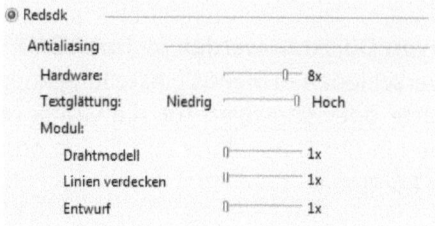

Abbildung 5-5 Redsdk Antialiasing Einstellungsempfehlung

Kameraeigenschaften

Für jeden einzelnen Rendermodus können in dem Menü „Kamera-eigenschaften" (Abbildung 5-6) Rendertyp, -modus und weitere Render-einstellungen vorgenommen werden. Für die Rendermodi „Linien verdecken" und „Grob rendern" bietet sich die Möglichkeit, 2D-Objekte wie z.B. Skizzen, welche als Grundlage zur Extrusion dienen, ein- oder auszublenden. Ist das Feld „Nicht renderfähige Objekte" mit einem Häkchen versehen, werden 2D-Objekte mit eingeblendet, wie beispielsweise in Abbildung 5-16 auf Seite 196 zu sehen.

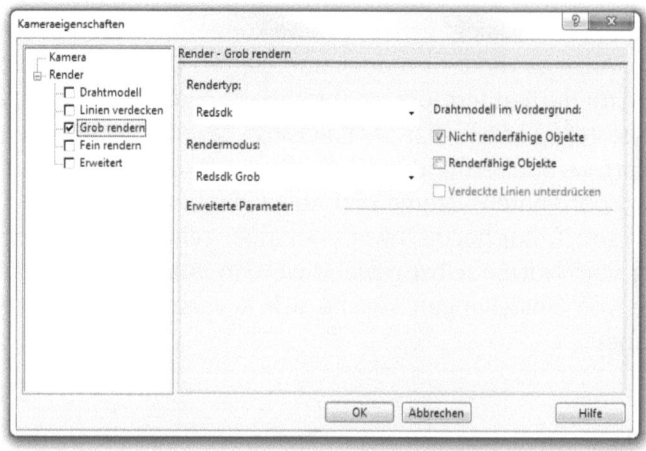

Abbildung 5-6 "Kameraeigenschaften"-Menü

Im Rendermodus „Linien verdecken" bieten sich als Rendertyp zum einen „Redsdk" und zum anderen „Linien verdecken" an.

Ist der Rendertyp „Linien verdecken" gewählt, bieten sich unterhalb der Auswahlmenüs verschiedene Einstellungen an. Ist „Redsdk" aktiviert, lässt sich die Darstellung unter „Optionen/ Zeichnung einrichten/ RedSDK" einstellen.

Wird der „Redsdk"-Modus von der eigenen Grafikkarte unterstützt, ist für die Rendertypen „Linien verdecken" und „Grob rendern" die Verwendung des Rendertyps „Redsdk" zu empfehlen, da dieser eine detaillierte und flüssige Anzeige von 3D-Modellen ermöglicht.

RedSDK

Das Menü „Optionen/ Zeichnung einrichten/ RedSDK" steuert hauptsächlich den Rendermodus „Linien verdecken" in Verbindung mit dem Rendertyp „Redsdk". Die in Kapitel 3.2 / Abbildung 3-20 gezeigten Einstellungen dienen hierbei als Empfehlung.

ACIS

Im Menü „Optionen/ Zeichnung einrichten/ ACIS" kann die Facettenqualität von Volumenkörpern eingestellt werden. Ist diese zu gering, werden gekrümmte Oberflächen eckig dargestellt. Dies bezieht sich jedoch nur auf die optische Darstellung, nicht jedoch auf das mathematische Modell. Die in Kapitel 3.2 / Abbildung 3-19 gezeigten Einstellungen dienen hierbei als Empfehlung.

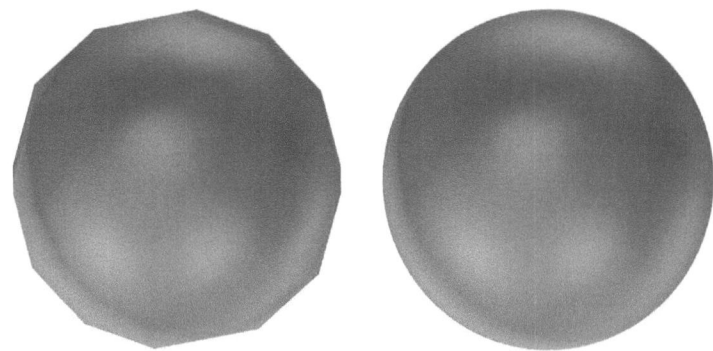

Abbildung 5-7 Vergleich einer geringen zu einer hohen Facettenqualität (ACIS)

Ist die Option „Renderfähige Objekte" im Menü „Kameraeigenschaften/ Grob rendern/ Drahtmodell im Vordergrund:" (Abbildung 5-6) aktiviert, werden alle Kanten durch Linien abgebildet. Die Strichstärke und Farbe dieser Linien kann in den Objekteigenschaften des jeweiligen Teiles eingestellt werden. Unter „Kameraeigenschaften/ Kamera" kann zusätzlich noch eine perspektivische Ansicht aktiviert werden. Dies zeigt die Abbildung 5-8. Durch einen Doppelklick auf das Tassensymbol des „Grob render"-Modus, wird die perspektivische Ansicht deaktiviert.

Abbildung 5-8 Perspektivische Ansicht (Kameraeigenschaften)

5.3 3D-MODUS

Beginnt man mit dem dreidimensionalen Zeichnen, sollte der 3D-Modus aktiviert sein. Dies kann durch Rechtsklick ins Zeichnungsfenster, vorausgesetzt es wurde schon etwas gezeichnet, im dann offenen Aufklappmenü (Abbildung 5-9) geschehen. Außerdem bietet die Kontrollleiste einen entsprechenden Button an, sobald das „Auswählen"-Werkzeug aktiviert ist.

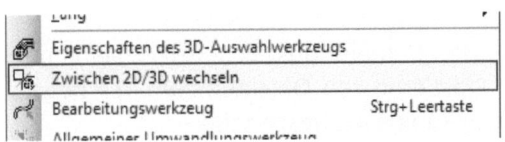

Abbildung 5-9 Wechsel zwischen 2D und 3D Modus

Eine einfache Möglichkeit, zu überprüfen in welchem Modus man sich befindet, ist ein Objekt mit dem „Auswählen"-Werkzeug auszuwählen und einen Blick in die Kontrollleiste zu werfen. Werden nur X- und Y-Felder angezeigt, befindet man sich im 2D-Modus. Werden hingegen alle drei Dimensionen aufgeführt, befindet sich man im 3D Modus.

Zum anderen besitzt das Grenzkoordinatensystem eines angewählten Objektes im 2D-Modus lediglich eine Drehachse und einen grünen Drehpunkt. Im 3D-Modus hingegen drei Drehachsen und drei grüne Drehpunkte.

Die Erkennungsmerkmale werden in Tabelle 7 gegenübergestellt.

Tabelle 7 Erkennungsmerkmale des 2D- und 3D-Modus

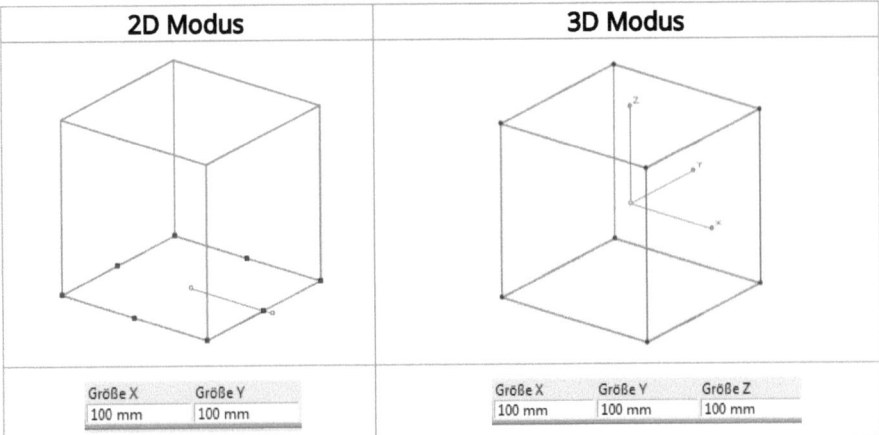

Generell ist es hilfreich, beim 3D-Zeichnen mit Koordinaten zu arbeiten. Dies vereinfacht das spätere Bearbeiten komplexer Zeichnungen und das Verschieben von 3D-Körpern im Raum erheblich. Die Fangoptionen können zum Teil zu Problemen führen, da sich im dreidimensionalen Raum eventuell zu viele mögliche Fangpunkte ergeben.

Das Versetzen des Bezugspunktes (Kapitel 4.3) zum Verschieben und Positionieren von 3D-Objekten ist unentbehrlich.

Außerdem sollte der Orthomodus deaktiviert sein, da auch dieser das Verschieben und Platzieren von Objekten zum Teil negativ beeinflusst. Der Orthomodus wird in Kapitel 4.2 beschrieben.

5.4 KOORDINATENSYSTEME

TurboCAD® unterscheidet zwischen den nachfolgend aufgelisteten Koordinatensystemen:

- Objektkoordinatensystem (OKS)
- Benutzerkoordinatensystem (BKS)
- Modellkoordinatensystem (MKS)
- Ansichtskoordinatensystem (AKS)
- Grenzkoordinatensystem (GKS)

Davon sind jedoch nur drei für den Nutzer augenscheinlich sichtbar. Die nachfolgende Grafik zeigt diese drei Koordinatensysteme:

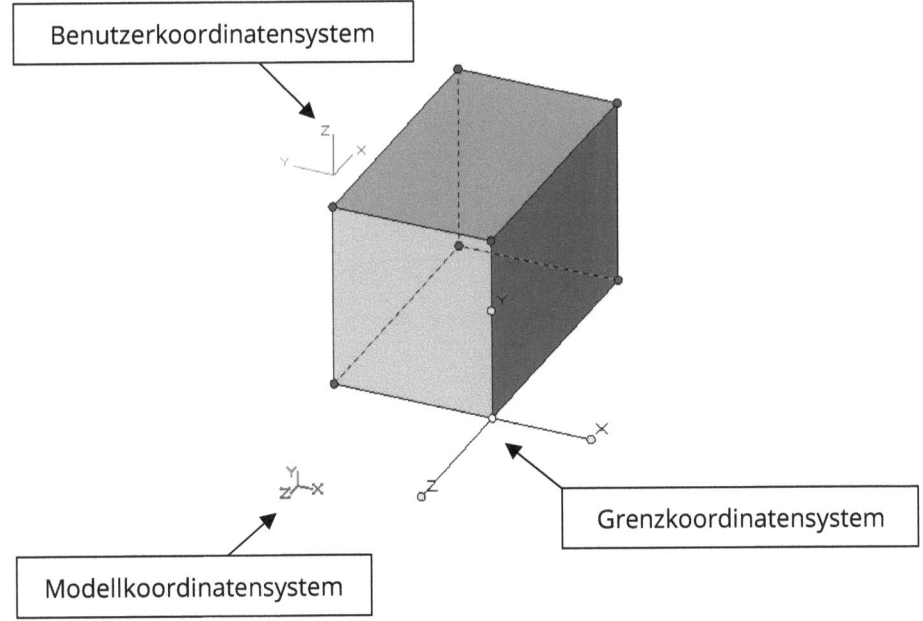

Abbildung 5-10 Übersicht verschiedener Koordinatensysteme

Modellkoordinatensystem

Das Modellkoordinatensystem (MKS) versteht sich als übergreifendes Koordinatensystem des Modellbereiches. Es lässt sich im Unterschied zu den anderen Systemen nicht verschieben und besitzt keinen festen Ursprung. Blendet man es ein, verharrt es in der eingestellten Bildschirmecke und dreht sich entsprechend zur Ansicht. Es dient zunächst zur Orientierung. Auch die Standardansichten von TurboCAD® sind fest eingestellt. Man könnte somit von einer Verbindung zwischen MKS und Standardansichten sprechen.

Die nachfolgende Tabelle zeigt auszugsweise drei Standardansichten mit der dazugehörigen Ausrichtung des Modellkoordinatensystems.

Tabelle 8 Ausrichtung des Modellkoordinatensystems in unterschiedlichen Standardansichten

„PlanModell" / „Oben"	„Vorne"	„Isometrisch_SO"
	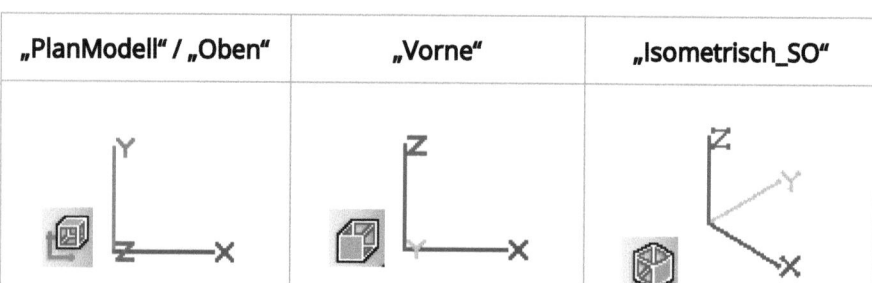	

Benutzerkoordinatensystem

Das Benutzerkoordinatensystem (BKS) kann im Gegensatz zum Modell-koordinatensystem frei verschoben und ausgerichtet werden. Dazu eignen sich die in Tabelle 9 auf Seite 205 gezeigten Befehle. Das BKS und die Arbeitsebene, die Ebene auf der 2D-Zeichnungen erstellt werden können, sind fest miteinander verbunden. Dabei liegt die Arbeitsebene immer auf der XY-Ebene des Benutzerkoordinatensystems. Die Arbeitsebene wird gesondert in Kapitel 5.8 beschrieben.

Grenzkoordinatensystem

Das Grenzkoordinatensystem (GKS) sitzt mit seinem Ursprung immer auf dem Bezugspunkt einer Objektauswahl. Durch Versetzen des Bezugspunktes oder der Drehpunkte (Kapitel 4.3) lässt sich das GKS frei in seiner Position und Ausrichtung ändern.

Arbeiten mit den Koordinatensystemen

Für das Arbeiten mit den vorhandenen Koordinatensystemen gibt es in TurboCAD® verschiedene Ansätze, abhängig davon ob im 2D- oder 3D-Modus gearbeitet wird und abhängig von der Komplexität des Modelles und der daraus resultierenden Arbeitsschritte. Für das zweidimensionale Zeichnen besteht in der Regel kein Bedarf, die Arbeitsebene bzw. das Benutzer-koordinatensystem, welche beide fest miteinander verknüpft sind, zu verschieben. Arbeitet man hingegen mit komplexen 3D-Modellen, ist das Verschieben der Benutzer- und Grenzkoordinatensysteme hilfreich, wenn nicht sogar notwendig.

Es kann mitunter sehr verwirrend sein, wenn auf dem Bildschirm unterschiedlich ausgerichtete Koordinatensysteme zu sehen sind und Eingaben in die Kontrollleiste nicht zu dem gewünschten Ergebnis führen.

Zum effizienten Arbeiten mit den Koordinatensystemen können folgende Empfehlungen ausgesprochen werden:

Durch das sinnvolle Positionieren des Benutzerkoordinatensystems können zwei Dinge erreicht werden. Zum einen kann die Arbeitsebene so auf Körperflächen gelegt werden, um dort evtl. Extrusionsskizzen oder 3D-Grundkörper zu erstellen. Zum anderen kann das BKS als Referenz für die Werte-Eingaben in der Kontrollleiste dienen und so Objekte exakt in beliebige Richtungen verschoben werden.

> Im Menü „Eigenschaften des Auswahlwerkzeuges" unter „3D-Auswahlwerkzeug/ Kontrollleiste" lässt sich festlegen, welches Koordinatensystem als Bezug zur Eingabe von Koordinaten in der Kontrollleiste dient. Zur Auswahl stehen dabei das GKS, BKS und MKS.

In Abbildung 5-11 wurde das Benutzerkoordinatensystem mit seiner XY-Ebene auf die schräge Fläche des Objektes gelegt. Die Arbeitsebene liegt demnach Deckungsgleich mit der schrägen Fläche. Es kann nun ein Objekt, wie z.B. eine Skizze, auf dieser Ebene erstellt werden. Um dieses Objekt dann unter Angabe von Abständen darauf verschieben zu können, muss die Kontrollleiste mit dem BKS verbunden sein.

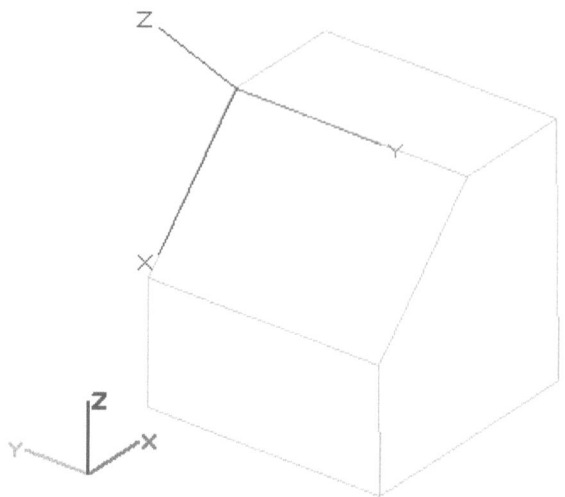

Abbildung 5-11 Unterschiedlich ausgerichtetes Modell- und Benutzerkoordinatensystem

Ist der Nutzer versiert im Umgang mit dem Versetzen des Benutzerkoordinatensystems bzw. der Arbeitsebene, was für das Arbeiten in 3D von großem Nutzen ist, ist das BKS als Referenz für die Kontrollleiste zu empfehlen. Die in Abbildung 3-37 auf Seite 141 gezeigten Einstellungen des 3D-Auswahlwerkzeuges sollten demnach übernommen werden.

Das Modellkoordinatensystem dient dann lediglich als Orientierungshilfe und kann bei Bedarf ausgeblendet werden.

Das Grenzkoordinatensystem wird bei dieser Arbeitsweise nur zum Versetzen oder Ausrichten von bestehenden Objekten anhand des Bezugspunktes oder der Drehpunkte genutzt.

Das Folgende ist zu beachten:

Vor dem Speichern und Verlassen einer Datei oder vor dem Anlegen eines Symboles für die Symbolbibliothek sollte das Benutzerkoordinatensystem

über den Befehl „Ebene durch Modell festlegen" auf den Normalzustand, sprich identisch zum Modellkoordinatensystem, zurückgesetzt werden. Dies könnte sonst für andere Nutzer, welche die Zeichnung zu einem späteren Zeitpunkt öffnen und bearbeiten, verwirrend sein. Bei der Erstellung von Symbolen für die Symbolbibliothek ist zu beachten, dass jedes erstellte Teil das zum Zeitpunkt der Erstellung aktive BKS übernimmt und dieses als das sogenannte Objektkoordinatensystem speichert. Dieses OKS wohnt dem Teil inne und kann im Nachhinein nicht mehr verändert werden.

5.5 SKIZZE EXTRUDIEREN VS. GRUNDKÖRPER

Zum Konstruieren von 3D-Objekten lassen sich zum einen die TurboCAD® internen Grundkörper (Quader, Kugel, Zylinder etc.) verwenden oder diese Geometrien durch Extrusion [1] einer 2D-Skizze erstellen. So entsteht beispielsweise durch das Extrudieren eines Kreises ein Zylinder und durch Extrudieren eines Quadrates ein Würfel oder Quader.

Ist man durch die vorherige Verwendung von skizzenbasierten Programmen wie SOLIDWORKS® oder INVENTOR® gewohnt, Bauteile durch Austragung von Skizzen zu erzeugen, bietet TurboCAD® diese Funktion weitestgehend an. Skizzen können auf zuvor platzierte Arbeitsebenen erstellt und zu 3D-Körpern extrudiert werden. Diese können dann bearbeitet und mit bestehenden Körper verschmolzen oder von diesen abgezogen werden.

> Bei der Verwendung der nachfolgend beschriebenen Extrusionsbefehle, wie „Normale Extrusion" oder „Rotation", ist die Option „Zusammengesetztes Profil verwenden" zwingend zu aktivieren, wenn eine Verbindung zwischen Skizze und daraus resultierendem 3D-Körper gewünscht ist.

Ist die Option aktiviert, hängen Skizze und 3D-Körper zusammen und lassen sich auch zusammen verschieben. Ist diese Option bei der Extrusion nicht aktiv, besteht keinerlei Verknüpfung zwischen 2D-Profil und 3D-Körper.

Löscht man das 2D-Profil, mit welchem ein 3D-Körper erstellt wurde, so bleibt dieser weiterhin bestehen. Man verliert jedoch automatisch die Möglichkeit, den 3D-Körper durch Bearbeitung des 2D-Profils zu ändern.

> Es ist zu beachten, dass nicht jede Änderung an der Skizze, welche zur Extrusion eines 3D-Körpers verwendet wurde, auf diesen übertragen wird. Hierbei kann es zur Trennung von Skizze und 3D-Körper kommen.

---

[1]Austragung einer zweidimensionalen Fläche zu einem 3D-Körper

Je nach Anwendungsfall sollte hier also gut überlegt sein, welcher Weg auch im Hinblick auf spätere Änderungen des Modells gewählt wird.

Hier können folgende Empfehlungen gegeben werden:

Das Arbeiten mit Grundkörpern scheint meist flexibler, da durch eine sinnvolle Reihenfolge von Befehlen eine nachträgliche Bearbeitung durch das Auswahl-Menü (Kapitel 2.7) möglich ist. Handelt es sich um einfache Geometrien, wie beispielsweise gerade Formen, ist die Verwendung von Grundkörpern zu bevorzugen.

Sollen Objekte erzeugt werden, wie beispielsweise natürliche Kurvenformen wie in Abbildung 5-17 gezeigt, sind Extrusionsbefehle zu nutzen. Diese sind mit Grundkörpern nur schwer oder gar nicht nachzubilden.

Eine Kombination beider Arbeitsweisen ist auch möglich.

TurboCAD® bietet neben den Werkzeugen zur Erstellung von 3D-Objekten auch viele Änderungswerkzeuge (Kapitel 5.6) zum Verschmelzen von Körpern, Trennen oder Verformen.

Extrusion:

Durch die normale Extrusion wird aus einem geschlossenen Profil ein solider 3D-Körper. Extrudiert man ein offenes Profil, werden lediglich Oberflächen erstellt. Dies wird in der nachfolgenden Abbildung veranschaulicht.

Die Richtung der Extrusion kann durch Eingabe eines positiven oder negativen Wertes der Extrusionshöhe gesteuert werden.

Die Extrusion kann ebenfalls gleichmäßig in beide Seiten ausgeführt werden. Ist die Extrusion erstellt, kann in den Eigenschaften des erstellten Objekts auch eine Formschräge hinzugefügt werden.

Unter „Versatz" lässt sich eine Wandstärke definieren. Das extrudierte Objekt wird dann ausgehöhlt und ist oben und unten offen.

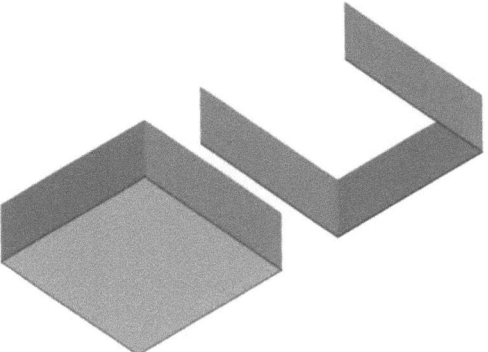

Abbildung 5-12 Extrusion eines geschlossenen und offenen Profils

Abbildung 5-13 Extrudierter Kreis mit Formschräge und Versatz

Auch aus ineinander liegenden / verschachtelten Profilen können 3D-Körper erstellt werden. Dabei werden die innenliegenden Profile automatisch ausgespart. Diese bleiben assoziativ zum 3D-Körper, erlauben so also eine nachträgliche Änderung. Diese Extrusionstechnik wird in der Übungsaufgabe „Kranhaken 3D" angewendet.

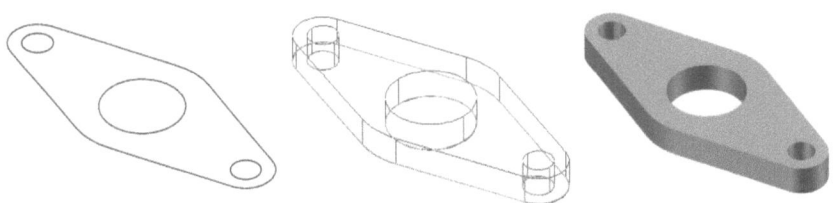

Abbildung 5-14 Extrusion mit einem zusammengesetzten Profil

Eine weitere Form der Extrusion ist die Pfadextrusion. Hierbei wird ein offenes oder geschlossenes Profil entlang einer Führungslinie ausgetragen und so ein Volumen- oder Oberflächenkörper erstellt. Als Führungslinie dienen zusammenhängende Linienobjekte wie Polylinie oder Spline. Auch 3D-Polylinien oder 3D-Splines können genutzt werden. Position und Ausrichtung des Profils zur Führungslinie geben die resultierende Form des 3D-Körpers vor. Profil und Führungslinie müssen sich dabei nicht zwingend berühren. In den Objekteigenschaften der Extrusion stehen weitere Einstellungsmöglichkeiten wie Drehungswinkel oder Formschräge zur Verfügung.

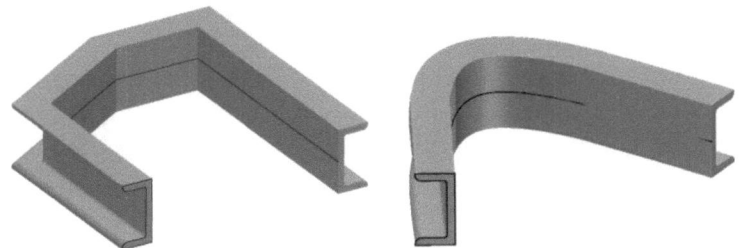

Abbildung 5-15 Pfadextrusion

Bei der Rotation, auch eine Form der Extrusion, wird ein Profil um eine Achse rotiert und so ein 3D-Körper erstellt. Hierbei kann der Rotationswinkel sowie die Rotationsrichtung vorgegeben werden. Zur Erstellung einer Rotation muss zunächst ein offenes– oder geschlossenes Linienprofil ausgewählt und anschließend eine Rotationsachse über zwei Punkte definiert werden. Über die Befehlsoption „Rotationsachse auswählen" kann alternativ auch ein bestehendes Linienelement oder eine Körperkante als Rotationsachse ausgewählt werden.

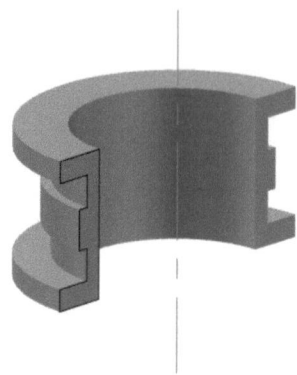

Abbildung 5-16 Rotationskörper

Mit dem Befehl „Erhebung" können mehrere Profile verbunden werden. Durch das Hinzufügen von Führungskurven kann die Form der Erhebung zwischen zwei Profilen angepasst werden. Alle Knotenpunkte können verschoben und die Formen und Oberflächen so flexibel angepasst werden.

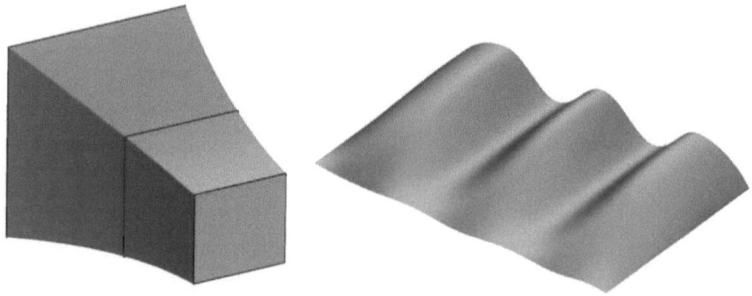

Abbildung 5-17 Erhebung

Grundkörper:

Alle Grundkörper wie „Quader", „Kugel", „Zylinder" oder „Torus" lassen sich durch wenige Mausklicks erzeugen, in der Auswahlinformationspalette oder in den Objekteigenschaften bearbeiten und frei im 3D-Raum ausrichten und platzieren. Die zur Erstellung der Grundkörper nötigen 2D-Skizzen sind in den Volumenkörper integriert und können im Gegensatz zur skizzenbasierten Extrusion, nicht separat vom Volumenkörper bewegt werden oder aus Versehen gelöscht werden.

Abbildung 5-18 3D-Grundkörper

> Auch bei den Grundkörpern lohnt immer ein Blick in die Befehlsoptionen oder Objekteigenschaften.

So lassen sich beispielsweise mit den Befehlen „Kegel" und „Torus" in Kombination mit dem 3D-Änderungsbefehl „Volumenkörper umrahmen" auf einfachem Wege Rohrleitungsteile wie Reduzierungen und Bögen erstellen.

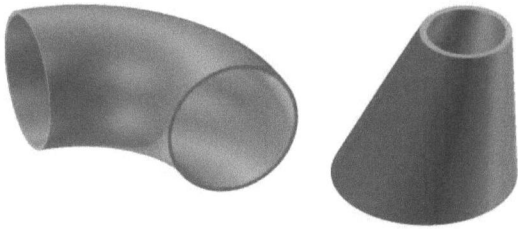

Abbildung 5-19 Beispielhafte Anwendung der 3D-Grundkörper

Standardobjekte:

Die Befehle Spirale, 3D-Polylinie und 3D-Splinekurve lassen sich zur Erstellung von komplexen Pfadextrusionen und Austragungen nutzen. Die 3D-Polylinie und 3D-Splinekurve funktionieren analog zur 2D-Variante. Sie eignen sich zur Erstellung von Rohr- und Schlauchverläufen.

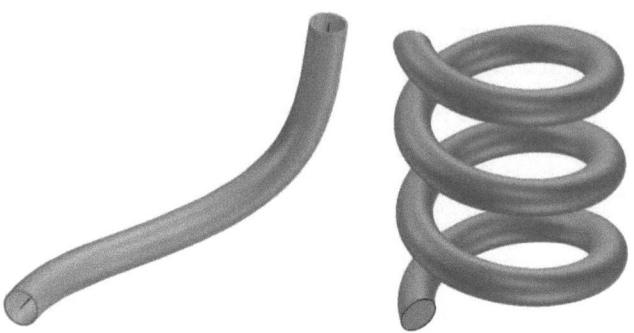

Abbildung 5-20 3D-Spline und Spirale als Führungslinie einer Pfadextrusion

Boolesche-Funktionen:

Zu den Booleschen Operationen gehört die Vereinigung, Differenz, Schnittmenge sowie der Querschnitt. Es können beispielsweise zwei Volumen- oder Oberflächenkörper verbunden oder voneinander abgezogen werden. Die 3D-Differenz eignet sich gut für die Erstellung von Gussformen.

Abbildung 5-21 Werkzeugleiste Boolesch & Facette

Abbildung 5-22 3D-Differenz

5.6 3D-Bearbeitung

Wurde ein 3D-Körper durch Extrusion oder der Verwendung von Grundkörpern erstellt, kann dieser mit Hilfe von Änderungswerkzeugen bearbeitet werden.

Zu den meist verwendeten Befehlen gehören „Kante abrunden", „Kante fasen", „Volumenkörper umrahmen", „3D-Polylinie abrunden" und „Loch".

Diese werden nachfolgend beschrieben.

Kante abrunden und fasen

Mit diesen Befehlen werden Objektkanten unter Angabe von Radius, Winkel oder Versatz abgerundet oder mit einer Fase versehen. Einzelne Kanten oder Kantenverläufe können bei der Abrundung mit verschiedenen Radien beaufschlagt werden.

Bei dem Hinzufügen einer Abrundung oder Fase wird bei Außenkanten Material abgetragen, bei Innenkanten hinzugefügt.

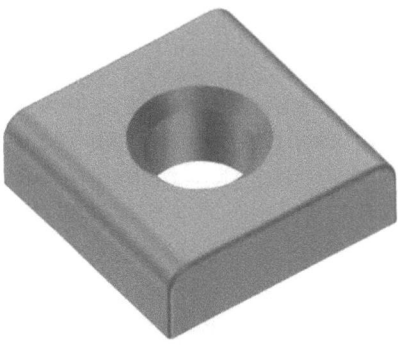

Abbildung 5-23 Kante abrunden und fasen

Volumenkörper umrahmen

Der Befehl Volumenkörper umrahmen dickt das Bauteil bei Eingabe eines positiven Wertes auf und höhlt das Bauteil bei Eingabe eines negativen Wertes aus. Dabei entspricht der eingegebene Wert der Dicke der Hülle bzw. der Wandstärke bei negativer Eingabe. Einzelne Flächen können von der Aufdickung / Aushöhlung ausgenommen werden, um so z.B. Öffnungen zu generieren.

Abbildung 5-24 Volumenkörper umrahmen / Aushöhlen

3D-Polylinie abrunden

Mit diesem Werkzeug können die Kanten von 3D-Polylinien abgerundet werden. Soll eine 3D-Polylinie beispielsweise als Pfad für eine Austragung zur Modellierung einer Rohrleitung genutzt werden, können so die Biegeradien eingebracht werden. Mit der Befehlsoption „Alle abrunden" werden automatisch alle Kanten einer Polylinie ausgewählt und abgerundet.

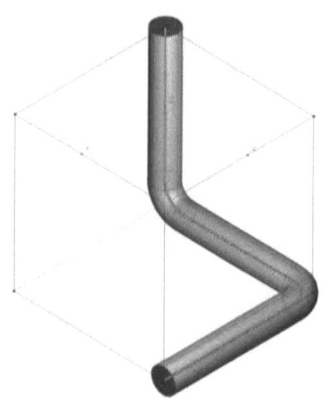

Abbildung 5-25 3D-Polylinie abrunden

Loch-Werkzeug

Mit Hilfe des Loch-Werkzeugs können einem Werkstück Löcher, Bohrungen oder Stifte hinzugefügt werden.

Die folgenden Lochtypen sind verfügbar: Einfaches Loch, Kegelsenkung, Senkbohrung, Senkbohrer, Gewindeloch und Erhebung.

Um das Lochwerkzeug zu nutzen, müssen zunächst ein oder mehrere Punkte auf dem Werkstück platziert werden. Diese geben die Position der Bohrung an. Ist der „Loch"-Befehl aktiviert, kann das unten dargestellte „Eigenschaften"-Menü in der Kontrollleiste geöffnet werden. Dort finden sich alle nötigen Eingaben, um die Bohrung zu definieren. Sind alle Einstellungen getätigt, müssen nach dem Bestätigen des Menüs ein oder mehrere Punkte ausgewählt werden. Die Bohrungen werden dann mit dem Befehl „Beenden" hinzugefügt.

Durch Verschieben des Punktes wird die Bohrung automatisch mit verschoben.

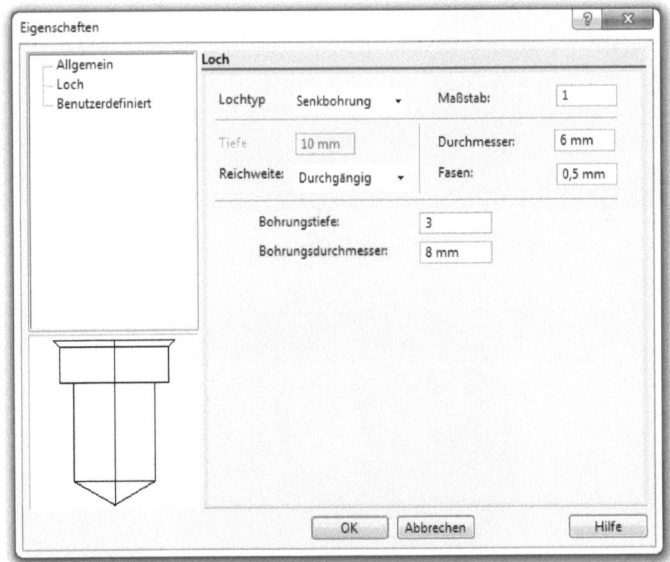

Abbildung 5-26 Loch-Eigenschaften

Mit dem Lochtyp „Erhebung" können Stifte/ Zapfen hinzugefügt werden. Hier können Länge, Durchmesser, eine Formschräge und Abrundungen festgelegt werden.

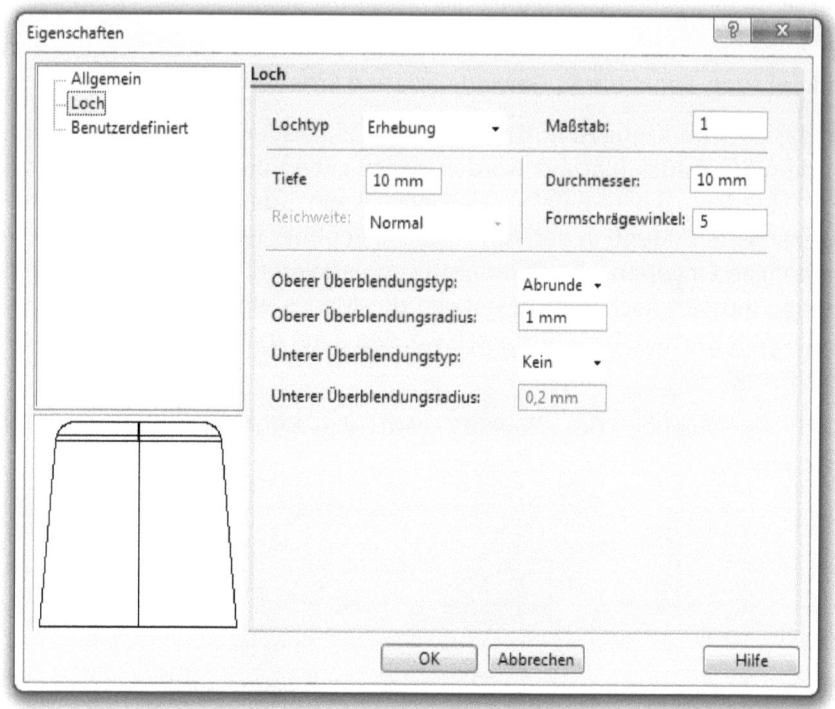

Abbildung 5-27 Loch-Eigenschaften - Erhebung

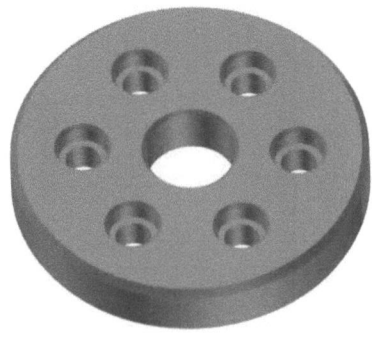

Abbildung 5-28 Loch-Werkzeug

5.7 Verlaufsbasiertes Modellieren

Wie bereits erwähnt, bietet die Auswahlinformationspalette im 3D-Modus eine chronologische Übersicht der angewendeten Zeichenbefehle. Diese lassen sich im Nachhinein bearbeiten. Nachfolgende Bearbeitungsschritte werden dann automatisch aktualisiert. Jeder Bearbeitungsschritt kann umbenannt werden, um bei komplexen Teilen die Auffindbarkeit zu erleichtern.

Abbildung 5-29 zeigt eine beispielhafte Bearbeitungshistorie eines 3D-Teiles in der Auswahlinformationspalette. In diesem Beispiel wurden mehrere Grundkörper miteinander verschmolzen (3D-Vereinigung) und voneinander abgezogen (3D-Differenz). Es lässt sich die chronologische Reihenfolge der einzelnen Schritte erkennen.

Im Bereich Eigenschaften finden sich Informationen über jeden einzelnen Bearbeitungsschritt.

Abbildung 5-29 Ansicht der Bearbeitungshistorie in der Auswahlinformationspalette

Die verwendeten 3D-Grundkörper (im oberen Beispiel Zylinder und Kegel) lassen sich in den Eigenschaften der Auswahlinformationspalette ändern und somit die Teilestruktur bzw. das erstellte Bauteil beeinflussen. Einzelne Schritte können unterdrückt werden oder die automatische Aktualisierung deaktiviert werden.

Mit dem Befehl „Inhalt Bearbeiten ⚷" im oberen Menübereich wird das angewählte und der 3D-Operation zu Grunde liegende 3D-Objekt geöffnet und der Rest der Teilestruktur ausgeblendet.

Teile, die in TurboCAD® erstellt wurden, lassen sich samt der Bearbeitungshistorie einladen und ermöglichen das Anpassen jedes einzelnen Bearbeitungsschrittes. Man spricht in diesem Fall von einem „Intelligenten Teil". Beim Exportieren in Austauschformaten zum Importieren der Datei in anderen CAD-Programmen gehen diese Informationen verloren.

Gleiches gilt für den umgekehrten Weg. Sollen Zeichnungsdateien, welche mit anderen CAD-Programmen erstellt worden sind, eingeladen werden, ist keine Bearbeitungshistorie vorhanden. Diese Modelle können allerdings nach wie vor über die Änderungswerkzeuge und Boolesche Operationen mit weiteren Grundkörpern bearbeitet werden.

Nach einer Neuinstallation von TurboCAD® erscheint beim erstmaligen Verwenden von 3D-Änderungswerkzeugen die Frage, ob die Bearbeitungshistorie deaktiviert werden soll. Um das verlaufsbasierte Modellieren zu ermöglichen, ist dies zu verneinen und damit die Historie zu aktivieren. Diese Einstellung wird im Menü „Optionen/ Zeichnung einrichten/ ACIS" (Abbildung 3-19) verwaltet und kann dort im Nachhinein geändert werden.

Bei einigen Werkzeugen ist hinsichtlich des Arbeitens mit der Auswahlhistorie Vorsicht geboten. Beispielhaft sind hier die Werkzeuge „Spiegeln" und „3D-Differenz" zu nennen.

Beim Spiegeln oder der Differenzbildung mit aktivierter Option „Subtrahenden nicht entfernen" ⬚ kann es vorkommen, dass aus dem Teil, welches eine Bearbeitungshistorie enthält, ein ACIS-Volumenkörper, also ein Volumenkörper ohne jegliche Historieninformation, entsteht.

Dieses Teil kann dann im weiteren Verlauf der Zeichnung nicht mehr im Auswahlmenü bearbeitet werden. Eine regelmäßige Kontrolle des Auswahlmenüs ist daher dringend notwendig.

 Explodiert man eine Teilestruktur, erzeugt man automatisch einen ACIS-Volumenkörper und entfernt die Bearbeitungshistorie.

5.8 ARBEITSEBENE

2D-Objekte sowie Grundflächen zur Erstellung von 3D-Grundkörpern können nur auf der Arbeitsebene erzeugt werden. Diese Ebene befindet sich immer auf der XY-Ebene des Benutzerkoordinatensystems (siehe Kapitel 5.4) und lässt sich demnach beliebig verschieben und ausrichten.

Die wichtigsten Befehle zur Änderung der Arbeitsebene sind hierbei:

Tabelle 9 Befehlsübersicht zur Änderung und Anzeige der Arbeitsebene

Symbol	Befehl	Beschreibung
	Arbeitsebene ein/aus	Ein- und Ausblenden der Arbeitsebene. Die Arbeitsebene ist stets aktiv.
	Durch Facette	Erlaubt das Setzen eines BKS bzw. der Arbeitsebene auf einer Fläche nach Wahl
	Ebene durch Modell festlegen	Die Arbeitsebene orientiert sich wieder am Modellkoordinatensystem (BKS und MKS sind wieder identisch ausgerichtet)
	Arbeitsebene durch 3 Punkte	Das BKS kann unter Angabe von drei Punkten beliebig ausgerichtet werden

Sollen beispielsweise auf verschiedenen Seiten eines Würfels Objekte angebracht werden, können diese entweder erstellt und nachher positioniert werden, oder direkt auf der Zielfläche erstellt werden. Dazu wird die Arbeitsebene mit dem Befehl „Durch Facette" auf die jeweilige Würfelseite gelegt und das gewünschte Objekt (in der nachfolgenden Abbildung 5-30 wurden Beschriftungen gewählt) direkt auf der Würfelfläche erstellt.

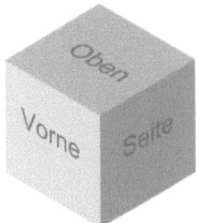

Abbildung 5-30 Beispielwürfel mit Beschriftungen

Durch den Befehl „Ebene durch Modell festlegen" wird die Arbeitsebene automatisch wieder auf die XY-Ebene des Modellkoordinatensystems (MKS) gelegt.

Arbeitsebenen lassen sich ebenfalls abspeichern und aufrufen. Im Design-Director befindet sich dafür ein Bereich, in dem sich ähnlich zu den benannten Ansichten auch Arbeitsebenen speichern lassen. Benötigt man dann eine dieser gespeicherten Arbeitsebenen, um darauf eine Skizze zu platzieren, kann diese durch Doppelklick auf den Namen aktiviert werden. Jede Arbeitsebene wird durch den Ursprung sowie den X- und Z-Vektor definiert.

Name	✓	⊕	⊙ Ursprung	↳ X-Vektor	↳ Z-Vektor
⬿ Vorne			x=0 y=0 z=0	x=1 y=0 z=0	x=0 y=1 z=0
⬿ Oben			x=0 y=0 z=0	x=0 y=0 z=1	x=1 y=0 z=0
⬿ Rechts	✓		x=0 y=0 z=0	x=0 y=1 z=0	x=0 y=0 z=1

Abbildung 5-31 Benannte Arbeitsebenen

Liegt ein Objekt versetzt oder schief zur Arbeitsebene, wird es durch den Befehl „Ändern/ Auf Arbeitsebene platzieren" plan auf die aktivierte Arbeitsebene gelegt. Dabei wird das Objektkoordinatensystem des Objektes nach dem aktuell eingestellten Benutzerkoordinatensystem ausgerichtet und beide XY-Ebenen aufeinandergelegt. Dies gilt sowohl für 2D- als auch für 3D-Objekte. Eine beispielhafte Anwendung dieses Befehls wird in Abbildung 5-32 gezeigt. In der Standardsymbolleiste „Zusammensetzen" stehen außerdem weitere Werkzeuge zur Verfügung um Objekte über Flächen, Kanten oder Punkte aneinander auszurichten.

Schritt 1:

Erstellung des Keils und des Quaders auf der gezeigten Arbeitsebene.

Schritt 2:

Verschieben der Arbeitsebene auf die schräge Fläche des Keils durch den Befehl „Durch Facette".

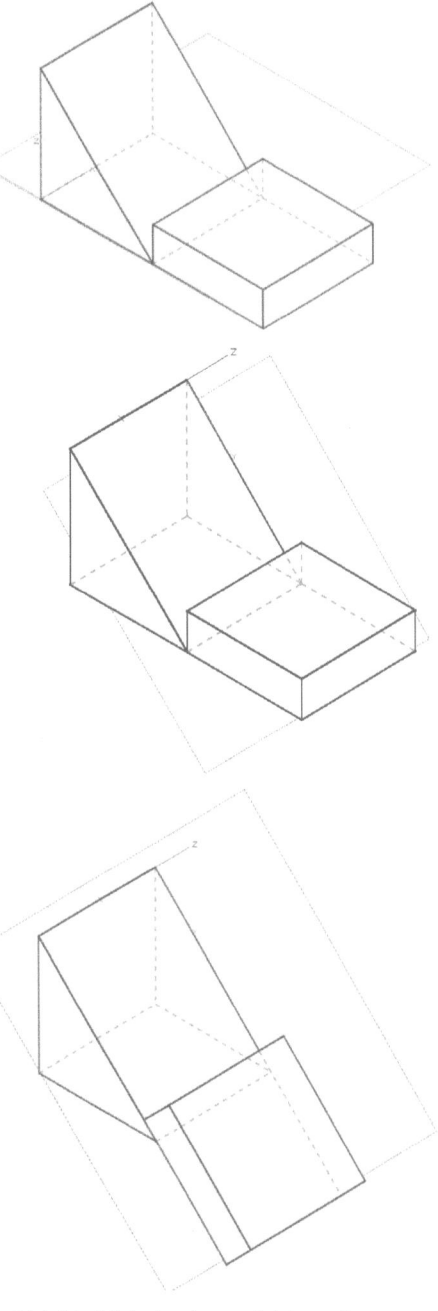

Schritt 3:

Markieren des Quaders und Ausführen des Befehls „Auf Arbeitsebene platzieren".

Abbildung 5-32 Verwendung des Befehls "Auf Arbeitsebene platzieren"

5.9 KONZEPTIONELLE AUSWAHL

Das konzeptionelle Auswahlwerkzeug bietet den unmittelbaren Zugriff auf Verschiebung, Rotation und Skalierung. Außerdem bietet es die Möglichkeit, 3D-Objekte durch Auswahl von Flächen zu verformen. Die TurboCAD®-Hilfe enthält eine Auflistung aller Funktionen des konzeptionellen Auswahlwerkzeuges. Dieses ist nur im Modellbereich bei aktiviertem 3D-Modus (Kapitel 5.3) und in Verbindung mit der Redsdk-Renderengine verfügbar.

Das Auswahlwerkzeug kann im Menü „Eigenschaften des Auswahlwerkzeuges/ 3D-Auswahlwerkzeug/ Konzeptionell" aktiviert und bearbeitet werden. Dort bieten sich Einstellungsmöglichkeiten zur optischen Aufmachung und Funktionsweise des konzeptionellen Auswahlwerkzeuges.

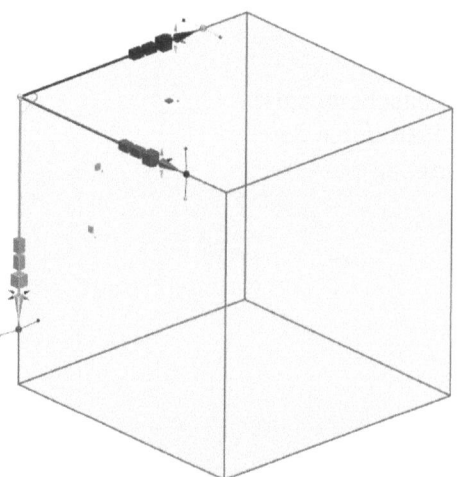

Abbildung 5-33 Konzeptionelle Auswahl

Für das konzeptionelle Arbeiten mit 3D-Grundkörpern (Kapitel 5.5) bietet sich dieses Tool an, da Objekte flexibel verschoben oder verformt werden können. Eine generelle Empfehlung gegenüber dem herkömmlichen Auswahlwerkzeug kann jedoch nicht gegeben werden.

5.10 MODELLIEREN VON ROHRLEITUNGEN

Für das Modellieren von Rohrleitungen bietet TurboCAD® nützliche Features, wie beispielsweise die Symbolbibliothek zum Verwalten von Normteilen, oder Befehle zum Austragen von Rohrprofilen anhand einer Führungslinie.

Im weiteren Verlauf dieses Kapitels werden zwei unterschiedliche Methoden gezeigt, Rohrleitungen zu modellieren. Hierbei wird zwischen einer vereinfachten und einer ausführlichen Methode unterschieden. Dazu werden zwei Techniken analog zu den in Kapitel 5.5 beschriebenen Methoden zur Erstellung von 3D-Objekten (Extrusion vs. Grundkörper) angewendet.

Diese Methoden verfolgen verschiedene Ansätze. Steht bei der einen Methode die maßgetreue Abbildung der Rohrleitung und die Ausgabe von Stücklisten im Vordergrund, soll die andere eine schnelle konzeptionelle Darstellung von Rohrleitungsverläufen ermöglichen.

Die nachfolgende Abbildung zeigt ein Rohrleitungssegment, welches im Anschluss als Vorlage für die Beschreibung der zwei Methoden dient.

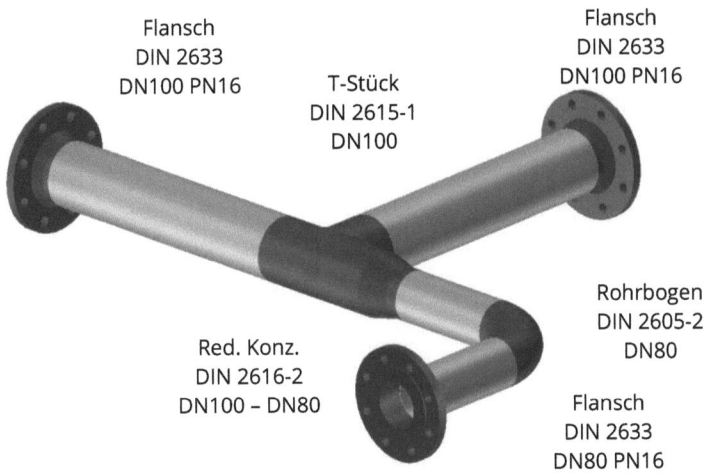

Abbildung 5-34 Rohrleitungsbeispiel

5.10.1 Ausführliche Methode

Bei dieser Methode werden alle Formteile wie Flansche und Bögen in die Zeichnung eingefügt, positioniert und durch Zylinder als Rohrleitungen verbunden. Der Vorteil hierbei liegt in der Möglichkeit, eine genaue Stückliste (Kapitel 7.4 & 7.5) auszugeben und ein realitätsgetreues Abbild der Rohrleitung samt Einbauten zu bieten.

TurboCAD® verfügt standardmäßig nicht über entsprechende Datensätze für die hier gezeigten Norm- und Formteile. Das Zusatzpaket „CADsymbols" beinhaltet bereits fertige Standardteile für die Branchen Maschinenbau, Elektrotechnik und Architektur. Speziell für den Anlagenbau enthält diese Teilebibliothek Fittings, Dichtungen, Flansche oder Flussbilder.

Folgend wird die Modellierung des Rohrleitungsbeispiels mit der ausführlichen Methode gezeigt:

Zunächst wird ein Startflansch eingefügt (vorher selbst erstellt oder aus einer Normbibliothek geladen). Danach wird am Schweißende des Flansches ein Zylinder gezeichnet. Sollte der Grundkreis des Zylinders nicht auf der entsprechenden Ebene liegen, so kann durch den Befehl „Durch Facette" die Arbeitsebene auf eine grade Fläche des Flansches gelegt werden.

Der Zylinder wird nun über den Durchmesser sowie die Höhe definiert. Der erstellte Zylinder ist ausgefüllt. Durch den Befehl „Volumenkörper umrahmen" kann dieser ausgehöhlt, die gewünschte Wandstärke definiert und die Zylinderenden geöffnet werden.

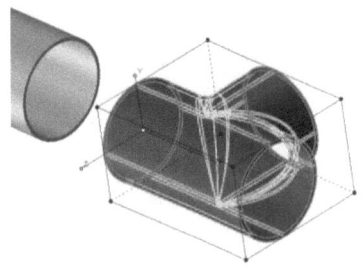

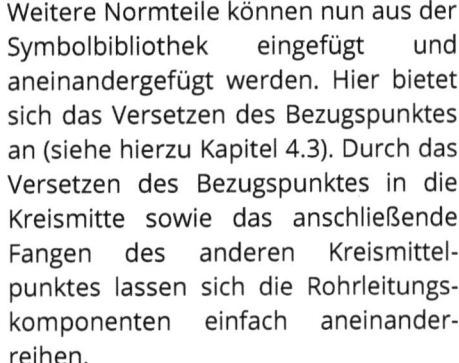

Weitere Normteile können nun aus der Symbolbibliothek eingefügt und aneinandergefügt werden. Hier bietet sich das Versetzen des Bezugspunktes an (siehe hierzu Kapitel 4.3). Durch das Versetzen des Bezugspunktes in die Kreismitte sowie das anschließende Fangen des anderen Kreismittelpunktes lassen sich die Rohrleitungskomponenten einfach aneinanderreihen.

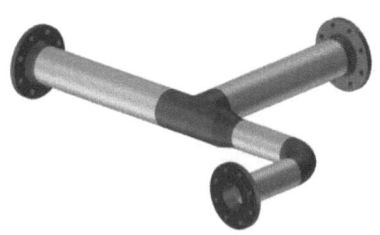

Werden weitere Rohrleitungsstücke benötigt, kann ein schon erstelltes kopiert, neu positioniert und die Länge angepasst werden. Dies spart die Schritte „Arbeitsebene versetzen", „Zylinder modellieren" und „Aushöhlen".

5.10.2 Vereinfachte Methode

Hier wird auf das Einfügen von Formteilen verzichtet. Flansche werden, wenn gewünscht, als einfache Körper modelliert. Die Rohrleitung wird entlang einer Mittellinie, welche den Rohrverlauf andeutet, ausgetragen. Dafür kann der Befehl „Pfadextrusion" genutzt werden um ein Kreisprofil entlang eines gezeichneten 2D- oder 3D-Verlaufes auszutragen. Alternativ bietet der Befehl „Rohr" eine ähnliche Funktionsweise. Die Vorgehensweise und die Unterschiede zwischen den zwei genannten Befehlen werden im Anschluss behandelt.

Die vereinfachte Methode eignet sich vor allem zum groben Darstellen von Leitungsverläufen in Räumen, wo es in erster Linie nicht um das Einhalten von genauen Maßen, sondern um schnelle Visualisierung oder groben Koordinierung von Rohrleitungen geht. Es liegt hierbei im Ermessen des Anwenders, inwieweit Maße wie Rohrdurchmesser oder Bogenradius geschätzt oder korrekt übernommen werden.

Folgend wird die Modellierung des Rohrleitungsbeispiels mit der vereinfachten Methode gezeigt. Es wird zunächst der Befehl „Pfadextrusion" (Kapitel 5.5) genutzt. Anschließend wird der Befehl „Rohr" explizit beschrieben.

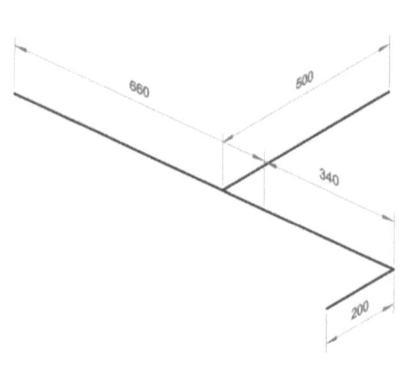

Zunächst wird eine Führungslinie erstellt, welche den Verlauf der Rohrleitung vorgibt. Diese sollte auf einem eigenen Layer liegen, um sie ein- und ausblenden zu können. Es bietet sich an, diese Führungslinie farblich und durch eine dickere Strichstärke hervorzuheben. Je nach Anwendung kann diese mit dem normalen Linienbefehl oder wenn es sich um eine Rohrleitung handelt, die in alle drei Achsen verspringt, auch mit dem Befehl „3D-Polylinie" erstellt werden.

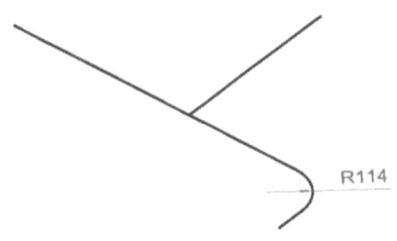

Um die Bögen darzustellen, werden die Ecken nun mit dem entsprechenden Radius versehen. Hierzu stehen die Befehle „2D-Abrundung" und „3D-Polylinie Abrunden" zur Verfügung. Ist der Befehl aktiviert, kann in der Kontrollleiste die Option „Alle abrunden" gewählt werden.

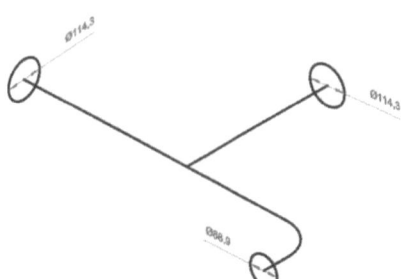

Um nun eine Rohrleitung an den Führungslinien auszutragen, müssen an deren Enden Kreise mit dem gewünschten Außendurchmesser senkrecht zur Linie positioniert werden.

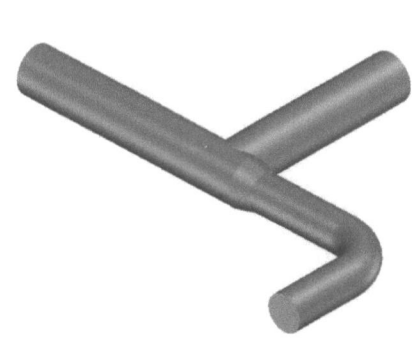

Durch den Befehl „Pfadextrusion" lassen sich diese Kreise nun an den Führungslinien austragen und es entstehen die Rohre als volle Volumenkörper. Die Option „Zusammengesetztes Profil verwenden" muss aktiviert sein, um eine Verbindung zwischen Führungslinie, Kreisprofil und Austragung zu erhalten. Dadurch können Rohrleitungsverlauf sowie Außendurchmesser nachträglich verändert werden. Im Beispiel wurde zur Andeutung der Reduzierung die entstandene Kante durch den Befehl „Kante fasen" abgeschrägt.

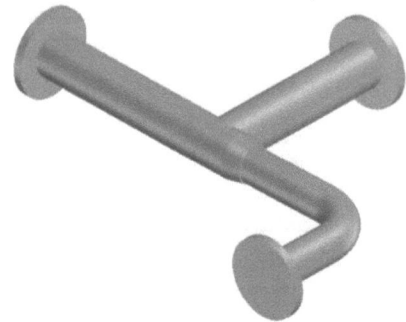

Die Rohrleitung kann nun über den „Volumenkörper umrahmen"-Befehl ausgehöhlt werden. Einfache Zylinder dienen der Darstellung von Flanschen.

Der Befehl „Rohr"

Von Haus aus bringt TurboCAD® den Befehl „Rohr" zur Rohrleitungserstellung anhand einer Führungslinie mit. Dabei handelt es sich auch um eine Art „Pfadextrusion", bei der durch Angabe des Außendurchmessers und einer Führungslinie ein rundes und ausgefülltes 3D-Profil erstellt wird. Es muss jedoch anders als bei dem Befehl „Pfadextrusion" kein Kreisobjekt platziert werden. Für das oben gezeigte Beispiel zur Modellierung der Rohrleitung mit der vereinfachten Methode können aufgrund der ähnlichen Funktionsweise der Befehle „Pfadextrusion" und „Rohr" beide genutzt werden. Der Befehl „Rohr" sowie die Unterschiede zum Befehl „Pfadextrusion" werden nachfolgend erläutert.

Um den Befehl „Rohr" anzuwenden, muss zunächst eine 2D- oder 3D-Polylinie erstellt werden. Diese gibt den Verlauf der Rohrleitung an. Sollen die Ecken der Polylinie abgerundet werden, <u>muss</u> der Befehl „Ecken einer 3D-Polylinie abrunden" verwendet werden. Auch wenn der Befehlsname anderes vermuten lässt, kann dieser Befehl auch bei 2D-Polylinien verwendet werden. Die Befehle „2D-Abrundung" und „3D-Abrundung" werden von dem „Rohr"-Befehl nicht akzeptiert und führen zu der Fehlermeldung „Das ausgewählte Objekt ist für diesen Vorgang ungültig".

Die nachfolgende Abbildung 5-35 zeigt eine mit dem Befehl „Rohr" erstellte Rohrleitung an einer abgerundeten und nicht abgerundeten Polylinie.

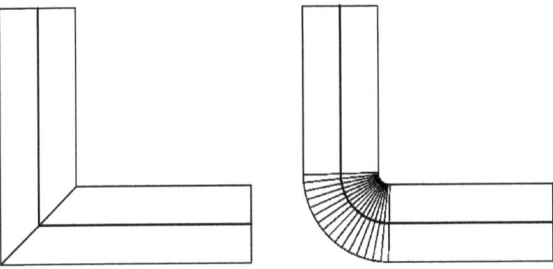

Abbildung 5-35 "Rohr"-Befehl an einer abgerundeten und nicht abgerundeten Polylinie

Ist die erstellte Polylinie bei aktiviertem „Rohr"-Befehl ausgewählt, erscheint das folgende Menü:

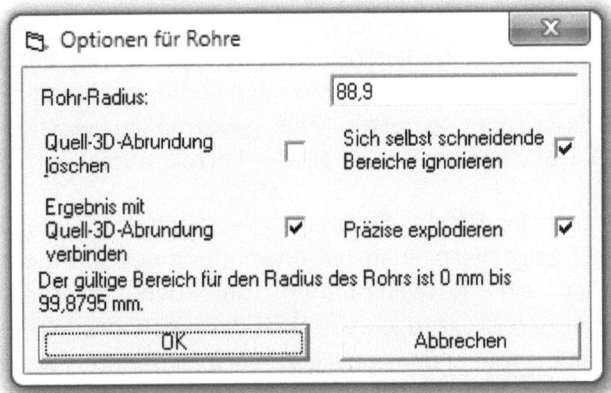

Abbildung 5-36 Menü des Befehls "Rohr"

Die Option „Ergebnis mit Quell-3D-Abrundung verbinden" muss aktiviert sein, soll die Rohrleitung assoziativ mit der Führungslinie bleiben. Dies erlaubt nachträgliche Änderungen am Rohrleitungsverlauf. Der Rohraußendurchmesser kann nachträglich <u>nicht</u> mehr geändert werden.

Anhand der Radien der Führungslinie gibt das Menü einen gültigen Bereich für den Rohraußendurchmesser an. Kann man also den gewünschten Durchmesser nicht eingeben, so sind höchstwahrscheinlich die Radien der Führungslinie nicht ausreichend groß gewählt.

Zunächst handelt es sich bei der erstellten Rohrleitung um eine TC-Oberfläche (Kapitel 2.9).

Sollen an der erstellen Rohrleitung Änderungswerkzeuge wie z.B. „Kante abrunden", „Kante fasen" oder „Volumenkörper umrahmen" zum Aushöhlen der Rohrleitung angewendet werden, muss in deren Objekteigenschaften unter „Eigenschaften/ 3D" die Modellart auf „Volumenkörper" umgestellt werden. Die o.g. Änderungsbefehle können nicht an einem „TC-Oberflächenmodell" genutzt werden.

Änderung des Leitungsverlaufes

Eine nachträgliche Änderung des Verlaufes einer Rohrleitung, welche durch eine "Pfadextrusion" oder den „Rohr"-Befehl erstellt wurde, ist bedingt möglich. Die Polylinie, welche zur Erstellung der Rohrleitung genutzt wurde, steht nach wie vor in Verbindung mit dem aus der Austragung resultierenden 3D-Modell. Ändert man die Polylinie, ändert sich demnach auch das Rohrleitungsmodell.

Im nachfolgend gezeigten Beispiel wird die Rohrleitung vor dem Bogen verlängert. Dazu müssen die entsprechenden Knotenpunkte der Polylinie und der zur „Pfadextrusion" genutzte Kreis gleichmäßig verschoben werden, damit das 3D-Modell anschließend wieder korrekt aufgebaut werden kann.

Dafür bietet sich der Befehl „Dehnen" (Kapitel 4.5) an. Die folgende Abbildung 5-37 zeigt beispielhaft die Anwendung des „Dehnen"-Befehls. Es wird zunächst ein Auswahlrahmen um den entsprechenden zu verschiebenden Bereich gezogen. Alle sich darin befindlichen Knotenpunkte der Führungslinie sowie in dem gezeigten Beispiel der Kreis werden markiert und lassen sich nun unter Angabe eines Versatzes und Winkels verschieben.

Dies bedarf zunächst ein wenig Übung. Werden die falschen Knotenpunkte gewählt oder welche ausgelassen, kann das Modell nicht korrekt aufgebaut werden. Mit dem Standardbefehl „Rückgängig" können falsche Schritte rückgängig gemacht werden.

> Wird zur Rohrleitungserstellung eine nicht abgerundete Polylinie verwendet (Abbildung 5-35 links), gestaltet sich die nachträgliche Änderung einfacher, da weniger Knotenpunkte verschoben werden müssen.

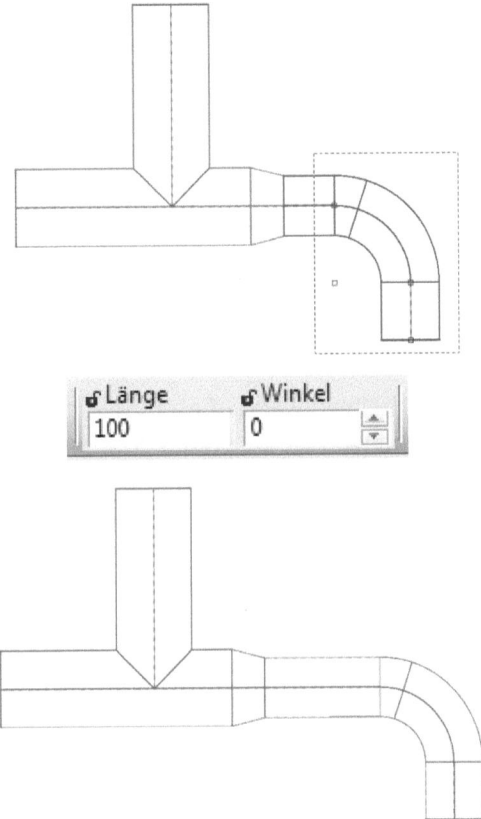

Abbildung 5-37 Änderung eines Rohrleitungsverlaufes durch den 2D-Befehl "Dehnen"

Da es sich bei dem Befehl „Dehnen" eigentlich um einen 2D-Befehl handelt, kann dieser immer nur parallel zur Arbeitsebene ausgeführt werden. Bei einem dreidimensionalen Rohrleitungsverlauf muss daher die Arbeitsebene ggf. passend verschoben werden (Kapitel 5.8).

Um den Außendurchmesser der Rohrleitung nachträglich zu ändern, kann der Kreis, welcher zum Austragen der Rohrleitung genutzt wurde, markiert und durch Ändern der Größe in der Kontrollleiste oder in den Objekteigenschaften, die Austragung entsprechend angepasst werden.

5.10.3 Vergleich der Methoden

Die ausführliche Methode unter Verwendung von hinterlegten Formteile hat den großen Vorteil, dass Stücklisten (Kapitel 7.4 und 7.5) ausgegeben werden können.

Handelt es sich um Systemteile, bei denen viele Rohrleitungen auf engstem Raum mit vielen Rohrleitungskomponenten verlegt werden, bietet die Verwendung von schon angelegten Normteilen den großen Vorteil, dass beim Konstruieren nicht jedes Flansch- oder Bogenmaß abgelesen und eingegeben werden muss, um die realen Abmessungen einzuhalten. Natürlich ist eine gut gepflegte Normteilbibliothek dafür die Voraussetzung.

Ein Nachteil ist der Arbeitsaufwand dieser Methode. Alle Teile müssen aneinander ausgerichtet und in die korrekten Positionen verschoben werden. Einen Automatismus gibt es nicht. Bei Änderungen des Rohrleitungsverlaufes müssen die einzelnen Teile, oder Teilegruppen, entsprechend verschoben und neu positioniert werden. Auch die Verknüpfung von Bauteilen ist im 3D-Modus nicht möglich.

Ein Vorteil der vereinfachten Methode liegt im schnellen Erstellen von Rohrleitungsverläufen, ideal in der Konzeptionsphase eines Projektes. Des Weiteren kann die erstellte Führungslinie genutzt werden, um eine Isometriezeichnung zu erstellen.

Zur Erstellung gemäß der vereinfachten Methode können die Befehle „Pfadextrusion" und „Rohr" genutzt werden. Der Befehl „Rohr" hat den Vorteil, dass zur Extrusion kein extra Kreisprofil erstellt und entsprechend ausgerichtet werden muss (der Außendurchmesser wird im Befehlsmenü eingegeben). Nachträgliche Änderungen des Rohrleitungsverlaufes durch Ändern der Polylinie werden somit vereinfacht. Allerdings lässt sich mit dem „Rohr"-Befehl der Rohraußendurchmesser nachträglich nicht verändern. Dies ist bei der „Pfadextrusion" durch die Größenänderung des zur Extrusion verwendeten Kreises möglich.

Eine Kombination der beiden Methoden (vereinfacht und ausführlich) ist denkbar, wenn es sich beispielsweise um gebogene Rohrleitungen handelt.

5.11 BLECHKONSTRUKTION

TurboCAD® bietet seit der 2016er Version Werkzeuge zur Erstellung von Blechbauteilen an.

Es können Bleche an einer definierten Biegekante gebogen, Bleche angefügt und Bauteile anschließend abgewickelt und bemaßt werden. Nachfolgend werden einige dieser Funktionen beschrieben und Beispiele gezeigt.

Blech biegen

Mit dem Befehl „Blech biegen" können Objekte unter Angabe des Biegeradius, des Winkels und der neutralen Tiefe um eine Achse gebogen werden. Dabei kann ausgewählt werden, ob die Mitte der Biegung vor, auf oder hinter der Biegeachse liegt. Material wird dann entsprechend hinzugefügt.

Ein Werkstück kann mit einer beliebigen Anzahl von Biegungen versehen werden.

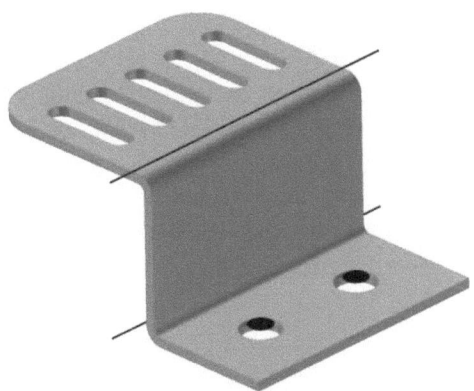

Abbildung 5-38 Blech biegen

Blech anfügen

An ein vorhandenes Blech können seitlich zusätzliche Bleche angefügt und mit dem gewünschten Biegeradius, Winkel und Länge versehen werden. Das angefügte Blech kann über die gesamte Kantenlänge verlaufen oder anhand der Abstände zu den Kanteneckpunkten in seiner Breite definiert werden.

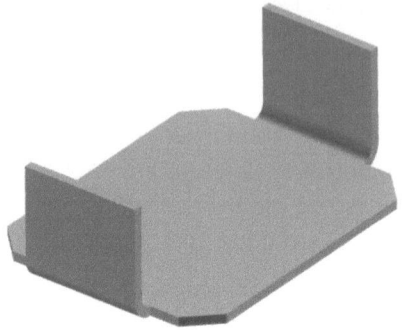

Abbildung 5-39 Blech anfügen

Entlang Freihand-Polylinie biegen

Dieser Befehl fügt ein anhand einer erstellten Polylinie gebogenes Blech an das Werkstück an. Hierbei können mehrere Seiten des Basisbleches gewählt werden. Es kann die gesamte Kantenlänge oder nur eine bestimmte Länge davon genutzt werden. Sind aneinander liegende Seiten gewählt, wird automatisch eine Gehrung erstellt. Biegeradius, Gehrungslückenbreite, Eckenschnitt und Biegeversatz können hierbei gewählt werden.

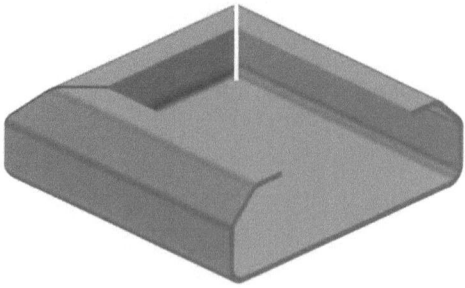

Abbildung 5-40 Entlang Freihand-Polylinie biegen

Eckblech / Versteifungsrippe

Zwei senkrecht zueinanderstehende Flächen, welche in der Biegung eine gleichmäßige Wandstärke aufweisen, können mit einem Eckblech oder einer Versteifungsrippe versehen werden. Auf den senkrecht zueinanderstehenden Flächen muss zunächst jeweils ein Punkt platziert werden. Diese werden dann für die Erstellung des Eckbleches oder der Rippe ausgewählt und definieren die Endpunkte. Im nächsten Schritt können dann Breite, Abrundung und für das Eckblech eine Formschräge ausgewählt werden. Eine Abwicklung des Bleches ist nach Hinzufügen eines Eckbleches / Rippe nicht mehr möglich. Zum Abwickeln müssen diese unterdrückt werden.

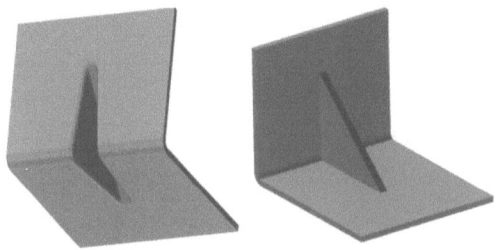

Abbildung 5-41 Eckblech / Versteifungsrippe

Blech abwickeln

Eine Blechkonstruktion, welche mit den oben genannten Werkzeugen erstellt wurde, kann mit dem Befehl „Blech abwickeln" auf eine beliebige Referenzfläche am Werkstück abgewickelt werden. Dabei wird zum Originalkörper (Quellgrafik) standardmäßig eine Abwicklung hinzugefügt. Dies kann durch Abwählen der Option „Quellgrafik beibehalten" unterdrückt werden. Biegekanten und -winkel können bei Bedarf als Beschriftungen eingefügt werden.

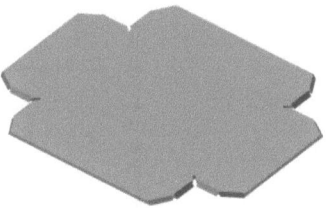

Abbildung 5-42 Fläche abwickeln

5.12 ENTWURFSANSICHTEN

Mit der Entwurfspalette („Extras/ Palette/ Entwerfen...") lassen sich von erstellten 3D-Objekten Standard-, Schnitt-, Detail- und Bruchansichten erstellen.

Im Gegensatz zum einfachen Ansichtsfenster (Kapitel 6.1), welches einen ausgewählten Bereich des Modellbereichs in den Papierbereich überträgt, nimmt die Entwurfspalette die geometrischen Daten einzelner oder mehrerer 3D-Objekte auf und gibt diese in einer gewünschten Ansicht wieder aus.

Dabei handelt es sich um ein mächtiges Werkzeug von TurboCAD® zur Erstellung von Zeichnungsableitungen. Dieses ist jedoch an manchen Stellen fehlerbehaftet und bedarf daher einer gründlichen Einarbeitung. Nachfolgend wird der Umgang mit der Entwurfspalette beschrieben und auf Probleme aufmerksam gemacht.

Die Tabelle zeigt zunächst die Unterschiede zwischen dem klassischen Ansichtsfenster und der Entwurfsansicht.

Tabelle 10 Unterschiede zwischen dem Ansichtsfenster und der Entwurfsansicht

Ansichtsfenster	Entwurfsansicht
• Fest definierter Ansichtsbereich; wird das gezeigte Objekt verschoben, muss das Ansichtsfenster neu ausgerichtet werden • Zeigt sowohl 2D- als auch 3D-Objekte • Erlaubt verschiedene Render-modi wie „Linien verdecken" oder „Grob render" • Schnittansichten nicht möglich • Neue Komponenten werden von einem bestehenden Ansichtsfenster aufgenommen • Abhängig von der Layer-Sichtbarkeit	• Nur 3D-Objekte können übertragen werden • Erlaubt Schnittansichten • Rendermodi auf Linienansicht beschränkt (ähnlich „Linien verdecken") • Objekt kann im Modellbereich verschoben werden, ohne die Ansicht im Papierbereich zu beeinflussen • Kann bei zu starker Veränderung des 3D-Objektes den Bezug dazu verlieren • Neue Komponenten werden von einer bereits erzeugten Entwurfsansicht nicht erfasst • Unabhängig von der Layer-Sichtbarkeit

Um eine Ansicht mit der Entwurfspalette zu erzeugen, muss das 3D-Objekt markiert und die gewünschte Ansicht im Menü der Palette ausgewählt und über den Befehl „Hinzufügen" ✛ der Palette zunächst hinzugefügt werden. Dabei stehen alle Standardansichten sowie Schnittansichten zur Wahl.

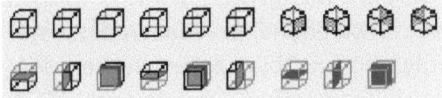

Abbildung 5-43 Standardansichten der Entwurfspalette

Ist eine Ansicht hinzugefügt, wird diese im oberen Anzeigefenster der Entwurfspalette aufgelistet und kann dann in den Papierbereich gezogen und mit dem gewünschten Maßstab versehen werden. Alle Ansichten eines 3D-Objektes werden dabei in einem Unterordner gruppiert und können umbenannt werden. Dies dient der Übersicht.

   ▣ Teil: TCW80PARTREE. Quell-ID = 3271
     ▱ Plan Objektkoordinatensystem
     ▱ Schnittansicht - Links Objektkoordinatensystem
     ▱ Ausgerichtete Schnittansicht

Abbildung 5-44 Beispiel einer Aufllistung von hinzugefügten Ansichten in der Entwurfspalette

In den Stileigenschaften 🖽 können Linienstärken, Schraffuren oder Tangenten und verdeckte Linien ein- und ausgeblendet werden. Diese Einstellung kann übergreifend in der Entwurfspalette oder für jede Entwurfsansicht separat eingestellt werden.

Bewegt man eine Ansicht beim Herausnehmen aus der Palette über eine bereits vorhandene, werden Maßstab und ggf. die Ausrichtung der eingefügten Ansicht angepasst.

Schnitte anhand einer gewählten Führungslinie, Detail- und Bruchansichten benötigen eine bereits eingefügte Entwurfsansicht.

 Wird eine Ansicht nur zur Erstellung von weiteren Entwurfsansichten benötigt, soll selbst aber nicht auf dem Ausdruck gezeigt werden, kann diese außerhalb des Druckbereiches platziert werden.

Auch mehrere Objekte können als Baugruppe in die Entwurfspalette aufgenommen werden. Diese müssen lediglich beim Erstellen der Entwurfsansichten zusammen angewählt sein.

Schraffuren und Linieneigenschaften können für jedes einzelne Objekt separat eingestellt werden, was gerade bei Schnittansichten von Nutzen ist, um so beispielsweise verschiedene Materialien darzustellen. Die Bearbeitung der Schraffuren erfolgt in den Objekteigenschaften der jeweiligen Entwurfsansicht unter „Abschnittsschraffur/ Projektionsteil". Wird in den Objekteigenschaften einer Entwurfsansicht unter „Stift sichtbar" und „Stift verdeckt" jeweils das Linienmuster „$INVISIBLE" ausgewählt, ist das Teil in der Entwurfsansicht automatisch nicht mehr sichtbar. So lässt sich aus einer Baugruppe ein bestimmtes Teil ausblenden.

Die unter "Projektionsteil" angezeigten Namen können der besseren Übersicht halber angepasst werden, da die vom Programm automatisch erzeugten Namen oftmals nicht erkennen lassen, um welches Teil es sich handelt (Beispiel: "TCW120CYLINDER.SourceId=3"). Wird ein Name in die Objekteigenschaften in das Feld „Attribut" bzw. in der Auswahlinformationspalette unter „Info" eingetragen, wird dieser von der Entwurfsansicht übernommen.

Verschiedene Layerfarben der dargestellten Objekte werden in die Entwurfsansicht übernommen, wenn unter „Eigenschaften/ Stift sichtbar/ Farbe" die Option „Durch Block" gewählt ist.

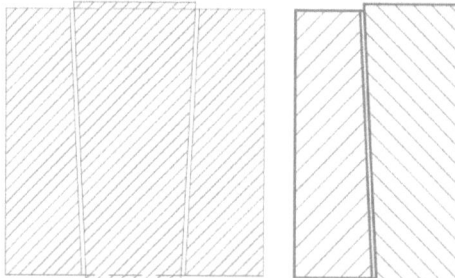

Abbildung 5-45 Baugruppe (Links: standardmäßige Darstellung; Rechts: geänderte Darstellung)

Wird das 3D-Objekt im Modellbereich stark verändert, so kann es vorkommen, dass die Entwurfsansichten den Bezug zu diesem verlieren und somit unbrauchbar werden.

Entwurfsansichten sollten demnach, wenn möglich, in einem späten Stadium der Konstruktion eingefügt werden.

Verliert eine Entwurfsansicht den Bezug zum 3D-Objekt, wird sie und _alle_ abgeleiteten Schnitt- oder Detailansichten gelöscht. Es hat sich als hilfreich erwiesen, die 3D-Objekte vor dem Hinzufügen zur Entwurfspalette zu gruppieren. Das Arbeiten mit Gruppen und die Bearbeitung von gruppierten Objekten werden in Kapitel 7.2 beschrieben. Die Entwurfsansicht wird durch das Gruppieren weniger anfällig gegenüber einem Bezugsverlust zum 3D-Modell.

Bei der Bemaßung von Entwurfsansichten, die nicht den Maßstab 1:1 haben, ist äußerste Vorsicht geboten. Generell passen sich Bemaßungen dem Maßstab einer Entwurfsansicht an und zeigen das reale Maß des Bauteils. Dies passiert allerdings nur dann, wenn beide Bemaßungspunkte die Kanten des in der Entwurfsansicht gezeigten Bauteils berühren. Fügt man im Papierbereich beispielsweise eine Symmetrieachse hinzu und bemaßt diese zu einer Kante des Bauteiles, kann es vorkommen, dass der Maßstab nicht angepasst und somit ein falscher Wert ausgegeben wird.

Daher sollten alle Maße, welche z.B. an vergrößerten Detailansichten platziert werden, _immer_ hinterfragt und kontrolliert werden.

Schnittansicht

Der Befehl „Durch Ansichtslinie erstellen" erlaubt die Nutzung einer Linie oder Polylinie als Schnittverlauf. Diese werden zunächst auf einer bereits bestehenden Entwurfsansicht platziert und bei der Anwendung des Befehls als Schnittverlauf ausgewählt. Dabei können die Schnittrichtung sowie der Schnittverlauf im Nachhinein geändert werden. Die resultierende Schnittansicht passt sich automatisch an.

Bei Schnittverläufen wie in Abbildung 5-46 gezeigt sollte in den Objekteigenschaften der Schnittlinie die Option „Ausgerichtete Ansicht" deaktiviert sein. Ist diese Option aktiviert, wird die Schnittlinie zunächst abgewickelt und die Schnittansicht dementsprechend angepasst (Abbildung 5-47).

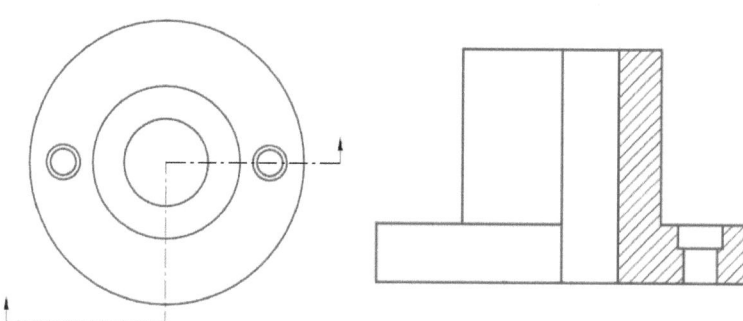

Abbildung 5-46 Schnittverlauf durch ein Bauteil

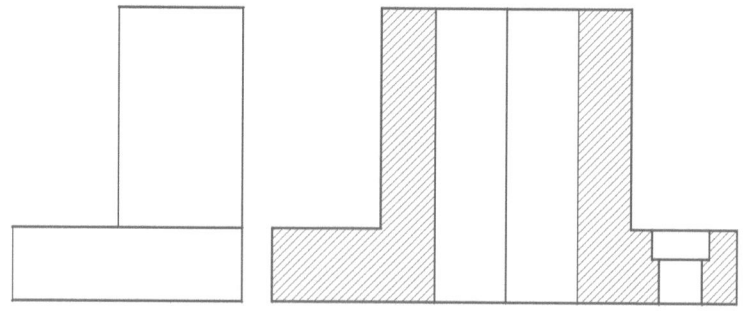

Abbildung 5-47 Schnittverlauf mit aktivierter Option "Ausgerichtete Ansicht"

Detailansicht

Zur Erstellung einer Detailansicht muss zunächst auf eine vorhandene Entwurfsansicht ein Kreis- oder geschlossenes Linienprofil gelegt werden. Diese gibt den im Detail gezeigten Bereich vor und bleibt mit der Detailansicht verknüpft. Die Änderung der Größe oder der Position wirken sich auf die Detailansicht aus. Für das Detail kann in dessen Objekteinstellungen ein beliebiger Maßstab eingestellt werden.

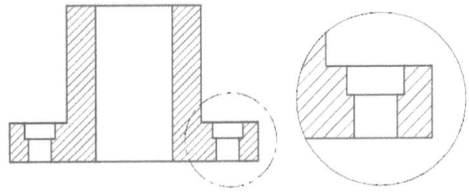

Abbildung 5-48 Detailansicht (Entwurfspalette)

Bruchansicht

Mit der Bruchansicht können lange Bauteile verkürzt dargestellt werden, um besser Platz auf dem Zeichnungsblatt zu finden. Damit können bereits platzierte Entwurfsansichten über Angabe der Bruchposition und -breite gekürzt werden. Hierbei ist zu beachten, dass eine Bemaßung über die Länge des Bauteils <u>nicht</u> die reale Länge, sondern die Länge der Bruchansicht ausgibt. Dies ist beim Erstellen der Zeichnungsableitung <u>unbedingt</u> zu berücksichtigen. Um dennoch den korrekten Wert anzugeben, bietet sich lediglich das manuelle Überschreiben der Maßzahl an. Diese reagiert dann jedoch nicht mehr auf Änderungen des Modells. Daher ist es wichtig, solche Maße, die den Bezug verloren haben, für sich und andere Nutzer kenntlich zu machen (Eine Möglichkeit hierfür wird in Kapitel 6.2 beschrieben).

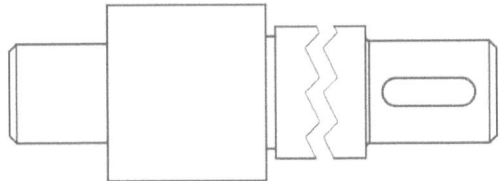

Abbildung 5-49 Bruchansicht (Entwurfspalette)

5.13 VISUALISIEREN / RENDERN

Essenziell zum Visualisieren und konzeptionellen Rendern von 3D-Objekten ist die Beleuchtung. Hier werden verschiedene Lichtarten angeboten.

Unter „Ansicht/ Beleuchtung" oder im Design-Director lässt sich die Beleuchtung verwalten. Hier können neue Lichtquellen hinzugefügt und hinsichtlich Lichtstärke, Farbe, Art und Position bearbeitet werden. In der Menüspalte „Ein" können Lichter ein- und ausgeschaltet werden. Ist ein Lampensymbol gesetzt, ist das entsprechende Licht aktiviert. In der Spalte „Sichtbar" können Lichtquellen im Modellbereich sichtbar gemacht werden. Diese sind standardmäßig ausgeblendet. Die Sichtbarkeit von Lichtquellen hat keine Auswirkung auf die Leuchtkraft.

Zu den gängigsten Lichtquellen zählen:

Das **Punktlicht** strahlt von einer gegebenen Position gleichmäßig in alle Richtungen.

Beim **Spotlicht** gibt es einen Start- und einen Zielpunkt auf den der Spot gerichtet ist. Das Spotlicht ist hilfreich, um dunkle Bereiche gezielt aufzuhellen.

Das **Umgebungslicht** erhellt den 3D-Raum gleichmäßig.

Allein mit der Verwendung dieser drei Lichtarten in Kombination mit verschiedenen Objektfarben oder Materialien lassen sich Modelle weitestgehend natürlich und realistisch visualisieren.

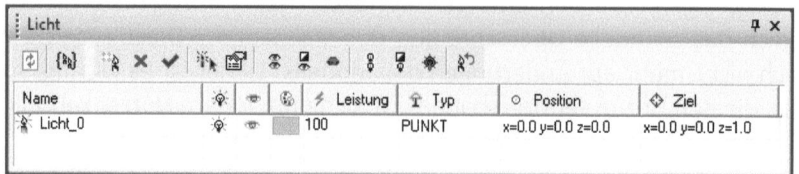

Abbildung 5-50 Beleuchtungsmenü

Ist eine Lichtquelle sichtbar, kann sie im Modellbereich markiert und durch die herkömmlichen Kopierwerkzeuge (Kopierstempel, Kopie anlegen oder Copy&Paste) vervielfältigt und beispielsweise durch Eingabe von Position oder Versatz in der Kontrollleiste positioniert werden.

Die Beleuchtungseigenschaften können auch in der Auswahlinformations-palette bearbeitet werden. Dies erleichtert die Anpassung der Beleuchtung. Lichter können dann im aktivierten Rendermodus verschoben, verändert und so die Ausleuchtung an die eigenen Vorstellungen angepasst werden.

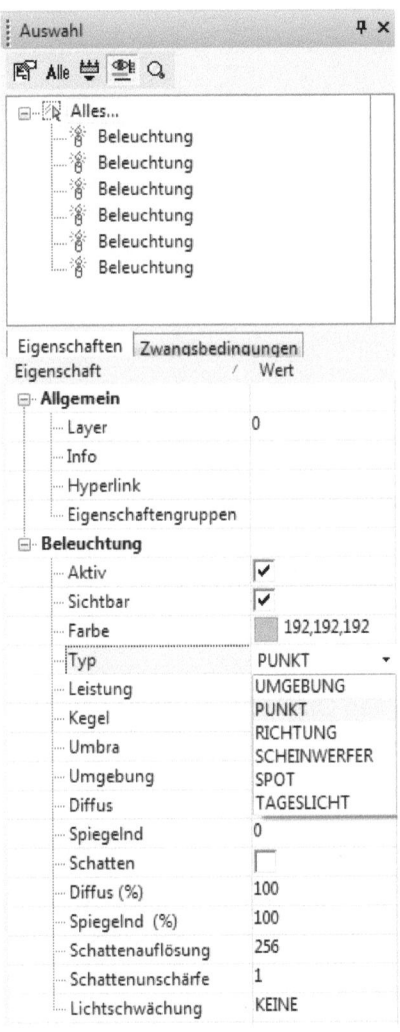

Abbildung 5-51 Beleuchtungseigenschaften

Abbildung 5-52 Konzeptionelles Rendern unter Verwendung von Standardfarben und -materialien

Eine weitere Art der Beleuchtung bietet die Luminanz. Diese ermöglicht es, 3D-Objekte mit einer Leuchtkraft zu versehen. Hiermit kann z.B. das Scheinen einer Lampe dargestellt werden.

Die Luminanz kann in den Objekteigenschaften eines Objekts (Rechtsklick auf das Objekt -> „Eigenschaften/ Luminanz") eingestellt werden.

Abbildung 5-53 Beispiel Luminanz zur Darstellung einer Deckenlampe

Dreidimensionales Zeichnen

Im gezeigten „Luminanz"-Menü lässt sich die Leuchtkraft des Objektes einstellen. Hier können verschiedene Lichtquellen (z.B. Spot- oder Punktlicht), deren Lichtfarben und Intensitäten definiert werden.

Soll das Objekt, welches mit einer Luminanz versehen wurde, nicht angezeigt werden, sondern nur dessen Leuchtkraft genutzt werden, kann es durch die Auswahl der „Nur zum Rendern der Luminanz laden"-Option ausgeblendet werden.

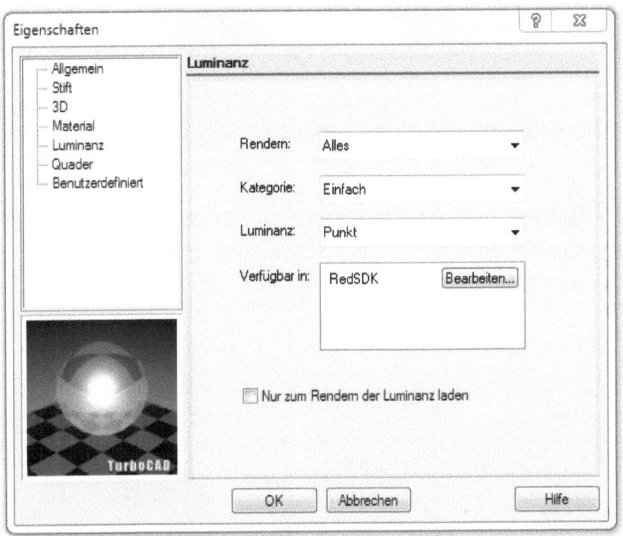

Abbildung 5-54 "Luminanz"-Menü zur Einstellung der Leuchtkraft eines Objektes

Zur Visualisierung können 3D-Objekten auch Materialien zugewiesen werden. In den Objekteigenschaften befindet sich der Menüpunkt „Materialien". Hier kann aus einer Materialdatenbank gewählt werden.

Es können vorhandene Erscheinungsbilder editiert oder neue hinzugefügt werden.

Materialien, Luminanzen, Hintergrundbilder und Renderoptionen lassen sich im Render-Manager verwalten.

Diese lässt sich unter „Optionen/ Renderstile/ RedSDK Renderstile bearbeiten" öffnen.

Die Render-Tools besitzen für eine grobe aber natürliche Darstellung von 3D-Teilen meist ausreichende Visualisierungseigenschaften. Stellt das Rendern einen Schwerpunkt im eigenen Tätigkeitsbereich dar und es werden hohe Anforderungen daran gestellt, bietet IMSI-Design eine separat erhältliche Render-Engine an.

Lightworks Plug-In

Lightworks bietet über die in TurboCAD® bereits vorhandenen konzeptionellen Rendermodi hinaus mehr Möglichkeiten hinsichtlich Materialeinstellungen, Oberflächenspiegelungen, realistischen Schatten und Luminanzen.

Das Lightworks Plug-in ist für die Versionen 2D/3D und Pro Platinum separat erhältlich.

Nachfolgend werden zwei Rendereinstellungen gezeigt. Bei beiden Beispielen wurden die Standardeinstellungen sowie die standardmäßig vorhandenen Lichtquellen nicht bearbeitet.

Abbildung 5-55 Links: Rendermodus Grob mit RedSDK, Rechts: Erweiterter Rendermodus mit Lightworks Plug-In

6 ZEICHNUNGSABLEITUNG

6.1 ANSICHTSFENSTER

Parallel zu den in Kapitel 5.12 beschriebenen Entwurfsansichten bieten Ansichtsfenster auch die Möglichkeit, 2D- oder 3D-Objekte, welche im Modellbereich erstellt wurden, in den Papierbereich zu übertragen, um diese dort in verschiedenen Ansichten zu zeigen und diese zu bemaßen.

Ansichtsfenster können mit einem bestimmten Maßstab versehen und anschließend mit Bemaßungen oder anderen Anmerkungen versehen werden. Sie stellen eine permanente Verbindung zwischen Modell und Ansicht auf dem Zeichnungspapier her. Wird eine Änderung im Modellbereich getätigt, wird diese automatisch auf das Zeichnungsblatt übertragen.

In der Übungsaufgabe „Kranhaken Zeichnungsableitung" in Kapitel 1.4 wird dies angewendet.

Das gezeichnete Objekt im Modellbereich ist zunächst in der gewünschten Ansicht mit dem Befehl „Ansicht erstellen" zu erfassen. Dazu wird der Befehl aktiviert und ein Auswahlrahmen aufgezogen, welche zunächst die Außenmaße des Ansichtsfensters darstellen. Nur der markierte Bereich wird später im Ansichtsfenster im Papierbereich gezeigt.

Ist der Auswahlrahmen gesetzt, muss ein Name der erstellten Ansicht eingegeben werden. Von dieser Möglichkeit sollte Gebrauch gemacht werden, da beim späteren Einfügen eines Ansichtsfensters in den Papierbereich aus den benannten Ansichten gewählt werden muss. Sind keine sinnhaften Namen hinterlegt, verliert man hier schnell den Überblick.

Alle erstellen Ansichten werden unter „Ansicht/ Benannte Ansichten/ Benannte Ansicht..." aufgeführt.

Dieses Menü zeigt die Ansichten sowie die zur vollen Definition nötigen Informationen, wie Position, Grenzen oder Renderstatus.

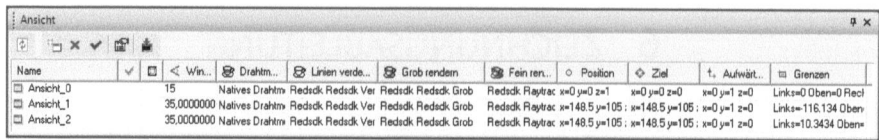

Abbildung 6-1 Benannte Ansichten-Liste

Ist die gewünschte Ansicht erstellt, kann diese nun im Papierbereich an einer beliebigen Stelle auf dem Zeichnungsblatt eingefügt werden. Dazu wird der Befehl „Ansichtsfenster einfügen" genutzt. Bei aktiviertem Befehl wird erneut ein Auswahlrahmen an der gewünschten Stelle aufgezogen. Ist die Größe durch den zweiten Klick bestimmt, muss nun aus der Auflistung der bereits benannten Ansichten eine dieser Ansichten ausgewählt werden.

Hierbei ist folgendes zu beachten: Nach dem Einfügen wird die Ansicht ohne festen Maßstab eingefügt. Die Größe des gezeigten Teiles passt sich automatisch an die Größe des Auswahlrahmens an, welche beim Einfügen des Ansichtsfensters erstellt wurde. Verändert man die Größe des Ansichtsfensters durch Ziehen an einem der Eckpunkte, ändert sich die Größe des gezeigten Teiles entsprechend mit. Ein fester Maßstab kann danach in den Eigenschaften des Ansichtsfensters eingestellt werden. Das Eigenschaftenmenü öffnet sich durch Doppelklick auf das Ansichtsfenster oder bei Auswahl des Fensters und anschließendem Rechtsklick im Menüpunkt „Eigenschaften". Der Doppelklick oder die Auswahl des Fensters funktionieren meist nur bei Klick auf die äußere Umrahmung des Ansichtsfensters oder auf eine Linie bzw. Kante der darin gezeigten Zeichnung. Ein Klick auf eine freie Fläche bewirkt hingegen nichts.

Wird die Auswahl „Fest" im Untermenü „Ansichtsfenster/ Maßstab" gesetzt, kann ein fester Maßstab ausgewählt oder manuell eingegeben werden. Wird mit OK bestätigt, wird der angegebene Maßstab übertragen und das gezeigte Zeichnungsobjekt in diesem dargestellt; vorausgesetzt im Modellbereich wurde im Maßstab 1:1 gezeichnet. Der Maßstab bleibt nun unabhängig von der Position oder Größe des Ansichtsfensters bestehen.

Standardmäßig wird das Ansichtsfenster mit einem sichtbaren Rahmen versehen. Dieser kann ebenfalls in den Ansichtsfenster-Eigenschaften verändert oder ausgeblendet werden. Zum Ausblenden ist der standardmäßig gesetzte Auswahlhaken unter „Ansichtsfenster/ Quader/ Sichtbarer Rahmen" zu entfernen.

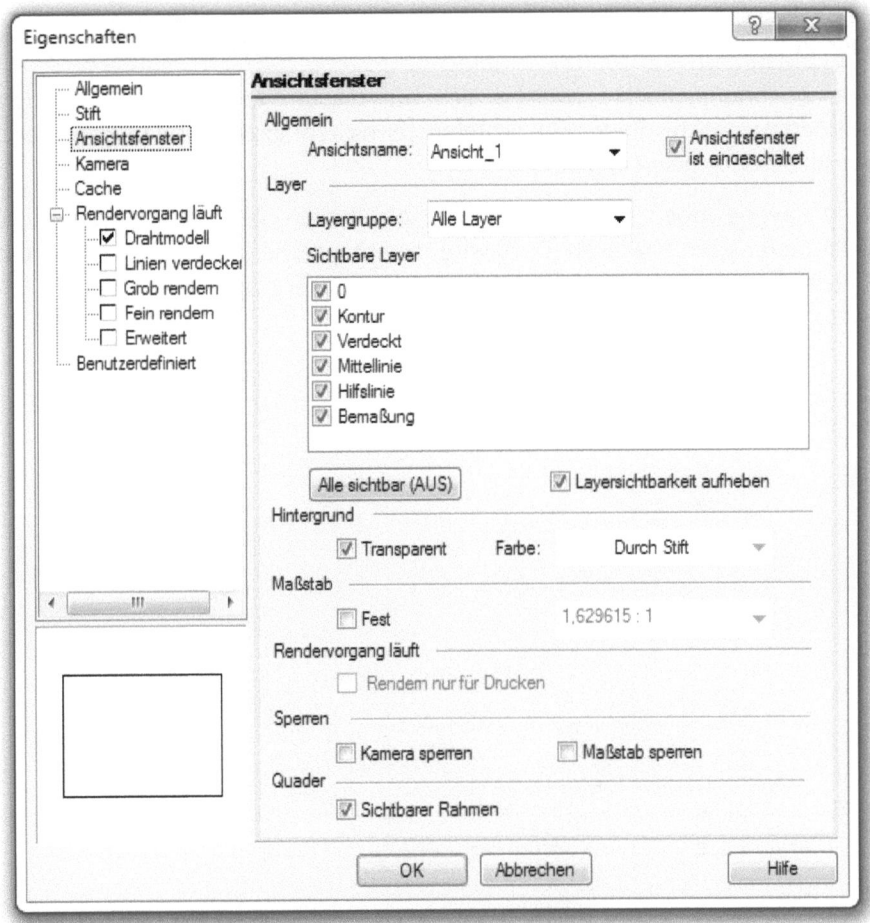

Abbildung 6-2 Ansichtsfenster-Eigenschaften

Die Linieneigenschaften dieses Rahmens werden im Menüpunkt „Stift" verwaltet. Soll die Farbe, die Linienart oder Stärke geändert werden, kann dies in diesem Menüpunkt erfolgen.

In einem Ansichtsfenster können bestimmte Layer aktiviert oder deaktiviert werden. Im Eigenschaftsfenster unter „Ansichtsfenster/ Layer/ sichtbare Layer" sind alle in der Zeichnung vorhandenen Layer aufgelistet. Alle bei der Erstellung des Ansichtsfensters vorhandenen Layer sind automatisch aktiviert und somit sichtbar. Wird ein Layer beim Bearbeiten des Modells im

Modellbereich nachträglich hinzugefügt, wird er in der Liste aufgeführt, ist jedoch deaktiviert.

Alle Zeichnungsobjekte, welche sich auf diesem neuen Layer befinden, werden demnach von dem Ansichtsfenster nicht angezeigt und müssen dafür nachträglich aktiviert werden.

Sind Layergruppen (Kapitel 7.7) definiert, lassen sich diese ebenfalls zu Ansichtsfenstern zuweisen. Dazu wird die entsprechende Layergruppe in der Dropdownliste unter „Ansichtsfenster/ Layer/ Layergruppe" ausgewählt.

6.2 BEMASSUNG UND MARKIERUNGEN

Zur Bemaßung und Beschriftung von Zeichnungsobjekten stehen verschiedene Werkzeuge wie die Orthogonal-, Parallel-, Winkel- oder die Basislinienbemaßung zur Verfügung.

Mit Bemaßungseigenschaften können die Bemaßungen an die eigenen Vorstellungen oder Normen angepasst werden. Verschiedene Pfeilspitzen, Schriftarten, Toleranzen, Grenzwerte, Linienarten, Präfix und Suffix sowie alternierende Einheiten stehen zur Verfügung.

Es besteht die Möglichkeit, verschiedene Bemaßungsstile zu speichern und diese auf Abruf einzuladen. Dazu können im Stilmanager unter „Extras/ Paletten/ Stilmanager" beliebig viele Bemaßungsstile hinzugefügt und mit den gewünschten Einstellungen versehen werden. Diese Bemaßungsstile können dann in den Bemaßungseigenschaften, wie in Abbildung 6-4 zu sehen, ausgewählt werden.

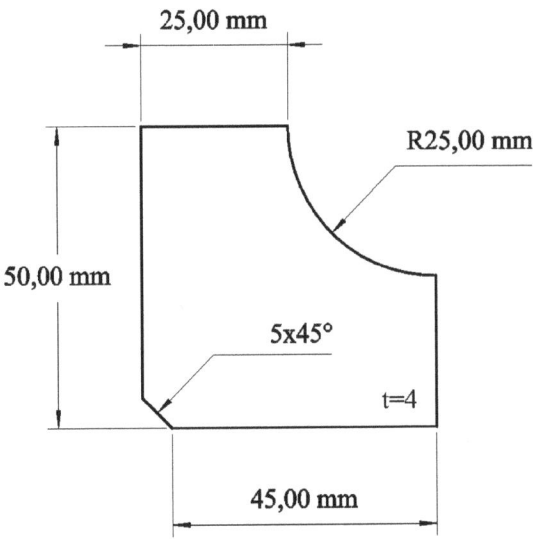

Abbildung 6-3 Beispiel Bemaßung und Beschriftung

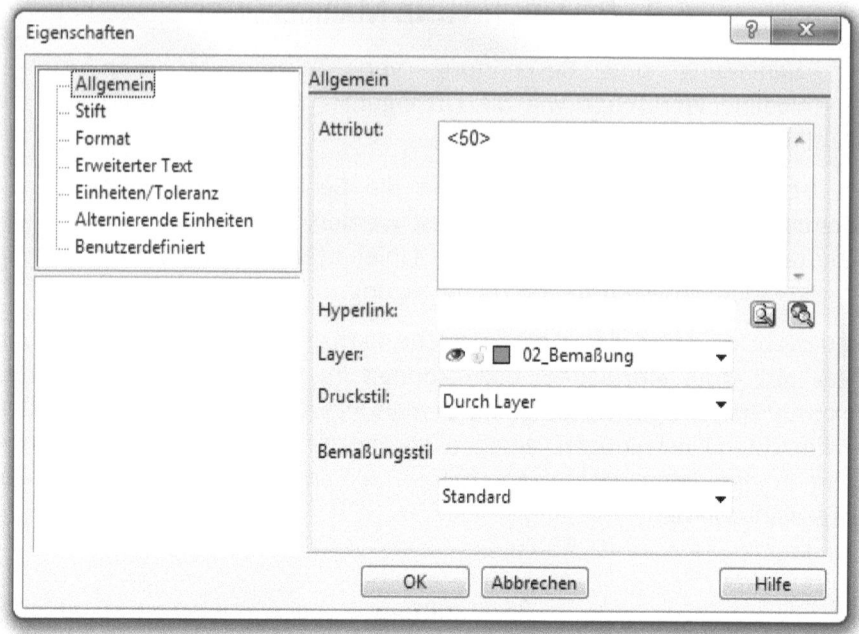

Abbildung 6-4 Bemaßungsoptionen "Allgemein"

Ist eine Bemaßung erstellt, wird die Maßzahl in den Bemaßungsoptionen unter „Allgemein/ Attribut" gezeigt.

Eine Bemaßungszahl, welche durch die Länge, Durchmesser oder Winkel des bemaßten Objektes gesteuert wird, ist von Kleiner- und Größer-Zeichen umgeben (Beispiel: <50>). Überschreibt man diesen Wert manuell, verliert die Bemaßungszahl ihre Assoziativität zum Objekt. Längen- und Größenänderungen werden dann nicht mehr erfasst. Das Maß ist also nicht mehr intelligent mit der Geometrie verbunden.

Löscht man die manuell eingegebene Zahl und setzt <> in das Attributfeld, wird die Bemaßungszahl wieder automatisch ermittelt und ausgegeben.

Überschriebene Maßzahlen sollten kenntlich gemacht werden. In der Praxis wird die Maßzahl in diesem Fall unterstrichen. Eine entsprechende Einstellung bieten die Bemaßungsoptionen leider nicht an. Alternativ kann das Maß durch das manuelle Platzieren einer Linie zum Unterstreichen der Zahl oder durch Änderung der Farbe kenntlich gemacht werden.

Beim Bemaßen ist zu beachten, dass der standardmäßig eingestellte Versatz zwischen Kante und Bemaßungslinie zu falschen Fangpunkten von weiteren Bemaßungen führen kann. Dies wird in der folgenden Abbildung verdeutlicht.

Beim Platzieren der Bemaßungen ist also, je nach dem welcher Bemaßungstyp verwendet wird, immer genau darauf zu achten, dass die korrekten Punkte gefangen werden.

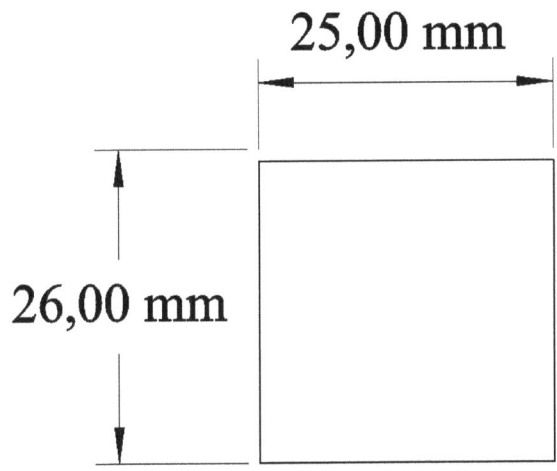

Abbildung 6-5 Bemaßungshilfslinien – Versatz

Der Versatz, also die Lücke zwischen Kante und Bemaßung, kann in den Bemaßungseigenschaften unter „Erweiterter Text/ Verlängerungslinien" geändert werden. In manchen Fällen kann in den Feldern „Verlängerung" und „Versatz" nicht der Wert null eingegeben werden. Dieser wird nicht erkannt und wieder mit dem zuvor eingegeben Wert ersetzt.

> Hier kann ein sehr kleiner Wert (Beispielsweise 0,000001) eingegeben werden. Sobald dieser Wert unterhalb der in den Zeichnungsoptionen eingestellten Einheitengenauigkeit liegt, wird der Wert automatisch auf null gesetzt und der Versatz verschwindet.

Die im System verwendeten Nachkommastellen können unter „Optionen/ Zeichnung einrichten /Bereichseinheiten /Einheiten im Arbeitsbereich/ Genauigkeit" eingestellt werden.

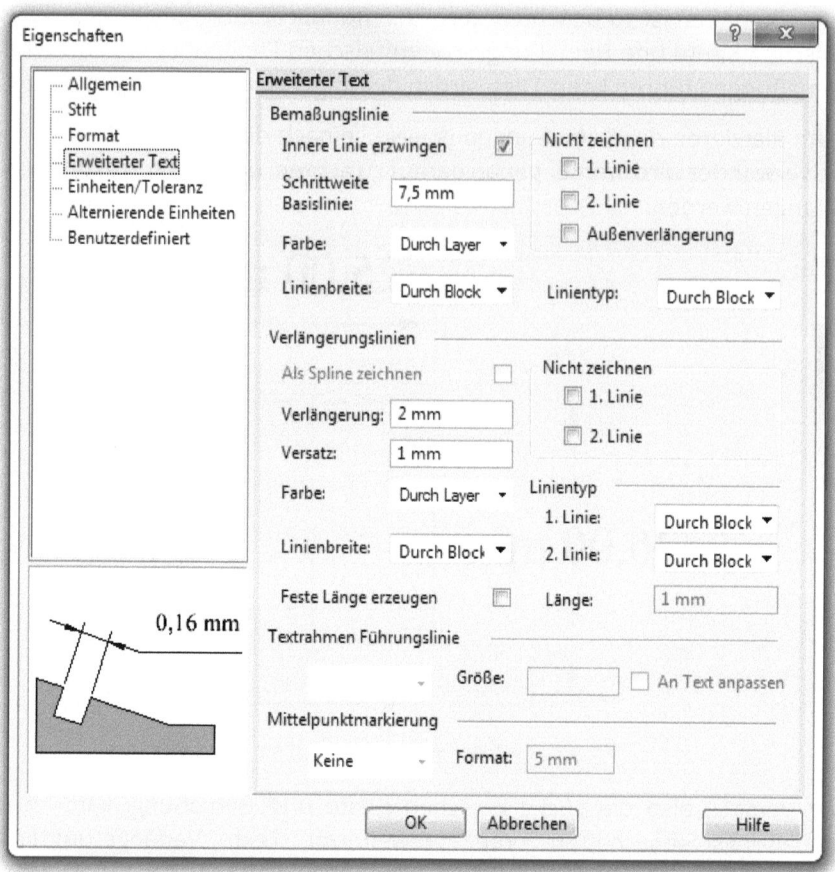

Abbildung 6-6 Bemaßungseigenschaften - Erweiterter Text

Nachfolgend werden auszugsweise einige der vorhandenen Bemaßungsarten aufgelistet, welche meist zur Anwendung kommen:

Orthogonal

Wird der „Orthogonal"-Befehl genutzt, müssen zunächst zwei Punkte definiert werden, zwischen denen dann automatisch vertikal oder horizontal bemaßt wird. Mit dem dritten Klick wird dann die Position der Maßzahl und automatisch dazu die Längen der Maßhilfslinien bestimmt.

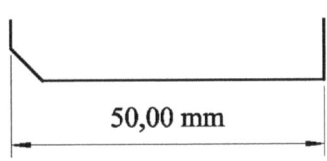

Intelligent

Bei diesem Bemaßungswerkzeug wird die Bemaßung zwischen den Endpunkten einer Linie durch nur einen Klick auf die Linie erstellt. Vor dem „Absetzen" der Bemaßung kann durch die Position des Mauszeigers festgelegt werden, ob die Bemaßung parallel zur Linie oder horizontal / vertikal platziert werden soll.

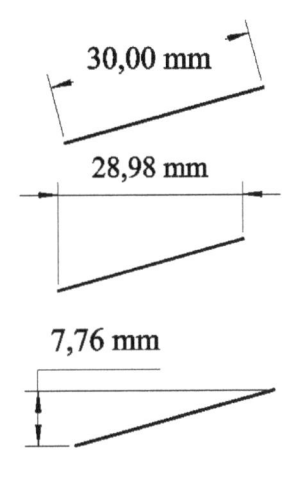

Parallel

Die Bemaßung wird parallel zur Linie durch Definierung des Start- und Endpunktes gesetzt.

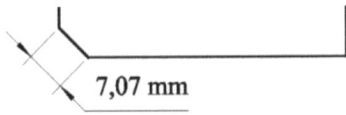

Radius / Durchmesser

Sowohl Radius- als auch die Durchmesserbemaßung wird durch einen Klick auf den Bogen oder Kreis sowie durch den zweiten Klick zum Absetzen der Bemaßung definiert.

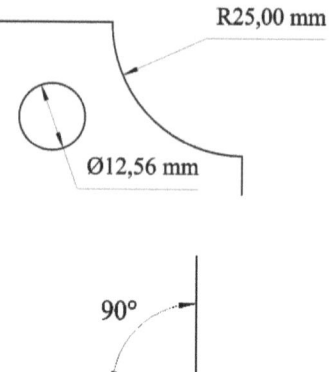

Winkel

Die Winkelbemaßung wird durch Anklicken der zu messenden Linien in einer beliebigen Reihenfolge erstellt.

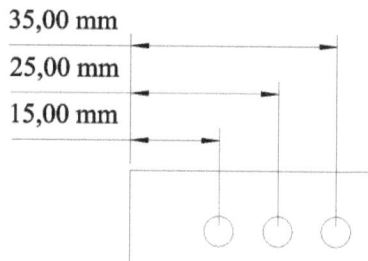

Basislinie

Um mehrere Punkte auf eine Basislinie zu referenzieren, muss zunächst eine Bemaßung (z.B. Orthogonal-Bemaßung) zwischen den ersten beiden Punkten erstellt werden. Aktiviert man nun den Basislinien-Befehl und klickt die gewünschte Maßhilfslinie an, welche auf die zu referenzierende Kante anschließt, können weitere Referenzpunkte hinzugefügt werden.

Führungslinie

Das Führungslinienwerkzeug erlaubt Anmerkungen mit einem Bezugspfeil zu erstellen. Der erste Klick definiert den Punkt auf den der Bezugspfeil zeigt. Der zweite den Übergang von Bezugslinie zu waagerechter Textlinie. Der gewünschte Text sowie dessen Ausrichtung wird über die Kontrollleiste eingegeben.

Durch Doppelklick auf eine Bemaßung oder Rechtsklick auf eine Bemaßung und Auswahl der Eigenschaften, können Bemaßungseigenschaften wie Text, Pfeile, Hilfslinien etc. bearbeitet werden.

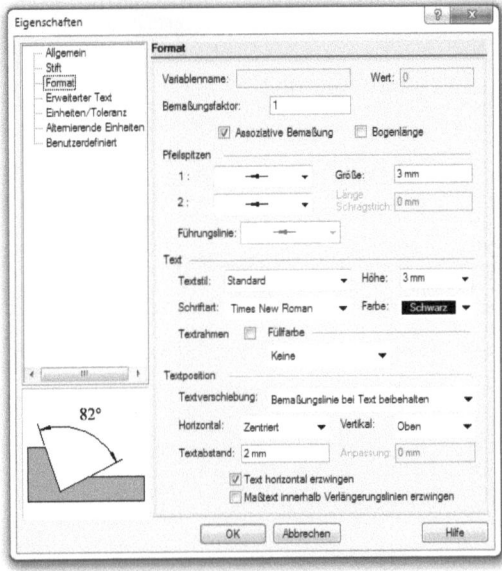

Stift: Linienstärke, Farbe, Strichart

Format: Bemaßungsfaktor, Pfeilspitzen, Textformatierung

Erweiterter Text: Formatierung der Maßlinie und Maßhilfslinien

Einheiten / Toleranz: Maßeinheiten, Rundung, Toleranzen / Grenzwerte

Alternierende Einheiten: Multiplikator, Prä- und Suffix, Toleranzen

Abbildung 6-7 Bemaßungseigenschaften – Format

Form- und Lagetoleranzen

Neben Bemaßungen und einfachen Textmarkierungen gibt es noch weitere nützliche Markierungsbefehle. Mit dem „Toleranz"-Befehl können am Werkstück die maximal zulässigen Abweichungen für Form, Profil, Ausrichtung und Position festgelegt werden.

Der Befehl befindet sich im Menü „Zeichnen/Toleranz".

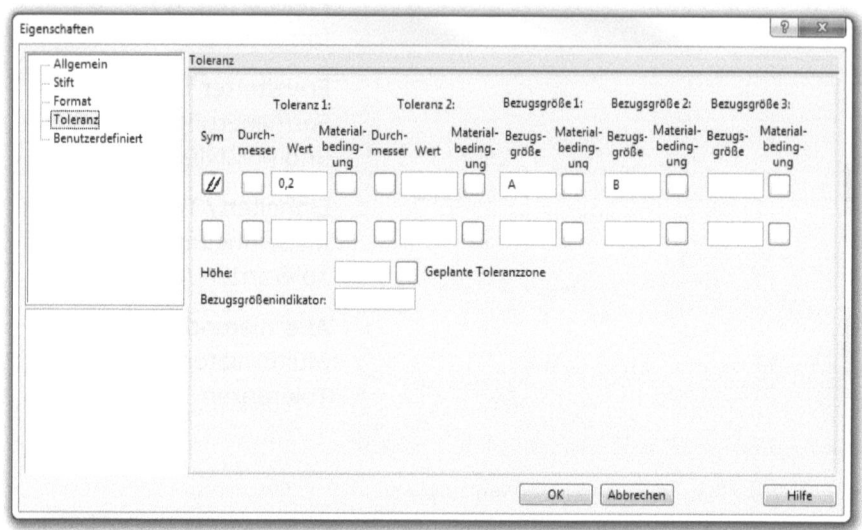

Abbildung 6-8 Menü zur Bearbeitung der Toleranz-Eigenschaften

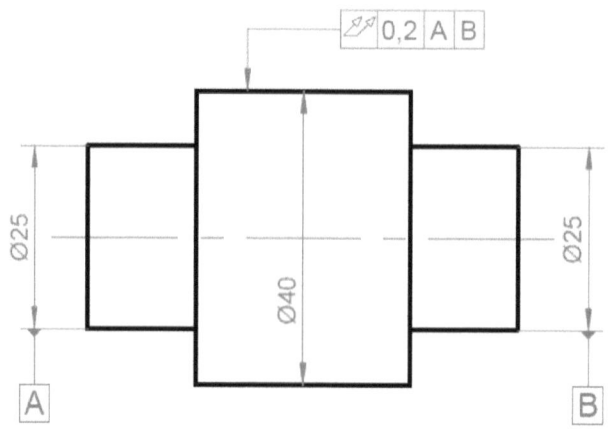

Abbildung 6-9 Anwendungsbeispiel Form- und Lagetoleranzen

Oberflächenrauheit

Der Befehl Oberflächenrauheit ermöglicht das Platzieren von Symbolen zur Festlegung der zulässigen Oberflächenbeschaffenheit eines Werkstückes.

Er befindet sich im Menü „Zeichnen/Oberflächenrauheit".

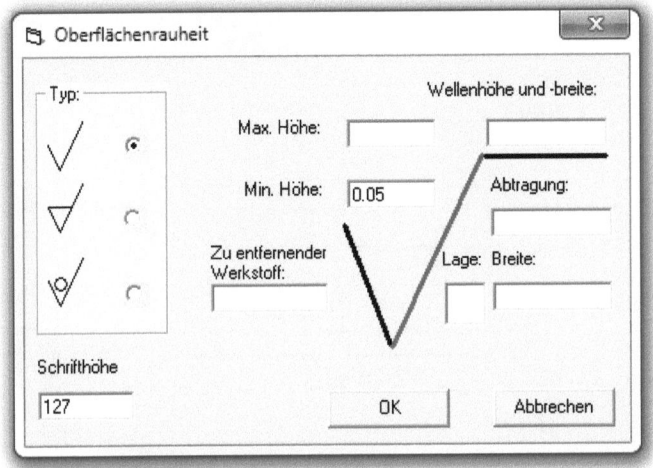

Abbildung 6-10 Menü zur Bearbeitung der Oberflächenrauheit

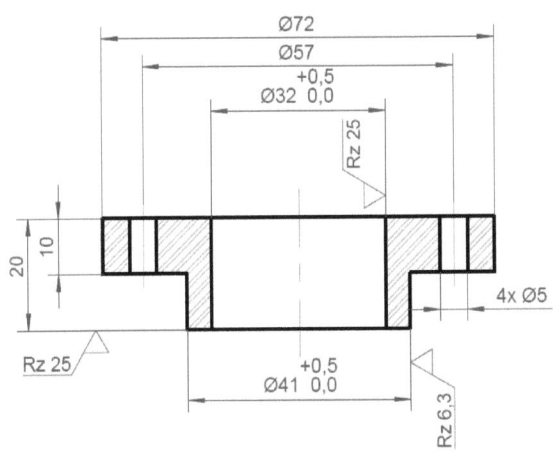

Abbildung 6-11 Anwendungsbeispiel Oberflächenrauheit

Schweißnahtsymbole

Mit dem Befehl Schweißsymbol können Schweißverbindungen markiert und definiert werden.

Der Befehl befindet sich im Menü „Zeichnen/Schweißsymbol".

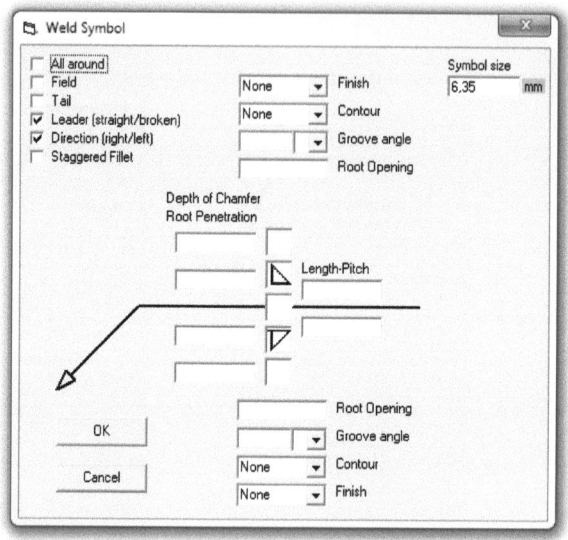

Abbildung 6-12 Menü Schweißsymbol

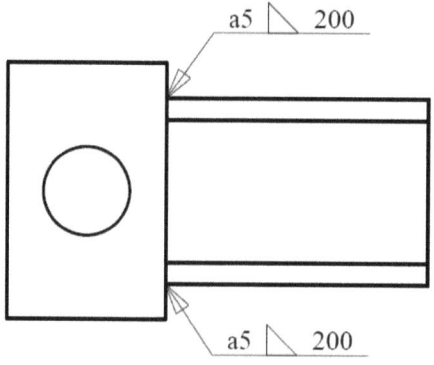

Abbildung 6-13 Anwendungsbeispiel Schweißsymbol

6.3 DRUCKEREINRICHTUNG

Blattformat, Druckbereiche und Maßstäbe lassen sich unter „Datei/ Seite einrichten" einstellen. Dabei wird zwischen Druckerpapier und Zeichnungsblatt unterschieden.

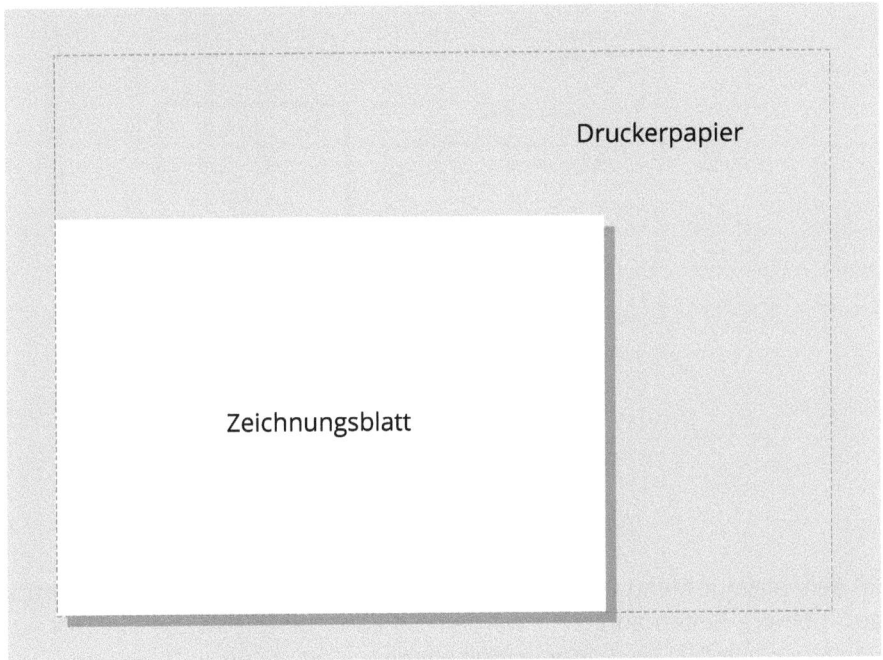

Abbildung 6-14 Druckbereich und Zeichnungsblatt

Entspricht das Format des Druckerpapiers dem des Zeichnungsblattes, sollte dieses, wie in Abbildung 6-15 zu sehen, in den Bereichen „Druckerpapier" und „Zeichnungsblatt" gleichermaßen eingestellt werden. Durch die Funktion „Auf der Seite zentrieren" wird alles im Papierbereich befindliche zentriert. Der Maßstab wird dadurch nicht beeinflusst. Dieser kann unter „Druckmaßstab Zeichenbereich" eingestellt werden.

Hierbei ist zu beachten, dass dieser sich global auf den gesamten Zeichenbereich auswirkt. Sind im Papierbereich Zeichnungsobjekte oder Ansichtsfenster vorhanden, welche in einem bestimmten Maßstab gezeichnet wurden und soll dieser auch beim späteren Ausdruck bestehen bleiben, ist hier der Maßstab 1:1 (Volle Größe) zu wählen.

Ist kein Maßstab erforderlich, sondern das Gezeichnete soll so groß wie möglich auf dem eingestellten Papierformat dargestellt werden, kann der Maßstab durch den Button „Anpassen" entsprechend angepasst werden.

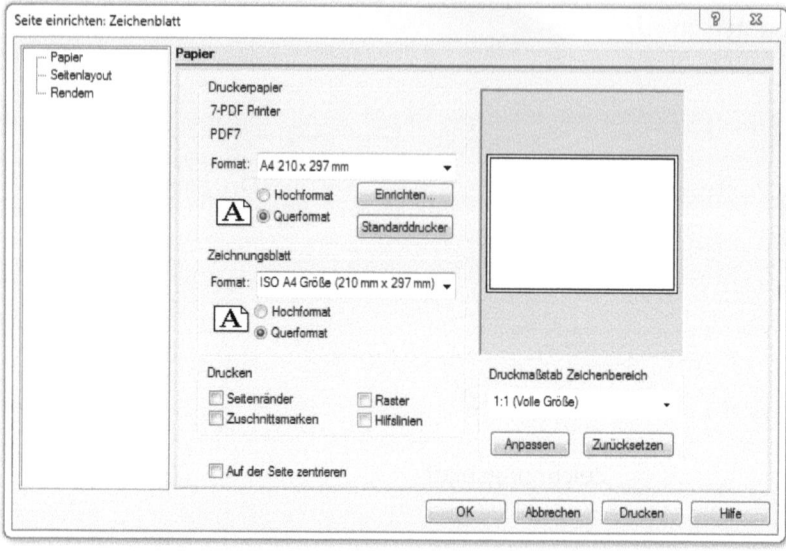

Abbildung 6-15 Seite einrichten – Papier

Im Seitenlayout-Menü können Seitenränder eingestellt sowie der Ausdruck auf mehrere Seiten aufgeteilt werden. So kann beispielsweise ein DIN A2-Papier auf vier DIN A4-Blätter verteilt werden.

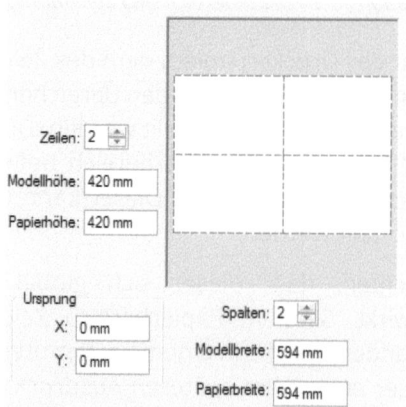

Abbildung 6-16 Zeilen und Spalten

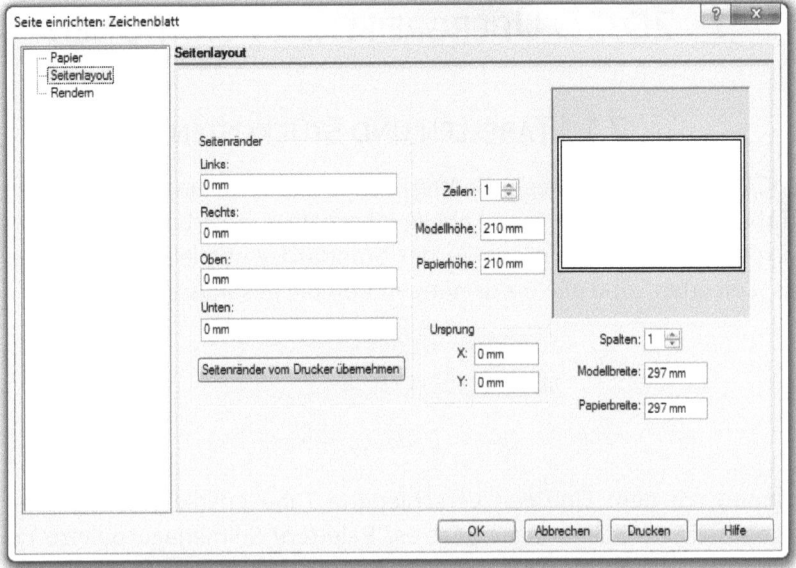

Abbildung 6-17 Seite einrichten – Seitenlayout

Der Ursprung bezieht sich auf die untere linke Ecke des Druckbereiches bzw. des Zeichnungsblattes.

7 2D/3D ÜBERGREIFENDE FUNKTIONEN

7.1 TABELLEN UND STÜCKLISTEN

TurboCAD® bringt grundlegende Werkzeuge zur Erstellung und Bearbeitung von Tabellen mit. Es kann eine Tabelle innerhalb von TurboCAD® erstellt oder aus Excel® importiert werden. In der Standardsymbolleiste „Text" oder im Menü „Zeichnen" sind alle dafür nötigen Befehle gesammelt.

Abbildung 7-1 Standardsymbolleiste Text

Es können vor dem Einfügen verschiedene Tabellenstile angelegt werden. Dies geschieht im Stilmanager („Extras/ Paletten/ Stilmanagerpalette") unter Tabellenstile. Hier können Schriftart, Textgröße, Schrift und Zellenfarbe sowie die Textausrichtung bestimmt werden. Fügt man dann eine Tabelle ein, kann man in dem Eigenschaftenmenü aus den angelegten Tabellenstilen wählen. Dies kann praktisch sein, um z.B. fertige Tabellenstile für Stücklisten oder Materialentnahmelisten vorab zu definieren.

Ist der Befehl „Tabelle" ▦ aktiviert, lässt sich die Tabellengröße sowie die Anzahl der Zellen über die Kontrollleiste einstellen.

Mit dem Befehl „Tabelle ändern" ▦ können Texte eingegeben werden. Bei aktiviertem Befehl wird zunächst eine Zelle ausgewählt. Klickt man einfach, kann bereits in der Auswahlinformationspalette der Text eingegeben werden. Per Doppelklick kann direkt in die Zelle geschrieben werden. Texteigenschaften werden von dem Tabellenstil gesteuert.

Jede Zelle kann jedoch einzeln über die Auswahlinformationspalette formatiert werden.

Zum Hinzufügen, Entfernen oder Ändern von Zeilen und Spalten wird das Bearbeitungswerkzeug verwendet. Ist dies aktiviert und die Tabelle ausgewählt, lassen sich durch Klicken bei gedrückter Umschalt-Taste Formatierungsoptionen in der Kontrollleiste aktivieren, mit denen die Tabelle weiterbearbeitet werden kann. Markiert man mit gedrückter Umschalttaste zwei Felder, lassen sich diese zu einer verbinden. Erstellte Tabellen können mit dem Befehl „Tabelle exportieren" als Excel®-Datei auf dem PC gespeichert werden.

Separat erstellte Excel®-Tabellen können zum einen mit dem Befehl „Tabelle importieren" eingefügt und so zu einer TurboCAD®-internen Tabelle umgewandelt werden oder per Copy-Paste in die geöffnete Zeichnung eingefügt werden. Diese Tabelle lässt sich dann öffnen und innerhalb von TurboCAD® in der gewohnten Excel®-Umgebung bearbeiten. Dabei sind folgende Dinge zu beachten:

> ⚠️ Es besteht keine Verbindung zwischen der eingefügten Excel®-Tabelle und der Quelldatei. Änderungen einer der Tabellen werden in der jeweils anderen nicht übernommen.

Wird eine Tabelle aus Excel® in den Modell- oder Papierbereich importiert, so lässt diese sich dort in der Größe durch Ziehen der Ränder verändern. Soll eine einheitliche Schriftgröße eingehalten werden, ist dies zu vermeiden, da sich durch das Skalieren der Tabelle auch die Schriftgröße ändert.

Je nach Grafikkarte und deren Einstellungen kann es vorkommen, dass eine eingefügt Excel®-Liste verschwommen und in manchen Fällen nicht lesbar dargestellt wird. Durch das Drücken der F5-Taste zur Aktualisierung der Zeichnungen oder Aktivierung des Befehls im Menü „Ansicht/ Neu zeichnen", sollte die Tabelle wieder normal dargestellt werden. Ein Ausdruck oder der Export als PDF ist von diesem Grafikproblem nicht betroffen.

Stücklisten können in TurboCAD® als selbstgenerierte Berichte direkt als Tabelle in den Modell- oder Papierbereich ausgegeben werden. Durch die Datenbank-Berichtsfunktion können sowohl Gruppen oder Blocknamen zur Erstellung von Stücklisten als auch die in Kapitel 7.5 gezeigten Teileinformationen genutzt werden.

> ⚠️ Hier ist zu beachten, dass die eingefügten Stücklisten lediglich Momentaufnahmen darstellen und sich nicht automatisch an die Zeichnung anpassen. Werden Teile hinzugefügt oder entfernt, passt sich die Stückliste nicht an.

7.2 GRUPPEN, BLÖCKE UND EXTERNE BLOCKREFERENZEN

Bei der Unterscheidung zwischen Gruppen und Blöcken soll die nachfolgende Erläuterung dieser Elemente helfen.

Gruppen

Mehrere gezeichnete Objekte lassen sich durch den Befehl „Gruppe erstellen" ▩ gruppieren. Durch einmaliges Explodieren mit dem Befehl „Explodieren" ▩ lässt sich die Gruppierung wieder aufheben. Eine verschachtelte Gruppierung (Gruppe in Gruppe) ist möglich.

Die Gruppe lässt sich im Auswahlmenü durch den Befehl „Inhalt bearbeiten" ⚒ bearbeiten, ohne sie vorher durch Explodieren auflösen zu müssen. Dies gilt auch für verschachtelte Gruppen. Dabei wechselt die Ansicht derart, dass nur noch die zu bearbeitende Gruppe auf dem Bildschirm bleibt.

Durch mehrfaches „Inhalt bearbeiten" kann in tiefere Ebenen gelangt werden. Jede Ebene ist dann wiederrum mit „Inhaltsbearbeitung beenden" ∨ zu schließen, bevor in der eigentlichen Zeichnung weitergearbeitet werden kann.

> Des Weiteren kann eine Gruppe markiert und durch Auswahl des Bearbeitungswerkzeugs im Aufklappmenü durch Rechtsklick bearbeitet werden. Vorteil dieser Methode ist, dass der Rest der Zeichnung beim Bearbeiten der Gruppe sichtbar bleibt und nicht ausgeblendet wird. Außerdem können Objekte, welche sich nicht in der Gruppe befinden, gefangen werden.

Blöcke

Blöcke sind dann hilfreich, wenn Zeichnungsobjekte in einer aktuellen Zeichnung mehrfach verwendet werden sollen. Blöcke werden in der internen Blockpalette der Zeichnung gespeichert. In die Zeichnung wird dann anstelle des Objekts ein Blockverweis eingefügt.

Ein beliebiges 2D- oder 3D-Zeichnungsobjekt kann zur Blockpalette hinzugefügt werden. Dazu wird das entsprechende Objekt am Bezugspunkt mit gedrückter Maustaste in den dunkel grau hinterlegten Bereich der Blockpalette gezogen und dort abgelegt. In dem dann erscheinenden Menü (Abbildung 7-2) kann ein individueller Blockname vergeben werden unter welchem der Block dann auch in der Blockpalette aufgeführt wird. Bereits bestehende Blöcke werden unterhalb der Nameneingabe aufgeführt. Ist die Option „An aktueller Position einfügen" aktiviert, verbleibt das hinzugefügte Zeichnungsobjekt (nun als Blockverweis) an der gleichen Position.

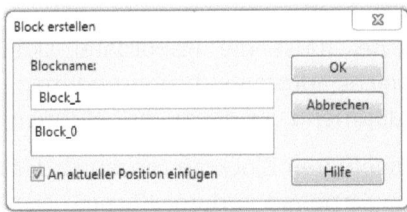

Abbildung 7-2 Hinzufügen eines Objektes zur Blockpalette

Blöcke können beliebig oft aus der Blockpalette per Drag&Drop in die aktuelle Zeichnung eingefügt werden.

Wird ein Block bearbeitet, werden alle Instanzen dieses Blocks in der Zeichnung aktualisiert. Der Vorteil liegt in der geringeren Dateigröße, da die entsprechenden Objekte nicht mehrfach, sondern nur einmal in der Zeichnung und somit im Speicher vorhanden sind. Soll ein Block bearbeitet werden, z.B. beim Bearbeiten von Texten oder Layern, kann dies im „Blöcke"-Aufklappmenü mit dem Befehl „Inhalt Bearbeiten" gemacht werden.

Das Explodieren eines Blockes trennt die Verbindung zwischen dem Block und dem eingefügten Blockverweis auf. In der Regel wird das ursprüngliche Zeichnungsobjekt ohne Einschränkungen dabei wiederhergestellt. Es kann jedoch zum Verlust der Teilestruktur (Kapitel 5.7) kommen. Dies sollte nach dem Explodieren des Blockes zunächst in der Auswahlinformationspalette überprüft werden.

Externe Blockreferenzen

Eine externe Blockreferenz (XRef) ist eine eigenständige 2D- oder 3D-Zeichnung, die als Block in die Blockbibliothek der aktuellen Zeichnung eingefügt wird. Im Gegensatz zu normalen Blöcken werden die Objekte, die mit einer XRef-Definition verknüpft sind, nicht in der aktuell geöffneten Zeichnung gespeichert, sondern lediglich ein Verweis zu einer anderen Zeichnungsdatei eingefügt.

Wenn eine externe Referenz eingefügt wurde, wird der ganze Inhalt der anderen Datei angezeigt, befindet sich aber nicht in der Zeichnung. Ähnlich dem Prinzip einer Windows®-Verknüpfung.

Eingefügte Blockreferenzen lassen sich aus der Baugruppe bzw. Hauptdatei öffnen. Dies geschieht durch Rechtsklick auf die entsprechende Referenz in der „Externe Referenzen"-Liste in der Blockpalette sowie durch Auswahl des obersten Befehls „Öffnen". Dadurch wird die Zeichnung, welche als Blockreferenz eingefügt wurde, separat geöffnet. Nachdem diese geändert und geschlossen wurde, muss die Hauptdatei aktualisiert werden. Die Änderungen werden nicht automatisch übernommen. Der Befehl befindet sich im gleichen Aufklappmenü wie der zuvor beschriebene „Öffnen"-Befehl.

Eine Änderung der eingefügten Blockreferenzen in der Hauptdatei, wie zum Beispiel das boolesche Abziehen anderer Körper, ist nicht möglich. Hier ist lediglich das Skalieren durch die Eingabe neuer Werte in die untere Kontrollleiste möglich.

Das Verwenden von externen Blockreferenzen bietet sich an

- wenn mehrere schon in sich komplexe Zeichnungen mit großem Datenvolumen zusammengefügt werden sollen (ggf. zu lange Ladezeiten in einer Datei) oder

- wenn es sich um Standardteile handelt, welche zentral gespeichert und nicht in jede neue Zeichnung hineinkopiert werden sollen. Hierbei ist zu beachten, dass bei einer Änderung dieser zentralen Datei diese in alle Zeichnungen übernommen wird, in der das Teil als externe Blockreferenz eingefügt wurde.

Um eine externe Blockreferenz zur der aktuell geöffneten Zeichnung hinzuzufügen, muss in der Blockpalette auf „Externe Referenzen" geklickt werden. Es öffnet sich das Menüfenster „Externe Referenzen" innerhalb der Blockpalette. Dieses Menüfenster führt zunächst nur die aktuell geöffnete Zeichnung auf. Per Rechtsklick auf den Namen der Zeichnung kann nun eine weitere Zeichnungsdatei ausgewählt und diese als Blockreferenz hinzugefügt werden. Dabei kann ausgewählt werden, ob die Zeichnung am Mittelpunkt der XREF-Ausdehnung (Rahmen, welcher alle enthaltenen Zeichnungsobjekte umgibt) oder an einem vorher definierten XREF-Einfügebasispunkt eingefügt werden soll.

Es können beliebig viele Blockreferenzen hinzugefügt werden. Alle Blockreferenzen werden im Menüfenster „Externe Referenzen" in der Blockpalette aufgelistet. Per Rechtsklick auf die aufgeführten Referenzen stehen die Funktionen „Öffnen", „Neu Laden", „Entfernen" und „Einbetten" zur Verfügung. Mit der Funktion „Einbetten" wird zunächst der Verweis auf die externe Zeichnung unterbrochen und alle sich darin befindlichen Zeichnungsobjekte in die Hauptzeichnung importiert. Die Dateigröße wird entsprechend ansteigen.

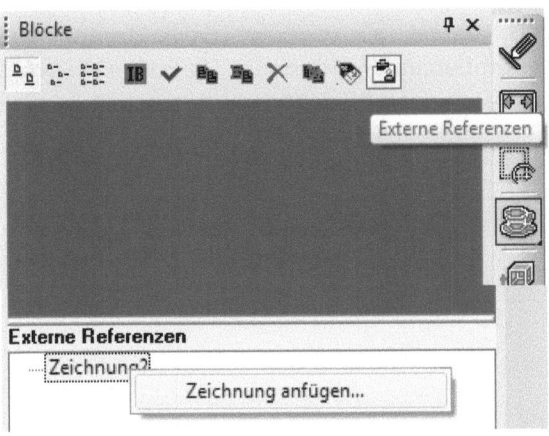

Abbildung 7-3 Blockmenü - Externe Blockreferenzen

Abbildung 7-4 Externe Blockreferenz einfügen

Bei der Verwendung von externen Blockreferenzen ist es entscheidend, dass der Pfad zu den externen Blockreferenzen überwacht wird. Sollte zum Beispiel vorgesehen sein, dass bei Änderungen eine Revisionsnummer im Dateinamen geändert werden muss, kommt es automatisch zu Fehlern bei der Zuweisung.

Die Pfadzuweisung lässt sich in der Blockpalette unter „Inhalt bearbeiten" einsehen und bearbeiten. Das kann zum Beispiel hilfreich sein, sollte die Zeichnungsdatei, welche als externe Blockreferenz eingefügt wurde, verschoben oder umbenannt worden sein. Die korrekte Zuweisung kann dann durch die Angabe des neuen Pfades wiederhergestellt werden.

Abbildung 7-5 Externe Blockreferenz bearbeiten

Wird eine externe Blockreferenz über ein Ansichtsfenster in den Papierbereich übertragen, kann es zu Problemen mit der Assoziativität zwischen Bemaßung und Zeichnungsobjekt kommen. Dies ist bei einer Änderung der externen Blockreferenz zu überprüfen.

7.3 SYMBOLBIBLIOTHEK

Die Symbolbibliothek ermöglicht ein zentrales Speichern sowohl von 2D- als auch von 3D-Objekten. Dort werden Objekte gespeichert, welche voraussichtlich häufiger genutzt werden (Fließschema-Symbole, Zeichnungsköpfe, Formteile, Schrauben, usw.). Benötigt man beispielsweise ein Standardbauteil in der aktuellen Zeichnung und wird dieses vermutlich mehrfach in der Zeichnung vorkommen, kann es zunächst aus der Symbolbibliothek eingefügt und dann in einen Block (Kapitel 7.2) umgewandelt und vervielfältigt werden.

Wurde ein Teil aus der Bibliothek eingefügt, <u>verliert</u> es den Bezug zur Datei, welche zentral in der Bibliothek gespeichert wurde. Eine Änderung der Bibliotheksdatei wirkt sich daher <u>nicht</u> auf das eingefügte Teil aus. Ist die Beziehung zwischen eingefügtem Teil und auf dem PC oder Server gespeichertem Teil erwünscht, muss die „Externe Blockreferenz" (Kapitel 7.2) genutzt werden.

Die Symbolbibliothek ist nach Installation von TurboCAD® lokal auf dem Rechner gespeichert, kann aber zentral auf einen Netzwerkserver verlegt werden, sodass mehrere Nutzer auf die gleiche Bibliothek zugreifen können. Die Einrichtung und das Aktualisieren der Symbolbibliothek muss jedoch auf jedem Rechner erfolgen. Es werden lediglich die zu verwendenden Daten zentral im Netzwerk abgelegt.

 Die Symbolbibliothek gleicht ihren Inhalt nicht automatisch mit den Daten auf dem PC oder Server ab.

Daher sollte vor jeder Verwendung der Bibliothek diese neu geladen werden, um zu gewährleisten, dass die neuesten Daten verwendet werden oder alternativ bei Änderungen an den Bibliotheksinhalten dies mit allen Nutzern kommuniziert werden.

7.3.1 Verwendung der Symbolbibliothek

Die Symbole können per „Drag&Drop" am Bezugspunkt aus dem Aufklapp-menü „Symbole und Teile" in die Zeichnung importiert werden.

Die Symbolpalette lässt sich unter „Extras/ Paletten/ Bibliothek..." aktivieren und an einem beliebigen Bildschirmrand anheften.

Alle Symbole, welche aus der Symbolbibliothek importiert werden, sind automatisch gruppiert. Dies ist beim weiteren Bearbeiten zu beachten. Dies gilt auch für einzelne Objekte.

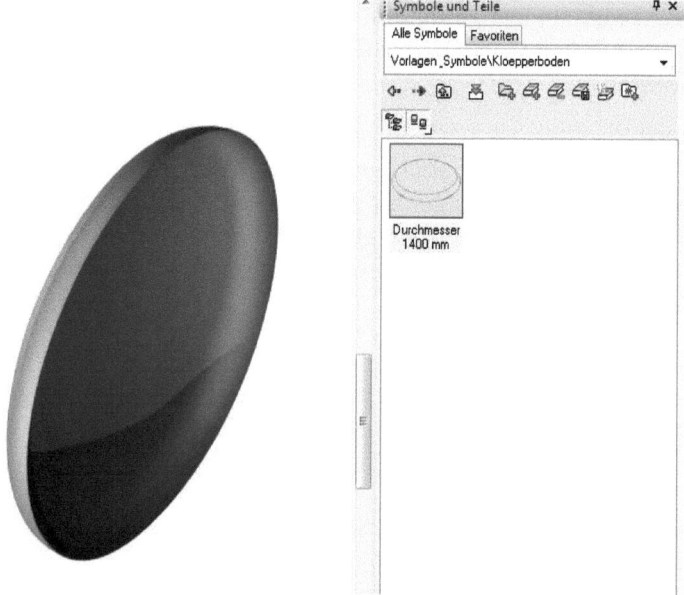

Abbildung 7-6 Aufklappmenü „Symbole und Teile"

7.3.2 Anlegen von Teilen in der Symbolbibliothek

Das Anlegen von Teilen in der Symbolbibliothek soll anhand von Rohrbögen in verschiedenen Dimensionen gezeigt werden. Zunächst wird eine neue Zeichnung geöffnet und ein Rohrbogen in einer Dimension nach Wahl modelliert. Dieser wird dann nach Fertigstellung in der gleichen Zeichnung mehrfach kopiert und in die anderen Dimensionen geändert. Die einzelnen Kopien müssen manuell angepasst werden, was sich aber durch die Nutzung der Auswahlinformationspalette einfach gestaltet. Um einen Rohrbogen zu modellieren, gibt es verschiedene Wege. Im folgenden Beispiel wurde der 3D-Grundkörper-Befehl „Torus" dafür verwendet.

Abbildung 7-7 Erstellung eines Rohrbogens durch den 3D Grundkörper Torus

Dabei entsprechen die Befehlseingaben „Radius der Grundfläche" und „Radius des Torus" dem äußeren Bogenradius sowie dem Radius der Bogenmittellinie. Die Wandung kann nach Erstellung des Torus durch das „Volumenkörper umrahmen" erstellt werden. Die Wandstärke ist beim Verwenden des Befehls als negativer Wert in die Kontrollleiste einzugeben sowie die beiden Enden des Bogens auszuwählen, um den Torus entsprechend auszuhöhlen. Der erstellte Bogen kann nun kopiert und durch die Änderung der Werte (Wandung, Radius der Grundfläche und Radius des Tubus) in die jeweilige Dimension gebracht werden.

Abbildung 7-8 Erstellung aller Dimensionen des Rohrbogens

Nun wird die Symbolbibliothekspalette geöffnet und jeder Bogen einzeln per „Drag&Drop" am Bezugspunkt in die Palette gezogen. Zunächst muss eine

Bezeichnung eingeben werden. Anschließend muss der Speicherort festgelegt werden.

Hierbei ist es hilfreich, sich vor Ablegen der Teile eine passende Ordnerstruktur zu überlegen. Anstatt alle Bögen in einen Ordner zu speichern und so die Suche zu erschweren, können zum Beispiel Unterordner für die Bauart oder Material erstellt werden. Andersherum kann natürlich auch für jede Dimension ein Ordner angelegt und in diesen Bögen der gleichen Dimension mit verschiedenen Bauarten und Materialen abgelegt werden.

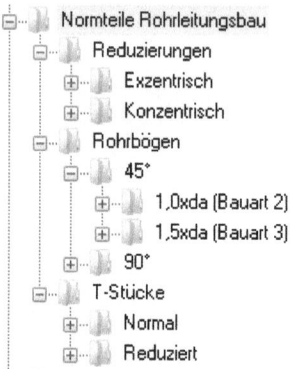

Abbildung 7-9 Beispielhafte Ordnerstruktur der Symbolbibliothek

Wird ein Objekt in die Symbolbibliothek eingefügt, wird automatisch eine externe Zeichnungsdatei erstellt und im angegeben Pfad gespeichert. Nach dem Hinzufügen aller Rohrbögen kann die Zeichnungsdatei, welche lediglich zum Erstellen und Hinzufügen der Bögen diente, ohne Speichern geschlossen werden, da alle Bögen durch das Hinzufügen in die Symbolbibliothek als separate Zeichnungsdateien gespeichert wurden.

Beim nächsten Laden (Kapitel 7.3.3) der Bibliothek sind die Teile nun enthalten und können verwendet werden.

In manchen Fällen bietet sich das Führen einer Übersichtszeichnung bzw. Mutterzeichnung an, in der alle Konfigurationen eines Bauteiles gespeichert werden, um diese bei Bedarf zu ändern und anschließend die Einzeldateien der Symbolbibliothek auszutauschen.

Wie bereits erwähnt, werden alle Objekte beim Einfügen aus der Bibliothek gruppiert. Es sollte also, wenn möglich, vermieden werden, verschiedene Teile vor dem Hinzufügen in die Bibliothek zu gruppieren, da dies zu einer doppelten Gruppierung führt.

Manchmal kommt es beim Einfügen eines Symboles in die Zeichnung zu einem Versatz zwischen Symbol und Mauszeiger. Dies kann durch einen falsch gesetzten Bezugspunkt oder Benutzerkoordinatensystem (Kapitel 5.4) zum Zeitpunkt der Erstellung des Symbols verursacht werden.

Um dies nachträglich zu beheben, muss zunächst die Zeichnungsdatei des Symbols geöffnet werden. Das Symbol muss darin mit dem gewünschten Einfügepunkt, welcher durch den Bezugspunkt definiert wird, auf den Zeichnungsursprung gelegt werden.

7.3.3   Aktualisierung der Symbolbibliothek

Zum Aktualisieren der Bibliothek muss diese zuerst entladen und dann neu eingeladen werden. Die dafür nötigen Schritte werden nachfolgend erläutert.

Schritt 1: Zuerst ist zu prüfen, ob bereits eine Bibliothek geladen ist. Ist dies der Fall, sieht die Bearbeitungszeile im „Symbole und Teile" Aufklappmenü aus wie in Abbildung 7-10 gezeigt. Ist keine Bibliothek geladen, ist der Button „Bibliotheken entladen" ausgegraut.

Abbildung 7-10 Bearbeitungszeile der Symbolbibliothek

Schritt 2: Sind alte Bibliotheken geladen, sind diese über den Button „Bibliotheken entladen..." zu entfernen.

Abbildung 7-11 Bibliothek entladen

Schritt 3: Ist keine Bibliothek vorhanden, kann über den Button „Ordner laden..." die zentral gespeicherte Bibliothek geladen werden. Dazu muss lediglich der Pfad der Bibliothek angegeben werden.

Damit alle Symbole korrekt angezeigt werden, kann per Rechtsklick auf eine beliebige Symbolvorschau in der Palette der Punkt „Symbole aktualisieren..." gewählt werden (Abbildung 7-12).

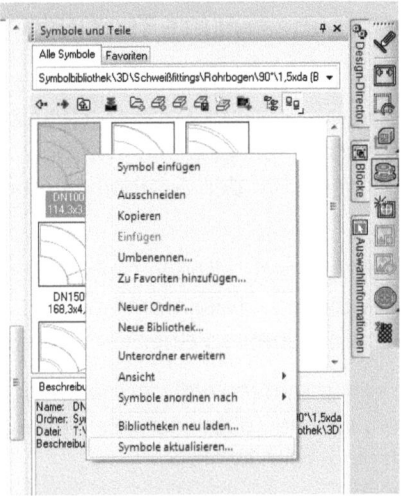

Abbildung 7-12 Symbolbibliothek Miniaturvorschau

Im nächsten Fenster kann die Symbolansicht eingestellt werden. Abbildung 7-13 zeigt eine mögliche Darstellung der Symbole.

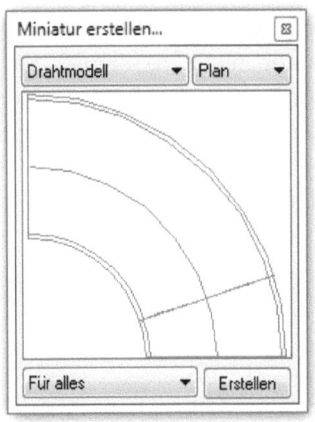

Abbildung 7-13 Symbolbibliothek Miniaturvorschau erstellen

Durch Klicken auf Erstellen, wird nun die Symbolvorschau aktualisiert. Ist die Einstellung „Für alles" gewählt, geschieht dies in der gesamten Bibliothek. Dies kann je nach Umfang der Bibliothek, eine längere Zeit in Anspruch nehmen.

7.4 BENUTZERDEFINIERTE TEILEINFORMATIONEN

Zeichnungsobjekte können mit benutzerdefinierten Teileinformationen versehen werden, welche von Berichtsvorlagen (siehe Kapitel 7.5) gelesen und als voreingestellte Berichte ausgegeben werden können. So können beispielsweise auch Objekte in der Symbolbibliothek mit Informationen versehen werden.

Mit Hilfe dieser Informationen können leicht Stücklisten mit den im Unternehmen notwendigen Teileinformationen generiert werden. Nachfolgend wird dies beispielhaft an einer Ventilliste gezeigt.

Zunächst müssen die gewünschten Feldinformationen definiert werden. Dies sind die Informationen, welche später dem Zeichnungsobjekt angefügt und vom Bericht aufgegriffen werden können.

Die Ventilliste soll beispielhaft die Informationen Hersteller, Dimension, Druckstufe und Bezeichnung enthalten. Diese Eigenschaften können unter „Extras/ Datenbank /Felder definieren…" angelegt werden.

Die Markierungsfelder S (Sichtbarkeit) und E (Editierbarkeit) sind zunächst aktiviert. Ist die Sichtbarkeit deaktiviert, können die angelegten Felder zwar einem Objekt zugewiesen und von einer Liste aufgenommen werden, sind aber für den Nutzer später nicht zu sehen. Wurde einem Objekt eine Teileinformation hinzugefügt, kann durch das Deaktivieren der Editierbarkeit verhindert werden, dass diese Information nachträglich vom Nutzer geändert wird. Unter „Beschreibung" können die Feldnamen kommentiert werden. Der eingegebene Text wird nicht auf der späteren Liste zu sehen sein und soll nur bei der Verwaltung der Listen helfen.

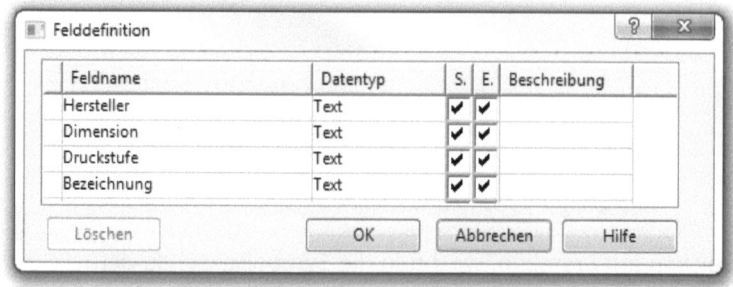

Abbildung 7-14 Definition der Feldnamen

Ist nun ein Ventilsymbol gezeichnet, welches in der Regel aus gruppierten Einzellinien besteht, können dieser Gruppe nun unter den Gruppeneigenschaften und „Benutzerdefiniert/ Anfügen..." die zuvor definierten Feldnamen angefügt werden. Die gewünschten Eigenschaften sind auszuwählen und das Fenster mit OK zu bestätigen.

Entspricht die Reihenfolge der gezeigten Feldnamen nicht der gewünschten, können die Eigenschaften auch einzeln nacheinander hinzugefügt werden.

Abbildung 7-15 Anhängen von Feldeigenschaften an ein Zeichnungsobjekt

Abbildung 7-16 Ausfüllen der Feldeigenschaften

Wählt man nun das Ventil aus, werden die Teileinformationen in der Auswahlinformationspalette gezeigt (Abbildung 7-17) und erlauben eine einfache Kontrolle während der Erstellung einer Zeichnung, wie beispielsweise einem Rohrleitungsschema.

Der Gruppenname des Ventils, der im oberen Bereich der Auswahl-informationspalette angezeigt wird, kann der Übersicht halber umbenannt werden.

Bei der Benennung der Gruppe ist folgendes zu beachten. Symbole sind immer gruppiert, werden sie aus der Symbolbibliothek entnommen und in die aktuelle Zeichnung eingefügt. Da die Ventilsymbole zum Anfügen der Teileinformationen, wie zuvor beschrieben, bereits gruppiert sind, kommt es hier zu einer doppelten Gruppierung. Ein einmaliges Explodieren löst die doppelte Gruppierung auf, sodass in der Auswahlinformationspalette wieder der gewünschte Gruppenname zu sehen ist.

Die unterste Gruppenebene des Ventils (zu erkennen an der Ventil-
bezeichnung im Gruppennamen) darf nicht aufgelöst werden, da dies
automatisch alle enthaltenen Teileinformationen entfernen würde. Diese sind
auch nach erneutem Gruppieren nicht wieder verfügbar. Das Ventil muss
dann neu aus der Symbolbibliothek geladen und eingefügt werden.

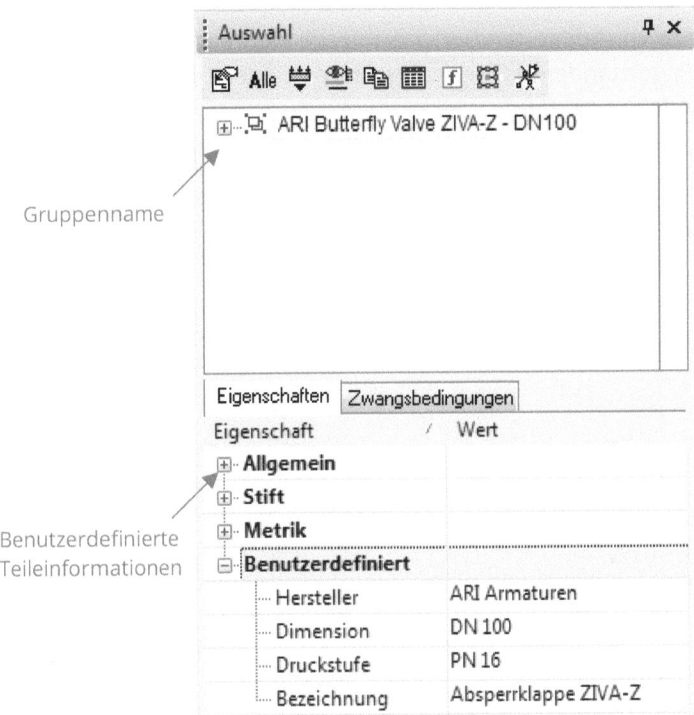

Abbildung 7-17 Benutzerdefinierte Teileinformationen in der Auswahlinformationspalette

7.5 DATENBANK- UND BERICHTAUSGABE

Benötigt man für die Erstellung einer Teileliste eine Übersicht aller in der aktuellen Zeichnung enthaltenen Objekte (z.B. eine Stückliste), Nummern oder Teileinformationen bietet sich die Berichtabfrage an. Mit dieser lassen sich u.a. alle Textobjekte auslesen und in einer Liste anzeigen, welche sich auch als Excel®-Liste exportieren lässt.

Die Erstellung einer vordefinierten Berichtsabfrage wird nachfolgend gezeigt. Dabei können z.B. vorhandenen Texte, Objekttypen oder Teileinformationen erfasst und ausgegeben werden.

Bevor ein Bericht erstellt werden kann, muss zunächst definiert werden, nach welchen Kriterien gesucht werden soll. Das Berichtsmenü befindet sich unter „Extras/ Datenbank/ Bericht".

Abbildung 7-18 Menüfenster Berichte

Über den „Erstellen"-Button öffnet sich das „Bericht erstellen"-Menü, in dem die gewünschten Suchkriterien eingegeben werden können. Die standardmäßig vorhandenen Felder, welche im Bericht ausgegeben werden können, befinden sich im linken Auswahlmenü und lassen sich ins rechte Menü übertragen.

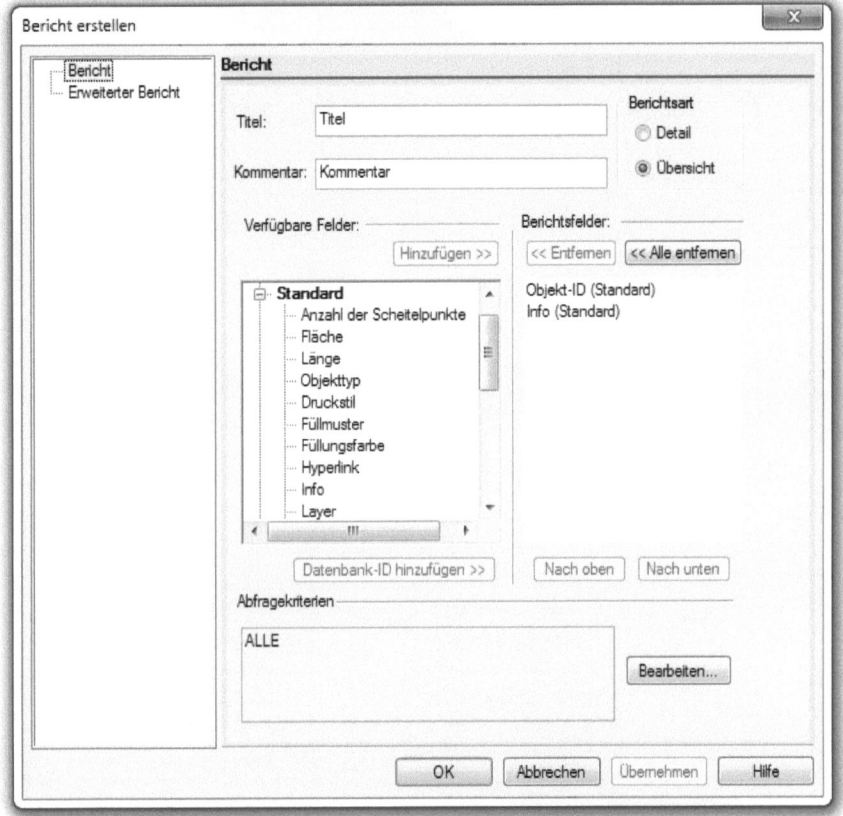

Abbildung 7-19 "Bericht erstellen"-Menü

Unter „Benutzerdefiniert" werden alle selbst hinzugefügten Felder zum Anfügen von Teileinformationen (Kapitel 7.4) aufgeführt und lassen sich ebenfalls zum Bericht hinzufügen und von diesem ausgeben. Im Menüpunkt „Erweiterter Bericht" lassen sich die Suchgrenzen festlegen.

Ist als Berichtsart „Übersicht" gewählt, wird automatisch die „Objekt-ID" hinzugefügt. Im späteren Bericht werden damit alle Objekte mit den gleichen Informationen in einer Zeile zusammengefasst und die Anzahl in einer Spalte mit dem Namen „Menge" aufgeführt.

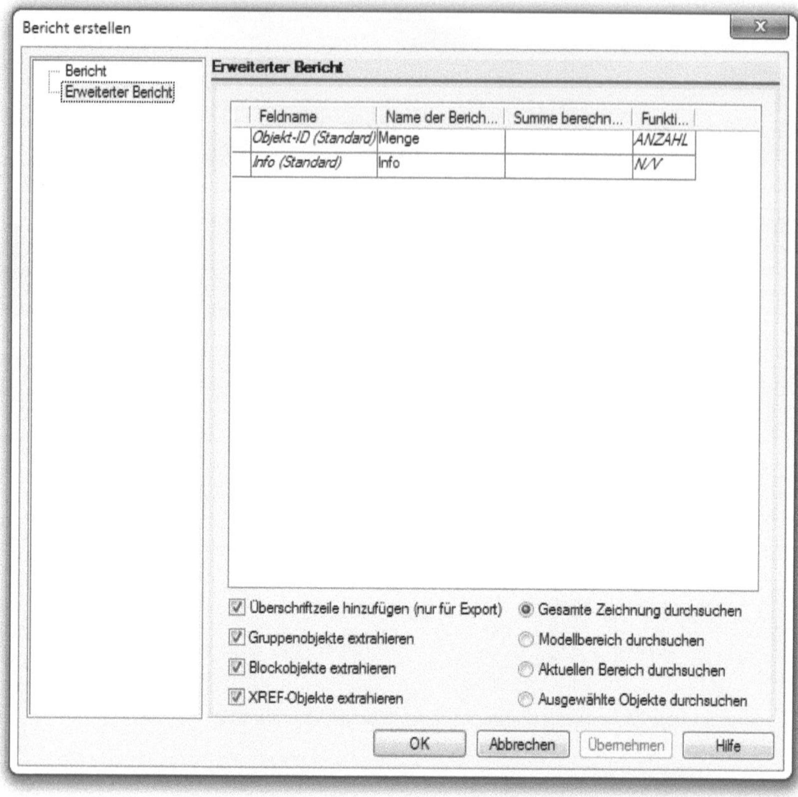

Bericht erstellen

Erweiterter Bericht

Bericht
Erweiterter Bericht

Feldname	Name der Berich...	Summe berechn...	Funkti...
Objekt-ID (Standard)	Menge		*ANZAHL*
Info (Standard)	Info		*N/V*

☑ Überschriftzeile hinzufügen (nur für Export) ◉ Gesamte Zeichnung durchsuchen

☑ Gruppenobjekte extrahieren ◯ Modellbereich durchsuchen

☑ Blockobjekte extrahieren ◯ Aktuellen Bereich durchsuchen

☑ XREF-Objekte extrahieren ◯ Ausgewählte Objekte durchsuchen

[OK] [Abbrechen] [Übernehmen] [Hilfe]

Abbildung 7-20 "Bericht erstellen"-Menü (Erweiterter Bericht)

Wie zuvor erwähnt, ist ein erstellter Bericht nur eine Momentaufnahme.

> Es werden die Objekte angezeigt, welche sich zum Zeitpunkt der Erstellung des Berichts in der Zeichnung befinden. Sind Änderungen in der Zeichnung erfolgt, muss erneut ein Bericht erstellt werden, um diese sichtbar zu machen.

Schließt man das Berichtsfenster mit „OK", bleibt die erstellte Berichtvorlage gespeichert und ist beim erneuten Öffnen der Datenbank-Bericht-Funktion erneut verfügbar. Dies erleichtert das regelmäßige Abfragen und Aktualisieren der Liste.

Der gezeigte Bericht lässt sich nun drucken, als Excel®-Liste speichern und dort weiterbearbeiten oder intern als Tabelle in den Modell- oder Papier-bereich ablegen.

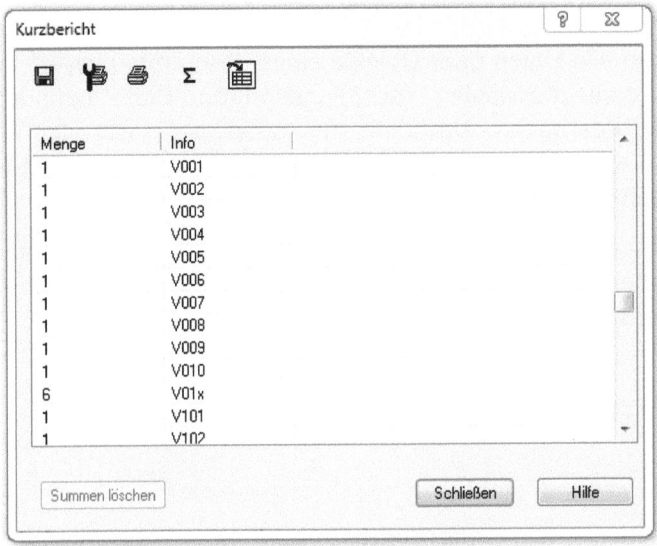

Abbildung 7-21 Erstellter Kurzbericht

7.6 Messen und Suchen

Das „Auswählen nach"-Werkzeug ermöglicht, Objekte zu suchen und zu markieren. Es kann u.a. nach Attributen, Objekttypen oder Layern gesucht werden.

Möchte man alle Linien oder Objekte eines bestimmten Layers auswählen, bietet sich die „Auswählen nach"-Funktion an. Diese befindet sich im Menüpunkt Bearbeiten. Nachdem in „Auswählen nach" der Menüpunkt „Layer" gewählt wurde, werden in der Auswahlliste (Abbildung 7-22) nur die Layer aufgeführt, die in der Zeichnung vorkommen.

Hierbei ist zu beachten, dass die Suche nur für das gerade aktive Fenster (Modell- oder Papierbereich) gilt. Layer aus dem jeweils nicht geöffneten Bereich werden nicht aufgeführt.

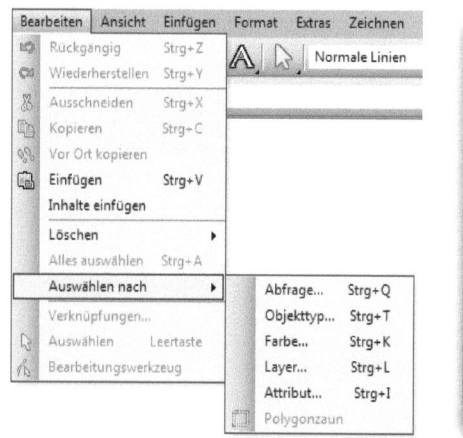

Abbildung 7-22 Beispiel einer Layerauswahl

Für die Suche nach einem bestimmten Text oder einer Nummer kann der Menüpunkt „Attribut" genutzt werden. Es öffnet sich das nachfolgend dargestellte Fenster in Abbildung 7-23.

Bei der Eingabe des Textes ist auf folgendes zu achten:

Wird wie im Beispiel die Nummer V001 gesucht, muss der Suchtext mit der Nummer exakt übereinstimmen. Ist die Suche erfolgreich, wird der gesuchte Text markiert, ist also im Zeichenbereich durch seinen Auswahlrahmen gut erkennbar. Soll nicht nach einer bestimmten Nummer, sondern z.B. nach allen Bezeichnungen, die mit V beginnen, gesucht werden, kann in das Attribut-Fenster V* eingetragen werden. So werden alle Textfelder zu einer Auswahl hinzugefügt, die mit einem V beginnen.

Abbildung 7-23 Suchfenster "Nach Attribut auswählen"

Abbildung 7-24 Standardsymbolleiste "Abfrage"

In der Standardsymbolleiste „Abfrage" verbergen sich Befehle zum Abfragen von Längen, Winkeln, Flächen oder Volumen.

> Um einen Abstand im 3D-Raum zu ermitteln, kann die 3D-Polyline genutzt werden. Wird diese zwischen den zu messenden Punkten gezeichnet, kann in der Auswahl-informationspalette der Abstand unter „Metrik/ Länge" abgelesen werden.

7.7 LAYERGRUPPEN

Mit einer Layergruppe können mehrere Einzellayer gesteuert werden, um diese beispielsweise gleichzeitig ein- oder auszublenden. Damit bietet sich dem Nutzer die Möglichkeit, verschiedene Betriebsstände oder Aspekte einer Zeichnung hervorzuheben oder bei Bedarf auszublenden. Die Erstellung und Verwendung von Layergruppen wird nachfolgend beschrieben.

Zunächst muss eine Layergruppe definiert werden. Im Design Director befindet sich im Bereich „Layer" der Punkt „Layergruppen". Per Rechtsklick lässt sich unter „Layergruppe bearbeiten" das entsprechende Menü öffnen. Hier kann eine neue Gruppe hinzugefügt und benannt werden sowie im Folgeschritt die einzelnen Layer auf sichtbar oder ausgeblendet eingestellt werden. Es lässt sich eine beliebige Anzahl von Gruppen hinzufügen.

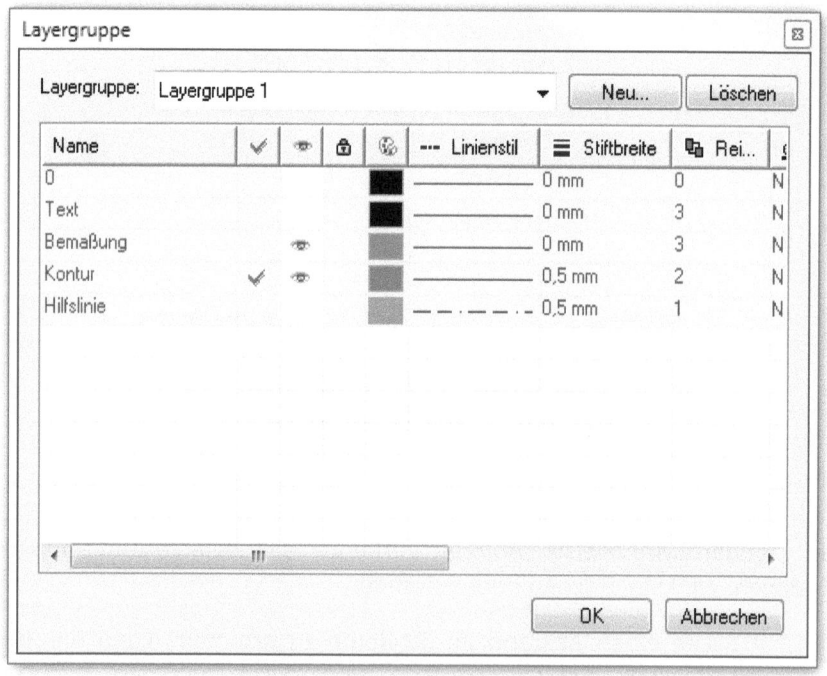

Abbildung 7-25 Layergruppen-Menü

Sind die gewünschten Layergruppen hinzugefügt, kann das Menü geschlossen werden. Die angelegten Gruppen lassen sich nun unter „Format" in der oberen Menüleiste auswählen. Die Gruppe „Alle Layer" ist standardmäßig verfügbar und stellt die im Design-Director eingestellte Layerstruktur dar.

Abbildung 7-26 Auswahl der Layergruppen

Die Layergruppen lassen sich ebenfalls in den Ansichtsfenstern im Papierbereich (siehe Abbildung 6-2) einstellen. Dadurch können verschiedene Betriebsstände oder Konfigurationen eines Teiles oder einer Zeichnung in getrennten Ansichtsfenstern gezeigt werden. Wie Layer und Layergruppen des Ansichtsfensters verwaltet werden, wurde bereits in Kapitel 6.1 behandelt.

Die Sichtbarkeit von einzelnen Layern innerhalb einer Layergruppe kann in Ansichtsfenstern im Papierbereich separat eingestellt werden. Einstellungen im Design-Director haben auf die Sichtbarkeiten in den Ansichtsfenstern keinen direkten Einfluss.

7.8 PDF UNDERLAY

Mit der Underlay-Funktion können PDF-Dateien in die Zeichnung importiert werden und so als Zeichenreferenz dienen. Dies eignet sich ideal zum Nachmodellieren von Handskizzen oder von Zeichnungen, welche nur in Papierformat zur Verfügung stehen. Es können nur PDF-Dateien eingeladen werden.

Analog zu einem eingefügten Bild oder einer Excel®-Tabelle muss je nach Zoomfaktor die Zeichnungsansicht durch Drücken der F5-Taste („Neu zeichnen") aktualisiert werden.

Abbildung 7-27 Standardsymbolleiste Underlay

Vor dem Einfügen eines PDF-Underlays muss zunächst im Underlay-Manager („Extras/ Underlay-Manager") eine PDF ausgewählt, eingeladen und benannt werden. Diese wird dann im Underlay-Manager wie nachfolgend gezeigt aufgelistet. Ändert sich der Pfad oder der Name der Quelldatei, kann dieser unter „Bearbeiten" angepasst werden.

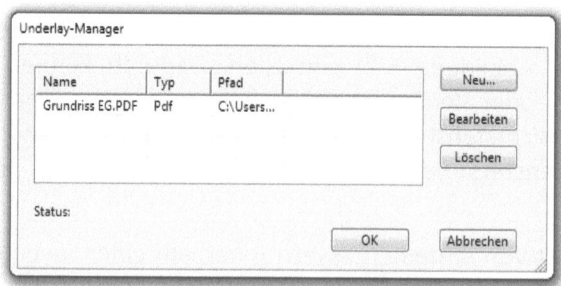

Abbildung 7-28 Underlay-Manager

Es bietet sich an, die Underlays auf einen eigenen Layer zu legen, um diesen in der Zeichenreihenfolge ganz nach hinten legen zu können, so dass gezeichnete Geometrien über den Konturen des Underlays liegen. Außerdem kann der Layer gesperrt werden, sodass ein unbeabsichtigtes Verschieben des Underlays ausgeschlossen ist.

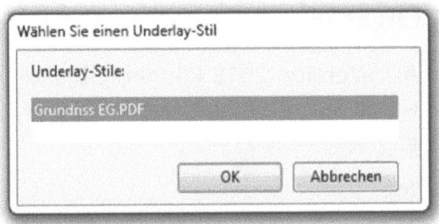

Abbildung 7-29 Auswahl des Underlay-Stils

Zum Einfügen wird nun der Befehl „Underlay" aktiviert und aus der oben gezeigten Liste die entsprechende Datei ausgewählt. Das Underlay wird durch das Ziehen eines Rahmens eingefügt. Anschließend kann das Underlay in seiner Größe durch Ziehen am Rahmen in den gewünschten Maßstab gebracht werden. Ist das Blattformat des eingefügten Underlays bekannt, kann der Rahmen direkt in der richtigen Größe aufgezogen werden.

Zeichnet man eine Linie auf ein im Underlay gezeigtes Maß oder eine Kante mit bekannter Länge und misst die Länge der gezeichneten Linie, kann so ein Skalierungsfaktor ermittelt werden. Dabei handelt es sich natürlich nur um eine grobe Annäherung. Verfügt die PDF-Datei, welche als Underlay genutzt wird über Vektordaten, können End- und Mittelpunkte von Linien gefangen werden. Damit ist wiederum eine genauere Einstellung des Maßstabs möglich.

In den Objekteigenschaften (Doppelklick auf das Underlay oder Anwählen und Aufrufen der Eigenschaften-Option in der Kontrollleiste) können Kontrast, Transparenz und Schwarz-Weiß-Modus bestimmt werden.

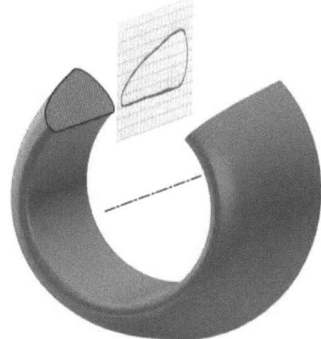

Abbildung 7-30 Underlay zur Erstellung eines Rotationsprofils anhand einer Handskizze

7.9 OBJEKTE VERBERGEN UND ISOLIEREN

In der neuen TurboCAD©-Version 2018 können Objekte unabhängig von der Layer-Sichtbarkeit ein- und ausgeblendet werden. Dazu stehen die folgenden Befehle zur Verfügung:

Objekte verbergen

Markierte Objekte werden ausgeblendet.

Objekte isolieren

Markierte Objekte werden isoliert dargestellt, d.h. alle anderen Objekte werden ausgeblendet.

Isolation beenden

Beendet entweder die Isolation oder blendet zuvor ausgeblendete Objekte wieder ein.

Die oben aufgeführten Befehle befinden sich im „Bearbeiten"-Menü. Sie können einer Symbolleiste hinzugefügt werden, um einen schnelleren Zugriff zu ermöglichen. Das Isolieren oder Ausblenden von Objekten, welche sich innerhalb einer Gruppierung befinden, ist nicht möglich.

FAZIT

Es wurden in den Hauptbereichen Programmaufbau und Programmein-richtung, zwei- und dreidimensionales Zeichnen sowie Zeichnungsableitung alle zum professionellen Umgang mit TurboCAD® nötigen Werkzeuge aufgeführt, deren Arbeitsweise beleuchtet und wo nötig Hilfestellung geboten.

In vielen Bereichen kann TurboCAD® etablierten, meist um ein vielfaches teureren CAD-Größen das Wasser reichen. Aber es stößt auch an seine Grenzen. Sich diesen Grenzen bewusst zu sein, und mangelnde Kenntnis im Umgang mit dem Programm nicht mit Programmschwächen zu verwechseln, sind zunächst die ersten Schritte auf dem Weg zur Auswahl der perfekten Konstruktionssoftware für die eigenen Aufgaben und Ansprüche.

Zu den klaren Stärken von TurboCAD® zählen eine breite Befehlspalette sowohl im 2D- als auch im 3D-Bereich, die Verwendung von Blöcken und Symbolbibliotheken, Ausgabe von Teileinformationen zur Erstellung von Stücklisten, eine große Dateikompatibilität und zu guter Letzt das gute Preis-Leistungs-Verhältnis.

Die Möglichkeit, 3D-Objekte über Grundkörper wie Quader und Zylinder oder durch die Extrusion von 2D-Skizzen zu erstellen und diese anhand von Parametern einzelner Bearbeitungsschritte in einer Teilestruktur nachträglich zu bearbeiten, erlaubt die Erstellung und Bearbeitung komplexer Bauteile.

Diese können im nächsten Schritt als Zeichnungsableitung maßstabsgetreu auf ein Zeichnungsblatt gebracht, mit Bemaßungen, Schnitt- und Detail-ansichten versehen und visualisiert werden.

Diesen Stärken gegenüber stehen eine zunächst nicht intuitive Benutzer-oberfläche und zum Teil nicht ausgereifte Befehle und Funktionen.

Nimmt man diese Schwächen zur Kenntnis, lernt mit den kleinen Fehlern umzugehen und diese mit evtl. ungewöhnlichen aber zielführenden Wegen zu umgehen, kann man TurboCAD® zur Erstellung von professionellen Zeichnungen, der 3D-Konstruktion, sowie zur konzeptionellen bis foto-realistischen Visualisierungen nutzen.

Da der Hersteller IMSI/Design, LLC stets an neuen Befehlen und Funktionen arbeitet, bestehende weiterentwickelt und dafür auch die Erfahrungen und Wünsche von Anwendern berücksichtig, ist damit zu rechnen, dass TurboCAD® in Sachen Performance und Vielseitigkeit weiter aufholt und sich als professionelles CAD-System am Markt etablieren wird.

Zum Umgang mit TurboCAD® sei abschließend noch gesagt:

Für alle gängigen CAD-Aufgaben wird meist eine zufriedenstellende Lösung geboten. Das vorliegende Buch soll dabei helfen, die entsprechenden Befehle zu finden, die eigene Arbeitsweise, die vielleicht durch die jahrelange Nutzung anderer Programme geprägt ist, an TurboCAD® anzupassen und somit das Maximum aus der Software herauszuholen.

Matthias Bosse

Die Verwendung von TurboCAD® in technischen Berufen